교권, 법에서
답을 찾다

교권, 법에서
답을 찾다

1판 1쇄 발행 2019년 8월 20일
1판 5쇄 발행 2023년 8월 31일

지은이 박종훈 · 정혜민

발행인 송진아
편 집 정지현
디자인 권빛나
제 작 제이오엘앤피
펴낸 곳 푸른칠판
등 록 2018년 10월 10일(제2018-000038호)
팩 스 02-6455-5927
이메일 greenboard1@daum.net

ISBN 979-11-965375-2-4 03370

교사를 위한
판례 중심 법률 이야기

교권, 법에서
답을 찾다

박종훈 · 정혜민 지음

푸른칠판

추천의 글

　선생님은 우리 학생들에게 있어 '결정적 한 사람'이다. 선생님이 계시기에 우리는 교육의 희망을 이야기할 수 있다. 그러나 교사의 길은 쉽지 않다. 최근 늘고 있는 교사의 교육 활동에 대한 법적 분쟁은 교사들을 더욱 아프게 하고 있다. 이러한 때 단비 같은 책을 접하게 되었다. 두 분의 저자는 변호사이지만, 학교 현장 경험과 서울시교육청에서의 교육행정 경험을 고루 갖춘 분들이다. 이 책에는 교사의 정당한 교육 활동을 보호하고자 하는 저자들의 진정성이 그대로 담겨 있다. 이 책을 통해 법이 교사들에게 머나먼 무엇이 아니라 친숙한 친구로 거듭나기를 기대한다.

— 조희연(서울시교육감)

내가 이 책을 특히 주목하는 것은 저자들이 법조 전문화라는 시대적 요청에 따라 교직과 법조의 두 길을 모두 경험하고 있는, 제대로 된 교육 분야 전문변호사라는 점 때문이다. 그래서일까, 이 책은 요즘 학교 현장에서 문제가 되고 있는 안전사고, 학교폭력, 학생 지도, 아동 학대 등의 문제를 쉽게, 그러면서도 실제로 도움이 되도록 다루고 있다. 교육법학적 관점에서 교권의 개념을 정확하게 이해하고 접근하고 있다는 점에서 이 책은 교사는 물론 학부모에게도 강력 추천할 만하다.

    — 허종렬(서울교대 교수 겸 법과인권교육연구소 소장, 대한교육법학회 회장 역임)

우리나라 교직 문화의 특성은 온정주의로 볼 수 있다. 온정주의는 이중적 성격을 지닌다. 때로는 긍정적으로, 때로는 부정적으로 작동한다. 문제는 교육의 문법과 생태 환경이 서서히 바뀌고 있다는 점이다. 학교폭력이나 학교 안전사고 등의 경우 의외로 일이 커질 때가 있다. 평소 좋은 관계를 유지하다가도 사안이 터지면 이해관계 당사자로 돌변하여 법적 접근을 하는데, 이때 교사는 적지 않은 상처를 받는다. 때로는 비민주적 교장이나 교감, 혹은 이상한(?) 동료 교사와 상호작용을 하면서 상처를 입기도 한다. 이처럼 교권 침해의 대상은 누구로 특정하기 어려울 정도로 광범위하다. 그래서 교사에게도 이제 법률 지식이 필요하다.

이 책은 교권에 대한 다양한 법령과 판례를 다루고 있다. 동시에 학교폭력, 안전사고, 교원 복무, 교원 징계 등 교사들이 학교에서 접하게 되는 사안을 중심으로 대처 방법과 내용, 절차 등을 상세히 안내하고 있다. 이 책의 저자들은 교육 분야 전문변호사로, 학교 현장에 대한 경험과 이해를 갖고 있는 분들이다. 그래서 교사에게 필요한 법률 지식과 사례, 절차 등을 쉽고 자세하게 풀어내고 있다. 이 책에는 특정 사안이 터졌을 때 구체적으로 어떻게 대처해야 하는지 그 방안을 제시하고 있지만, 예방 차원에서도 많은 도움을 주리라 확신한다.

교권과 인권은 대립하는 것일까? 오히려 인권에 대한 몰이해에서 교권 침해가 발생하는 것은 아닐까? 상처 받는 교사와 학생, 학부모가 생기지 않기를 소망한다. 이 책은 그런 염원을 담고 있다.

— 김성천(한국교원대 교수, 교육정책디자인연구소장)

'나는 법 없이도 살 사람인가, 아니면 법맹인가?' 이 질문을 내게 던진 적이 있다. 내가 내린 결론은 후자였다. 평소 법에 둔감하게 살다 보니 법이 민감하게 다가오는 경우를 직간접적으로 경험하기도 했다. 미리 알았더라면 좋았겠지만 '법에 대한 무지는 변명 사유가 되지 아니한다.'는 법언 앞에 그 아쉬움마저 부끄러운 일이 아닌가 싶다. 이 책 『교권, 법에서 답을 찾다』가 그래서 더 반갑다. 저자들은 법을 알아야 나를 지킨다고 말한다. 구체적으로 무엇을 알아야 하는지 다양한 판례를 통해 알기 쉽게 설명하고 있어, 법이 낯선 교사들도 자연스럽

게 법망에서 탈출할 수 있을 것이다. 교사가 자신을 지키는 것은 곧 교육을 지키는 것이기에 자신 있게 이 책을 모든 교사에게 권한다. 나를 지키며 함께 교육하자고.

– 정성식(실천교육교사모임 회장)

'미래교육', '혁신교육'이 추진되고 있는 오늘날, 교권은 그 어느 때보다 중요한 시점이다. 학습권에 대응하는 교권을 넘어, 이제는 교사들이 꿈꾸는 교육을 실현하기 위한 교권이 보장되어야 할 때이다. 이 책은 법을 통해 교권을 이해하고자 하였다. 하지만 수동적인 권리 보호가 아니라 미래 지향적인 관점에서 교사가 법을 이해하고 활용하기를 바라는 희망이 담겨 있다.

– 이은상(창덕여중 교사)

머리말

밖에서 바라보면 학교는 참 평온해 보이는 공간이다. 그 공간에서 삶을 꾸려 가는 교사는 선망의 대상이기도 하지만, 동시에 쉽게 비난의 대상이 되는 것이 현실이다.

교육청에서 근무하면서 학교, 구체적으로 교사들의 호소를 자주 들을 수 있었다. 그들은 많이 아팠다. 그런데 어디서부터 어떻게 도움을 주어야 할지 막막할 때가 많았다. 학교 현장에서 직접 겪어 보니, 교사들이 겪는 고통의 많은 부분은 '미지에 대한 두려움'에서 오는 것임을 알 수 있었다. 일단 법적인 문제가 발생했을 때 마음 놓고 물어볼 곳이 마땅치 않다 보니, 사소한 법적 문제도 너무 크게 생각해서 전전긍긍하는 경우가 많았다. 당사자의 마음고생이 너무 심해서 실제로 퇴직까지 이어지는 경우도 심심찮게 보았다. 알고 보면 정말 아무것도 아닌데, 그럴 때마다 아쉬움이 컸다. 이 책은 그러한 고민 끝에 나온 책이다.

집필하면서 온갖 내용이 망라된 백과사전이나 필요할 때만 찾아보는 가이드북이 되지 않기 위해 노력했다. 즉 이 책은 교권과 법에 대해 고민하는 교사들에게 종착점이 아닌 출발역이다. 법에 대한 막연한 두려움을 극복하고 길을 찾는 데 조금이라도 도움이 되기를 희망한다.

– 박종훈

학교만큼 매일이 다른 직장이 있을까? 시시때때로 변하는 아이들의 모습만큼 다채로운 교실의 색깔에 교사들은 때로는 웃고, 때로는 힘들어 한다.

언어학자 조지 레이코프George Lakoff는 『코끼리는 생각하지 마』라는 책에서 언어가 프레임을 끌고 온다고 설명한다. 학교 현장을 묘사하는 언어가 '교권 추락', '교권 붕괴' 등으로만 가득해져 가는 것이 걱정스러운 것은 그 때문이다.

모든 것이 빠르게 변화하고, 매일 새로운 문제들이 생겨난다. 학교 현장에, 교사들에게 도움이 필요한 시기라는 점에는 동감한다. 그러나 그 문제의식이 막연한 불안감이나 끝도 없는 자조여서는 곤란하다. 법과 제도로 충분히 해결 가능한 사안에 대해서는 단호히 대응하고, 고민이 필요한 부분에 대해서는 충분히 공론화하여야 한다.

이 책의 대부분은 학교 현장에서 많은 고민을 안고 있는 교사들의 질문에서 시작되었다. 지금 이 시간에도 아이들과 부대끼며 학교를 지키고 있는 교사들에게 존경과 감사의 마음을 전한다.

－ 정혜민

9

차
례

2장 법, 알아야 나를 지킨다

3장 판례를 통해 학교 들여다보기

— 1장 —

교권, 제대로 이해하기

진짜 '교권' 이해하기

-교권의 정의와 이해

이제는 흔하고 익숙한 용어가 되어 버린 '교권'이란 말은 아이러니하게도 최근 몇 년간 '교권 추락', '교권 침해' 등의 이슈가 부각되면서 더 알려졌다. 많은 사람들이 입을 모아 '교권 보호'를 이야기하고 있지만, 과연 모두 같은 의미로 사용하고 있는지 살펴볼 필요가 있다. 정작 지켜져야 할 것에 대한 논의는 뒤로한 채, 단순히 수업과 통제가 수월했던 과거를 향수하고 있는 것은 아닌지 말이다.

1. 교권의 정의

교권의 정의에 관한 논의는 종종 있어 왔지만, 명확히 확정된 정의는 없다고 여겨지는 이유는 교육 관련 법에서 교권을 별도로 정의하고 있지 않기 때문이다. 법적인 개념 정의는 보통 별도의 정의 규정을 두어 설명하곤 하는데, 교권에 관해서는 '교권이란 이러이러한 것이다'라는 식의 정의 규정이 존재하지 않는다. 그러나 우리 법은 교권을 명시적으로 언급한다.

교육공무원법 제43조(교권의 존중과 신분 보장) ① 교권(敎權)은 존중되어야 하며, 교원은 그 전문적 지위나 신분에 영향을 미치는 부당한 간섭을 받지 아니한다.

② 교육공무원은 형의 선고나 징계 처분 또는 이 법에서 정하는 사유에 의하지 아니하고는 본인의 의사에 반하여 강임·휴직 또는 면직을 당하지 아니한다.

③ 교육공무원은 권고에 의하여 사직을 당하지 아니한다.

교육기본법 제14조(교원) ① 학교교육에서 교원(敎員)의 전문성은 존중되며, 교원의 경제적·사회적 지위는 우대되고 그 신분은 보장된다.

「교육공무원법」 제43조 제1항에서는 "교권은 존중되어야 한다."는 원칙이 천명되어 있다. 법에서 명시적으로 '교권'이라는 용어를 사용한, 교권 존중의 원칙을 직접적으로 언급하고 있는 중요한 조항이라 할 수 있다. 더불어 좀 더 상위법인 「교육기본법」에서는 '교권'이라는

용어를 직접적으로 사용하지는 않지만, 학교교육에서 교원의 전문성을 존중할 것과 지위 우대 등에 관한 원칙을 규정하고 있는 것도 확인할 수 있다.

그리고 교권 침해에 대한 주제와 관련해서 앞으로 자세히 살펴보게 될 「교원의 지위 향상 및 교육 활동 보호를 위한 특별법」에서는 교원의 지위와 신분의 존중에 대하여 좀 더 구체적인 규정을 두고 있고, 교육 활동 침해 행위에 대한 심의를 담당하는 기구를 '교권보호위원회'라는 용어를 사용하여 규정하고 있다.

법령에서 직접적인 정의 규정을 두고 있지는 않지만, 교권은 이처럼 법상 보장되는 권리임이 명백하다. 또한 법상 인정되는 교권의 내용에는 수업과 평가를 주축으로 하는 교육권뿐만 아니라 교원의 신분을 보장하고 우대하는 내용이 포함되어 있다.

법적 정의 외에도 교권을 규범적으로 정의하고자 하는 시도는 꾸준히 있어 왔다. 기존의 연구나 논문, 교권 조례 등에서도 법에서 규정하는 권리, 즉 교원의 수업권뿐만 아니라 직무상의 권한, 전문직으로서의 권위를 포함하여 교권을 이야기하고 있다. 단순히 직무상의 권한뿐만 아니라 해당 직무를 수행하는 자에게 일정한 자격 요건과 전문 지식을 갖춘 자로서의 직업적 권위를 보장하자는 취지로 평가할 수 있다. 법적으로든, 규범적으로든 교권을 이야기할 때 가장 중요한 개념은 교원의 교육 활동과 관련한 권리인 것에는 이론의 여지가 없다. 교원의 교육 활동과 관련한 직무상의 권한, 직무를 수행하는 자에 대한 존중 등이 그 핵심 개념을 이루고 있는 것이다.

그러나 교권의 개념을 지나치게 넓게 해석하는 것은 곤란하다. 교원이라는 이유로 자신에게 발생하는 사적인 침해 또는 스트레스 등을 모두 '교권 침해'라고 호소한다면, 이를 구체적으로 보호할 방법도, 정당성도 확보하기 어려워질 것이다. 우리가 교권의 정의와 관련법에 관한 정확한 이해를 토대로 교권 보호를 논하고자 하는 것 또한 이런 이유에서이다.

2. 수업권과 학습권

교사의 교육 활동에 있어 수업권은 가장 핵심적인 권리이다. 그러나 교사의 수업권은 다소 특이한 성질을 갖고 있다. 단독으로 발생할 수도, 행사될 수도 없다. 항상 학생의 학습권과 함께 이야기될 수밖에 없는 권리인데, 이와 관련하여 흥미로운 판결이 있었다.

학원 비리 척결을 이유로 교원 단체 소속 교사의 수업 거부가 있었는데, 이와 같은 행위가 학생들의 학습권과 학부모의 교육권을 침해하였다고 보아 해당 교사에게 손해배상책임을 청구한 사례였다. 해당 판례에서는 이례적으로 교사의 수업권과 학생의 학습권의 관계를 직접적으로 설명하고 있다.[1]

학교교육에 있어서 교원의 가르치는 권리를 수업권이라고 한다면, 이 것은 교원의 지위에서 생기는 학생에 대한 일차적인 교육상의 직무권 한이지만, 어디까지나 학생의 학습권 실현을 위하여 인정되는 것이므 로 학생의 학습권은 교원의 수업권에 대하여 우월한 지위에 있다. 따 라서 학생의 학습권이 왜곡되지 않고 올바로 행사될 수 있도록 하기 위해서라면 교원의 수업권은 일정한 범위 내에서 제약을 받을 수밖에 없고, 학생의 학습권은 개개 교원들의 정상을 벗어난 행동으로부터 보 호되어야 한다. 특히 교원의 수업 거부 행위는 학생의 학습권과 정면 으로 상충하는 것인 바, 교육의 계속성 유지의 중요성과 교육의 공공 성에 비추어 보거나 학생·학부모 등 다른 교육 당사자들의 이익과 교 량해 볼 때 교원이 고의로 수업을 거부할 자유는 어떠한 경우에도 인 정되지 아니하며, 교원은 계획된 수업을 지속적으로 성실히 이행할 의 무가 있다.

이 판례는 '교사가 고의로 수업을 거부할 수 있는가'에 대한 판단의 내용을 담고 있지만, 이를 판단하기 위한 핵심적인 논리가 어떤 것인지 가 더욱 의미 있다고 볼 수 있다. 법원은 교사의 가르치는 권리인 수업 권보다 학생의 학습권이 우월한 권리라고 설명하면서, 학습권과 정면 으로 상충하는 '교사가 수업을 거부할 자유'를 인정하지 않는다고 판단 하였는데, 결과적으로 해당 교사의 손해배상책임 또한 인정되었다.

어느 권리가 더 우월하다고 판단한 대목이 다소 낯설게 느껴질 수 있다. 이는 학생의 학습권의 성격 때문이다. 학생의 학습권은 「헌법」 상 보장된 기본권이다. 반면에 수업권에 관해서는 「헌법」상 보장된 기본권의 성격이 있다고 보지는 않는다.[2]

헌법 제31조 ①모든 국민은 능력에 따라 균등하게 교육을 받을 권리를 가진다.

또한 여러 판례들을 통하여 법원은 "이러한 학습권의 보장은 우리 「헌법」이 지향하고 있는 문화국가, 민주복지국가의 이념 구현을 위한 기본적 토대이고, 국민이 인간으로서 존엄과 가치를 가지며 행복을 추구하고 인간다운 생활을 영위하는 데 필수적인 조건이자 대전제이다."라고 설명하고 있다. 학습권 보장은 단순히 개인의 기본권으로서의 성격에 그치는 것이 아니라, 「헌법」상의 가치를 구현하기 위한 토대인 것이다. 교사의 가르치는 권리, 즉 수업권은 교사의 지위에서 생기는 학생에 대한 일차적인 교육상의 직무 권한이지만, 이는 어디까지나 학습권 실현을 위하여 인정되는 것이다. 따라서 학생의 학습권과 교사의 수업권을 비교해 보았을 때 학습권을 좀 더 우월한 권리라고 표현한 것이며, 학습권에 상충하는 수업 거부 행위는 인정될 수 없다고 판단한 것이다.

이 사례를 왜 교권과 연관지어 살펴보아야 하는지 의문이 들 수 있다. 단순히 학습권이 수업권보다 우월하다는 점을 확인하기 위해서일까?

그렇지 않다. 이러한 내용을 살펴보는 이유는 교사의 수업권이 별도로 존재하는 권리가 아니라 학습권과 밀접하게 연관되어 있다는 사실을 다시 한번 되새기기 위해서이다. 또한 교권의 핵심적인 내용인 수업권은 결국 「헌법」상 보장된 중요한 기본권인 학습권을 구현하기 위한 토대라는 것, 따라서 수업권을 포함한 교권을 보호하고 보장하는 것은 매우 중요한 것이며, 이를 침해하는 행위는 엄중하게 다루어져야 한다는 점을 확인하기 위해서이다.

학교 현장에서 교권을 이야기할 때 단순히 교육의 수월성과 현실적 여건만을 언급하는 경우가 많다. 그런데 우리는 곰곰이 생각해 보아야 한다. '예전에는 학교 현장이 이러지 않았다.', '예전에는 선생님의 말이 곧 법이었다.'는 등의 말로 표현하는 예전의 학교 현장이 과연 진정한 의미의 교권이 보장되는 교실이었을까? 원론적인 이야기일 수 있지만 우리가 지키고자 하는, 또는 지켜야 하는 교권은 그렇지 않다. 강압적이고 부정적인 의미로 상징되는 권위가 아닌, 교육 활동이라는 정당한 목적을 달성하기 위한 수단으로서의 교권, 또한 절대로 침해받지 않아야 할 권리로서의 교권을 이야기해야 할 때이다.

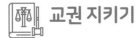 **교권 지키기**

1. 교원지위법 읽는 법

"변호사님, 교권법은 어디에 있어요?"

교권 보호에 관한 강의나 상담을 할 때 종종 듣는 질문이다. 교권 보호, 교권 침해에 관한 법이 있다고 해서 검색해 보고 싶은데 찾기 어렵다고 생각하는 이유는 정확한 법제명이 익숙하지 않기 때문이다. 교권 보호와 교권 침해에 관한 내용이 가장 구체적으로 규정되어 있는 법은 바로 「교원의 지위 향상 및 교육 활동 보호를 위한 특별법(이하 교원지위법)」이다.

「교원지위법」은 교권 침해 이슈와 함께 주목받고 있는 법령이긴 하나, 별도로 제정된 것이 아니라 기존 법령을 개정한 형태이다. 1991년에 최초로 제정된 기존 법령은 「교원 지위 향상을 위한 특별법」이며, 교원에 대한 예우 및 처우 개선, 신분 보장 강화 등을 목적으로 제정되었고, 소청심사위원회의 전신인 교원징계재심위원회 설치 등의 내용을 규정하고 있었다. 이후 여러 차례 개정을 거치고, 2005년도에는 교원소청심사위원회 설치에 관한 규정이 등장하게 된다.

교권 보호, 정확한 용어로는 '교육 활동 보호'에 관한 내용은 2016년도 개정안을 통하여 규정된다. 이때 법제명 또한 기존의 '교원 지위 향상을 위한 특별법'에서 '교원의 지위 향상 및 교육 활동 보호를 위한 특별법'으로 변경되면서 교육 활동 보호 및 교육 활동 침해 행위에 대한 조치를 구체적으로 규정한다. 이후 일부 개정된 법률안(2019년도 개정안)을 통하여 교육 활동 침해 행위에 대한 직접적 조치의 근거 및 교원에 대한 지원 방안들을 구체화하면서, 기존의 「교원지위법」에 대한 비판, 즉 '실효성이 떨어진다', '구체적이지 못하다'는 등의 문제점을 상당 부분 해소할 수 있는 형태를 띠고 있다.

교원지위법 제2조(교원에 대한 예우) ①국가, 지방자치단체, 그 밖의 공공단체는 교원이 사회적으로 존경받고 높은 긍지와 사명감을 가지고 교육 활동을 할 수 있는 여건을 조성하도록 노력하여야 한다.
②국가, 지방자치단체, 그 밖의 공공단체는 교원이 학생에 대한 교육과 지도를 할 때 그 권위를 존중받을 수 있도록 특별히 배려하여야 한다.

③국가, 지방자치단체, 그 밖의 공공단체는 그가 주관하는 행사 등에서 교원을 우대하여야 한다.

제3조(교원 보수의 우대) ①국가와 지방자치단체는 교원의 보수를 특별히 우대하여야 한다.
②「사립학교법」 제2조에 따른 학교법인과 사립학교 경영자는 그가 설치·경영하는 학교 교원의 보수를 국공립학교 교원의 보수 수준으로 유지하여야 한다.

제4조(교원의 불체포특권) 교원은 현행범인인 경우 외에는 소속 학교의 장의 동의 없이 학원 안에서 체포되지 아니한다.

이 법에서는 교원이 사회적으로 존경받고 교육 활동에 전념할 수 있도록 예우할 것을 명시적으로 규정하고 있다. 또한 교원 보수를 우대할 것과 불체포특권을 명시하고 있으며, 학교안전공제회의 설립 근거, 공익제보자에 대한 보호 조치 등의 내용도 규정하고 있다. 이러한 조항들로 보아 구체적 제도를 통하여 교원의 신분을 보장하고, 궁극적으로는 교원의 지위를 향상시키고자 하는 이 법의 입법 취지를 다시 한 번 확인할 수 있다.

2. 교육 활동 침해에 대한 정의

흔히 '교권 침해'라고 부르는 행위를 가리키는 정확한 용어는 '교육 활동 침해 행위'이다. 「교원지위법」에서는 어떠한 행위가 이 법에 따른 교육 활동 침해 행위인지 그 정의와 행위 유형을 구체적으로 규정하고 있는데, 이에 해당하는 행위에 한하여 일정한 조치들을 할 수 있는 것이므로 정확한 개념을 확인하는 것은 매우 중요하다.

교원지위법 제15조(교육 활동 침해 행위에 대한 조치) ① 제3항에 따른 관할청과 「유아교육법」에 따른 유치원 및 「초·중등교육법」에 따른 학교(이하 "고등학교 이하 각급 학교"라 한다)의 장은 소속 학교의 학생 또는 그 보호자 등이 교육 활동 중인 교원에 대하여 다음 각 호의 어느 하나에 해당하는 행위(이하 "교육 활동 침해 행위"라 한다)를 한 사실을 알게 된 경우에는 즉시 교육 활동 침해 행위로 피해를 입은 교원의 치유와 교권 회복에 필요한 조치(이하 "보호 조치"라 한다)를 하여야 한다.

「교원지위법」 제15조 제1항은 교육 활동 침해 행위에 대한 조치의 내용을 담고 있지만, 교육 활동 침해 행위의 정의를 규정하는 내용을 담고 있기도 하다. 우선 침해 행위의 대상, 이 법의 보호 대상이 누구인지를 밝히고 있다. 유치원을 포함한 고등학교 이하 각급 학교를 전제로, 교육 활동 중인 교원에 대한 행위를 기준으로 한다.

여기에서 우리는 '교육 활동 중인 교원'을 어떻게 해석해야 할까? 수업 중인 교사의 경우에만 해당하는 것인지, 그 외에도 가능한지 의문이 들 수 있다. 그렇다면 거꾸로 생각해 보자.

교사의 교육 활동을 '수업 시간'에만 한정할 수 있을까? 교사라면 누구나 '아니오.'라고 대답할 것이다. 수업 시간 전에도, 수업 시간 이후에도 교육 활동은 이어진다. 수업 시간 외에 이루어지는 상담, 교과 연구, 급식 지도, 생활지도 또한 모두 교사의 교육 활동이다. 따라서 '교육 활동 중인 교원'이라는 개념을 해석할 때에는 시간과 공간의 제약 없이 해석하되, 교육 활동과 무관한 사적인 분쟁 등은 명백히 제외해야 할 것이다. 더불어 교사의 교육 활동이 '정당한 교육 활동'일 것을 당연한 전제로 한다. 가령 법상 허용되지 않는 방법(체벌, 가혹 행위, 학대 행위 등)으로 이루어진 교육 활동과 연관되어 발생한 침해 행위의 경우 이 법의 보호 대상이 되기는 어렵다.

교육 활동 침해의 상대방은 "학생 또는 보호자 등"이라고 규정되어 있다. 따라서 보호자가 아닌 제삼자, 동료 교원, 관리자라 해도 침해의 상대방이 될 수는 있다. 다만 유의해야 할 점은 교육 활동과의 관련성 요건이다. 특히 동료 교사 또는 관리자에 의한 교권 침해라고 주장하는 사안의 대부분은 사실상 사적인 감정싸움, 개인적인 불만 등으로 인한 것이 많고, 일부는 교원 고충심사의 대상이 되는 사안이기도 하므로 이를 구분할 필요가 있다.

3. 교육 활동 침해 행위의 유형

H교사는 2교시 수업 중 뒷자리에서 계속 장난을 치며 수업을 방해하는 진환이에게 주의를 주었다. 그런데 진환이는 자신의 행동을 반성하기는커녕 더욱 큰소리로 소란을 일으켰다. 이에 H교사가 진환이의 자리로 다가가 다시 주의를 주려고 하는 순간, 진환이는 H교사를 손으로 힘껏 밀고 나가면서 교실 앞의 교사용 책상을 발로 찼고, 그 위에 놓여 있던 H교사의 휴대전화는 산산조각이 났다.

사안의 심각성을 인지한 학교는 진환이의 보호자에게 연락을 취하고 상황을 설명하였다. 그러나 진환이의 보호자는 오히려 H교사가 과도한 주의를 주어서 아이가 발을 다쳤다며 교무실에서 욕설을 퍼붓고, 급기야 교육청 홈페이지의 공개 게시판에 교사의 잘못으로 자신의 아이가 다쳤다는 허위 사실이 포함된 내용의 호소문을 게재하였다.

「교원지위법」에서는 교육 활동 중인 교원에 대한 교육 활동 침해 행위를 유형별로 규정하고 있다. 행위명이 법상 용어로 구성되어 있어 다소 낯설게 느껴지겠지만, 간단하게 어떠한 행위가 이에 해당하는지 위 사례와 연관지어 살펴보자.

(1) 상해, 폭행, 협박, 명예훼손, 손괴

형법 제2편 제25장(상해와 폭행의 죄)

제30장(협박의 죄)

제33장(명예에 관한 죄)

제42장(손괴의 죄)에 해당하는 범죄 행위

「형법」 제2편 제25장에서는 상해, 특수상해, 폭행, 특수폭행 등의 범죄 행위를 규정하고 있다. 일반적으로 폭행은 사람에게 신체적 유형력을 행사하는 행위를 말하며, 상해는 신체의 완전성을 해하는 행위라고 설명할 수 있다. 이 사례에서 학생이 H교사를 손으로 민 행위 자체는 폭행죄에 해당할 수 있으며, 만약 학생의 행동으로 인하여 H교사에게 멍이 들거나 외상이 발생하여 치료가 필요하게 된 경우 상해죄가 성립할 수 있다(과실치상의 경우 별개의 장에서 규정하고 있으므로 교육 활동 침해 행위에 해당하지 않음을 주의하자). 협박죄의 경우 특정 사람에게 해를 끼칠 것을 고지하는 것을 이야기하며, 실제로 행위를 실행하지 않았다고 해도 상대방이 공포심을 느낄 정도의 말 또는 행동을 할 경우에 성립할 수 있다.

「형법」 제33장의 명예에 관한 죄로는 사실 적시 명예훼손, 허위 사실 적시 명예훼손, 출판물 등에 의한 명예훼손, 모욕죄 등이 있다. 명예훼손은 특정 사람의 사회적 평가나 가치를 저하하는 내용을 불특정 다수가 인식할 수 있는 상태(공연성)로 전파하는 행위를 말한다. 학생의 학부모가 교육청 홈페이지의 공개 게시판에 허위 사실이 포함된 내용의 글을 게재한 것은 명예훼손이 성립하는 행위이다. 모욕죄는 명예훼손과 같은 공연성을 요건으로 하지만, 구체적인 사실의 적시가 아닌 추상적 판단·경멸적 표현에 의한다. 가장 흔한 예로 욕설을 들 수 있다. 학생의 학부모가 교무실로 찾아와 H교사에 대한 욕설을 퍼부은 것은 모욕죄에 해당하는 행위라고 볼 수 있다.

마지막으로 학생이 교사용 책상을 발로 차 H교사의 휴대전화를 망가뜨린 행위는 「형법」상의 손괴죄에 해당할 수 있다.

(2) 성폭력

성폭력범죄의 처벌 등에 관한 특례법 제2조 제1항에 따른 성폭력 범죄 행위

「성폭력범죄의 처벌 등에 관한 특례법」상의 성폭력 범죄 행위는 「형법」상 강간, 추행 등의 성폭력 범죄뿐만 아니라 공중 밀집 장소에서의 추행, 통신 매체를 이용한 음란 행위, 카메라 등을 이용한 촬영 등의 유형을 추가로 포함하는 내용으로 규정되어 있다. 특히 카메라 등을 이용한 촬영과 관련한 사례는 최근 학교에서도 종종 발생하고 있는 중대한 범죄 유형이다. 학생들의 휴대전화 소지가 일반화됨에 따라

수업 중 휴대전화를 이용하여 교사의 신체를 촬영하고 단톡방 등을 통하여 공유하는 유형의 사건이 종종 발생하는데, 이러한 유형의 침해 행위는 가해 학생 및 피해자(교사)가 다수라는 점, 전파 가능성이 높아 피해의 정도가 크고 회복이 어렵다는 점 등의 측면에서 더욱 엄중하게 다루어져야 할 행위이다. 관련 사안에 대한 예방 교육 및 사안 발생 시 신속한 조치가 요구되는 유형이라고 할 수 있다.

(3) 불법정보 유통 행위

정보통신망 이용촉진 및 정보보호 등에 관한 법률 제44조의7 제1항에 따른 불법정보 유통 행위

「정보통신망법」은 전기통신설비 또는 컴퓨터 등의 기술을 활용하여 정보를 수집·송신하는 행위에 관한 규정을 두고 있는데, 그중 일정한 행위를 불법정보 유통 행위로 금지하고 있다. 정보통신망을 통해서 음란한 내용을 공공연하게 전시한다거나, 공포심이나 불안감을 유발하는 문언을 상대방에게 도달하도록 하는 것, 또 사람을 비방할 목적으로 공공연하게 타인의 명예를 훼손하는 내용의 정보 등을 엄격히 금지하고 있다. 특히 「정보통신망법」상 명예훼손의 경우 일반 명예훼손에 비하여 좀 더 중한 처벌 규정을 두고 있는데, 이는 정보통신망을 이용하는 경우 전파의 속도 및 피해의 정도가 더욱 심각하기 때문이다.

그러나 이 경우에는 '비방의 목적'이라는 가중된 요건이 필요하다.

진환이의 학부모가 교육청의 공개 게시판을 통하여 허위 사실을 포함한 내용의 글을 게재한 행위가 만약 공연성뿐만 아니라 비방의 목적이 충분히 인정되는 내용으로 구성되어 있다면, 「형법」상 명예훼손이 아닌 「정보통신망법」상 명예훼손이 성립할 여지가 있다.

(4) 교육 활동을 부당하게 간섭하거나 제한하는 행위

그 밖에 교육부 장관이 정하여 고시하는 행위로서 교육 활동을 부당하게 간섭하거나 제한하는 행위

[교육부 고시]* 교원의 교육 활동(원격수업을 포함한다)을 부당하게 간섭하거나 제한하는 행위는 다음 각 호와 같다.

1. 「형법」 제8장(공무방해에 관한 죄) 또는 제34장 제314조(업무방해)에 해당하는 범죄 행위로 교원의 정당한 교육 활동을 방해하는 행위

2. 교육 활동 중인 교원에게 성적 언동 등으로 성적 굴욕감 또는 혐오감을 느끼게 하는 행위

3. 교원의 정당한 교육 활동에 대해 반복적으로 부당하게 간섭하는 행위

4. 교원의 정당한 생활지도에 불응하여 의도적으로 교육 활동을 방해하는 행위

5. 교육 활동 중인 교원의 영상·화상·음성 등을 촬영·녹화·녹음·합성하여 무단으로 배포하는 행위

6. 그 밖에 학교장이 「교육공무원법」 제43조 제1항에 위반한다고 판단 하는 행위

마지막으로 살펴볼 행위 유형은 교육부 고시의 형태로 확인할 수 있다. 공무집행방해죄, 업무방해죄 외에도 성적 언동을 통한 침해 행위 등을 규정하고 있으며, 특히 제3호인 교원의 정당한 교육 활동에 대해 반복적으로 부당하게 간섭하는 행위의 경우 학교에서 가장 흔하게 발생하는 것으로 눈여겨보아야 할 것이다. 예를 들어 '민원'이라는 명목으로 학교의 교육 활동을 지나치게 간섭하고 제약하는 경우, 정당한 사유가 없음에도 담임 교체 등을 요구하며 지나친 강요를 하는 경우 등이다.

지금까지 흔히 '교권 침해'라고 일컫는 교육 활동 침해 행위의 정확한 법적 정의 및 구체적인 행위 유형을 살펴보았다. 이는 교권 보호 및 그에 관한 조치와 관련하여 매우 중요한 개념이며, 앞으로 더욱 엄밀하고 세밀한 접근이 요구되는 영역이기도 하다.

---

* 2023. 3. 23. 일부 개정된 고시안에 의한 내용이다. 교육부 고시로 규정된 행위 유형은 계속적으로 개정될 가능성이 있으므로, 사안이 발생하였을 때는 국가법령정보센터에서 시행 중인 고시 규정을 정확하게 검색하여 확인하는 것이 좋다.

4. 교권보호위원회 사용법

학교에서 교권 침해 사안이 발생했을 경우 가장 먼저 떠올려야 할 기구가 바로 교권보호위원회이다. 「교원지위법」에서는 교육 활동 침해에 관한 내용을 규정하면서 이와 관련한 내용을 심의하는 위원회의 명칭을 '교권보호위원회'라고 지칭하고 있다. 교권보호위원회의 종류는 학교교권보호위원회, 시·도교권보호위원회로 구분할 수 있으며, 우리가 주로 살펴볼 내용은 단위학교에 설치되는 학교교권보호위원회에 관한 것이다.

(1) 교권보호위원회의 설치 및 구성

교권보호위원회의 설치 및 구성에 관한 내용을 기존에는 「교원지위법 시행령」에 규정하고 있었다(2016 개정법). 그러나 2019년 개정법에서는 교권보호위원회의 설치 근거를 시행령이 아닌 법률에 둠으로써, 직접적인 조치 권한을 가지는 기구의 설치·운영의 근거를 시행령보다 좀 더 상위의 체계인 법률에 명확히 규정하고 있다.

교원지위법 제19조 ②교원의 교육 활동 보호에 관한 다음 각 호의 사항을 심의하기 위하여 유치원을 제외한 고등학교 이하 각급 학교에 교권보호위원회(이하 "학교교권보호위원회"라 한다)를 두며, 유치원에는 유치원의 장이 필요하다고 인정하는 경우 교권보호위원회를 둘 수 있다.

1. 교육 활동 침해 기준 마련 및 예방 대책 수립
2. 제18조 제1항 각 호에 따른 교육 활동 침해 학생에 대한 조치
3. 교원의 교육 활동과 관련된 분쟁의 조정
4. 그 밖에 학교 규칙으로 정하는 사항

「교원지위법」에서는 유치원의 경우에는 재량으로, 그 외 각급 학교에는 사실상 의무 규정으로 학교교권보호위원회의 설치를 규정하고 있다. 학교교권보호위원회의 심의 사항은 여러 가지로 규정되어 있지만, 그중 가장 비중이 큰 것은 당연히 제2호에 규정된 교육 활동 침해 학생에 대한 조치이다.

교원지위법 시행령 제15조(학교교권보호위원회의 구성 및 운영 등) ① 법 제19조 제2항에 따른 학교교권보호위원회(이하 "학교교권보호위원회"라 한다)의 위원은 위원장 1명을 포함하여 5명 이상 10명 이하의 위원으로 구성한다.

② 학교교권보호위원회의 위원은 다음 각 호의 사람 중에서 해당 학교의 장이 임명하거나 위촉하며, 위원장은 위원 중에서 호선한다. 이 경우 제1호에 해당하는 위원이 위원 정수의 2분의 1을 초과해서는 안 된다. 〈개정 2020. 12. 31.〉

1. 학생 생활지도 경력이 있는 해당 학교의 교원

2. 대학이나 공인된 연구기관에서 조교수 이상 또는 이에 상당한 직에 재직하고 있거나 재직했던 사람으로서 교육활동 관련 전문 지식이 있는 사람

3. 해당 학교 학생의 학부모

4. 변호사 자격이 있는 사람

5. 해당 학교가 소재하고 있는 지역을 관할하는 「국가경찰과 자치경찰의 조직 및 운영에 관한 법률」 제13조에 따른 경찰서에 소속된 경찰공무원(「제주특별자치도 설치 및 국제자유도시 조성을 위한 특별법」 제88조 제1항에 따른 자치경찰단에 소속된 자치경찰공무원을 포함한다)

6. 그 밖에 고등학교 이하 각급 학교의 교육 활동 관련 지식과 경험이 있는 사람

③ 제2항에 따라 위촉되는 위원의 임기는 2년으로 하며, 한 차례만 연임할 수 있다. 다만, 위원의 사임 등으로 새로 위촉되는 위원의 임기는 전임위원 임기의 남은 기간으로 한다.

④ 학교교권보호위원회의 위원장은 다음 각 호의 어느 하나에 해당하는 경우 회의를 소집하고, 그 의장이 된다.

1. 학교의 장이 요청하는 경우

2. 재적위원 4분의 1 이상이 요청하는 경우

3. 그 밖에 학교교권보호위원회의 위원장이 필요하다고 인정하는 경우

⑤ 학교교권보호위원회의 회의는 재적위원 3분의 2 이상의 출석으로 개의하고, 출석위원 과반수의 찬성으로 의결한다.

⑥ 학교교권보호위원회의 위원장은 심의를 위하여 필요한 경우에는 관계 전문가를 참석하게 하여 의견을 들을 수 있다.

⑦ 제1항부터 제6항까지에서 규정한 사항 외에 학교교권보호위원회의 구성 및 운영 등에 필요한 사항은 관할청이 정하는 기준에 따라 학교규칙으로 정한다.

교권보호위원회는 위원장 1명을 포함하여 5명 이상, 10명 이하의 위원으로 구성하며, 2020년 개정된 시행령에서는 위원의 구성을 구체화하였다. 그 외 운영에 필요한 사항은 교육부 장관 또는 교육감이 정하는 기준에 따라 학교 규칙으로 정하게 되어 있으며, 현장에서는 교육부 및 각 시·도 교육청에서 배포한 매뉴얼 등을 통하여 기준을 확

인할 수 있다.

○○초등학교의 학교교권보호위원회 규정(예시)

제3조 (구성) ① 위원회는 위원장 1명을 포함하여 5명 이상 10명 이하의 위원으로 구성한다.

② 위원회의 위원은 학교의 교원, 학부모 및 지역사회 인사로 구성하며, 위원의 구성이 편중되지 않도록 한다.

○○중학교의 학교교권보호위원회 규정(예시)

제3조 (구성) ① 위원회는 위원장 1명을 포함하여 7명의 위원으로 구성한다.

② 위원회의 위원은 학교의 교원 2명, 변호사 2명, 대학 교수 2명으로 구성하여야 한다.

두 학교 학교교권보호위원회의 규정을 비교해 보자. 어떤 차이점이 보이는가? 두 학교 모두 시행령에서 규정한 위원의 구성 원칙을 벗어나지는 않는다. 그러나 ○○중학교의 경우 위원회의 구성 명수 및 구성의 비율을 구체적으로 규정하고 있어, 구성에 있어 학교의 재량이 거의 부여되지 않은 형태이다.

이것이 '틀린 규정'이라고 볼 수는 없다. 그러나 법상 부여된 학교의 재량권을 지나치게 축소하여 규정한다면, 운영하는 주체가 스스로 불

편함을 유발하는 결과를 초래할 수 있다. 실제 운영 시 이를 준수하기
가 어려울 수 있기 때문이다. 따라서 운영 규정을 학교 규칙으로 만들
때에는 이러한 점에 유의하여 살펴볼 필요가 있다.

(2) 교권보호위원회의 운영 절차

교권보호위원회의 운영 절차는 법에서 상세히 규정하고 있지 않으므
로, 단위학교에서 학교 규칙으로 규정한 교권보호위원회 규정상의 절
차를 준수해야 한다. 무엇보다도 객관적이고 공정하며 독립적인 운영
이 될 수 있도록 노력해야 한다. 단계별 운영 시 유의점을 살펴보자.

- 회의 전 : 각 당사자에게 개최 알림이 잘 고지되었는가?

  위원회 소집에 필요한 요건을 갖추었는가?
- 진행 시 : 피해 교원 및 가해자에게 각 발언의 기회가 공정하게

  주어졌는가?

  객관적이고 공정한 심의가 이루어졌는가?
- 사후 : 결과 통보가 잘 이루어졌는가?

  재심청구에 관한 절차 안내가 잘 이루어졌는가?

교권보호위원회를 개최하는 경우, 각 당사자에게 절차에 대해 정확
히 고지하는 것이 중요하다. 또한 회의 진행 중에는 어느 일방 당사자
에게 유리 또는 불리하게 느껴지지 않도록 객관적이고 공정한 심의가

이루어져야 한다. 마지막으로 회의 결과에 대한 통지는 서면으로 정확히 이루어져야 한다. 이는 재심 절차와도 직접적인 연관이 있으므로 주의해야 할 부분이다.

교원지위법 제18조 ⑤ 고등학교 이하 각급 학교의 장은 제1항 각 호의 어느 하나에 해당하는 조치를 할 때에는 해당 학생이나 보호자에게 의견을 진술할 기회를 주는 등 적정한 절차를 거쳐야 한다.

단위학교의 교권보호위원회 운영 시 학교에서 제정한 규칙을 준수하는 것은 가장 기본적이며 중요한 내용이다. 무엇보다 교권보호위원회의 조치에 대한 법적 분쟁 시 '절차적 하자' 여부는 항상 핵심적인 쟁점이 될 수 있으므로 단위학교에서는 이에 유의해야 할 것이다.

(3) 교권보호위원회의 조치

학생에 의한 교육 활동 침해 사안의 경우 기존에는 교권보호위원회에서 직접적인 조치를 하는 것이 아닌 별도의 선도위원회를 개최하는 방식으로 이루어졌다. 따라서 교권 침해 사안의 경우일지라도 학생에 대한 조치는 「초·중등교육법」상의 징계 조치만 가능하였고, 그 외 '학교장 추천 전학'의 형태로 전학을 가는 사례가 종종 있어 왔다. 사실상 징계적인 성격으로 이루어진 것이다.

그런데 2016년경 교권 침해를 이유로 내려진 전학 조치에 관한 취소 소송에서 법원은 "교권 침해 사안의 경우 학교폭력 사안과 같이 강제 전학을 처분할 법적 근거가 없다. 해당 학생에 대한 전학 조치는 학교장 추천 전학으로서, 이를 당사자의 의사에 반하여 전학시킬 수 있다고 해석하는 것은 규정을 부당하게 확장하는 것이다."라고 판단하였다. 해당 법원의 판단 이후로 교권 침해 사안을 이유로 한 학교장 추천 전학은 권고적 성격임이 분명해졌다.

이후 학교 현장에서는 많은 불편을 호소하였다. 특히 퇴학 조치가 불가능한 초·중학교에서 발생한 심각한 교권 침해 사안의 경우 피해교사와 가해 학생을 격리할 수 있는 방법이 사실상 없기 때문이다. 또한 교권보호위원회와 선도위원회를 모두 개최하여 조치해야 한다는 점 등이 현실적인 어려움으로 여겨졌다.

이러한 점을 반영하여 2019년도 개정법에서는 학생에 의한 교육 활동 침해 사안의 경우 교권보호위원회에서 직접적인 조치가 가능하도록 규정하게 된다. 특히 기존의 「초·중등교육법」상 징계 조치 외에도 학급 교체 및 전학 조치의 내용이 추가되어 있어, 사안에 따라 적절한 조치를 취할 수 있게 되었다. 또한 전학 및 퇴학 처분의 경우 재심 절차를 신설하고 있다.

교원지위법 제18조(교육 활동 침해 학생에 대한 조치 등) ① 해당 학생에 대하여 다음 각 호의 어느 하나에 해당하는 조치를 할 수 있다. 다만, 퇴학 처분은 의무교육과정에 있는 학생에 대하여는 적용하지 아니한다.

1. 학교에서의 봉사

2. 사회봉사

3. 학내외 전문가에 의한 특별교육 이수 또는 심리 치료

4. 출석 정지

5. 학급 교체

6. 전학

7. 퇴학 처분

⑥ 고등학교 이하 각급 학교의 장이 제1항 각 호의 어느 하나에 해당하는 조치를 할 때에는 제19조 제2항에 따른 학교교권보호위원회의 심의를 거쳐야 한다.

⑧ 제1항 제6호 및 제7호에 따른 조치에 대하여 이의가 있는 학생 또는 그 보호자는 그 조치를 받은 날부터 15일 이내 또는 그 조치가 있음을 안 날로부터 10일 이내에 「초·중등교육법」 제18조의3에 따른 시·도학생징계조정위원회에 재심을 청구할 수 있다. 이 경우 재심 청구, 심사 절차, 결정 통보 등은 같은 법 제18조의2 제2항부터 제4항까지의 규정을 준용한다.

교권보호위원회는 단순히 학생에 대한 조치만 심의하는 기구가 아니다. 침해의 당사자가 학부모인 경우 추가적인 사법 절차를 논의할 수

있다. 무엇보다 중요한 기능은 피해 교사에 대한 적극적 조치의 기반을 마련하는 장으로서의 역할이다. 또한 개정법에서는 기존에 교원 휴가에 대한 예규에서 규정된 피해 교원을 위한 특별휴가 규정을 법에 신설하여 교원의 회복을 최대한 지원하고 있다.

교원지위법 제14조의3(특별휴가) 제15조 제1항에 따른 교육 활동 침해 행위로 피해를 입은 교원은 교육부 장관이 정하는 바에 따라 특별휴가를 사용할 수 있다.

제15조(교육 활동 침해 행위에 대한 조치) ②보호 조치의 유형은 다음 각 호와 같다.

1. 심리 상담 및 조언
2. 치료 및 치료를 위한 요양
3. 그 밖에 치유와 교권 회복에 필요한 조치

교육 활동 침해 사안에 대한 조치는 재량이 아니라 의무 사항으로 규정되어 있다.

교원지위법 제15조 ①(중략) 교육 활동을 침해하는 행위를 한 사실을 알게 된 경우에는 즉시 교육 활동 침해 행위로 피해를 입은 교원의 치유와 교권 회복에 필요한 조치를 하여야 한다.

교육 활동 침해에 관한 조치를 하였다는 점을 가장 명시적으로 보여줄 수 있는 것은 바로 교권보호위원회를 개최하는 것이다. 그리고 침해 사안의 조치뿐만 아니라, 사후적인 사법 조치에 중요한 역할을 할 수 있는 자료를 확보하는 것이다. 그 자료는 바로 교권보호위원회의 회의록이다. 교권보호위원회에서 논의되고 결정된 사항은 사법 절차에서도 객관적이고 명확한 증거로 작용할 수 있다.

더불어 2019년도 개정안에서는 피해 교원의 요청이 있고, 형사 처벌이 가능한 사안에 해당하는 경우 관할청이 수사기관에 고발할 의무를 규정하고 있다. 기존에는 교권보호위원회 이후의 민·형사 절차의 진행에 관해서는 관할 교육청에서 일부 지원을 한다거나, 교사 개인이 비용을 부담하여 진행하는 경우가 종종 있었지만, 앞으로는 해당 규정에 의하여 개인의 부담을 훨씬 경감할 수 있고, 따라서 더욱 단호한 조치가 가능할 것으로 예상된다.

사실 교권보호위원회를 소집하고 개최하는 것이 쉬운 일은 아니다. 위원을 소집하고, 각 당사자들에게 절차를 설명하고, 회의록을 작성하고, 교육청에 전후 보고를 하는 등 관련 업무를 담당하는 교사로서는 상당히 어렵고 부담스러울 수밖에 없는 일이다.

하지만 교권보호위원회는 학교 현장에서 일어나는 교육 활동 침해 행위에 대하여 가장 직접적이고 현실적인 대처 방법이라는 점, 교권보호위원회의 심의 내용과 결정이 이후의 사법적 절차에도 충분히 유의미한 역할을 할 수 있다는 점, 현장에서의 적극적인 대응 및 개최가 관

런 법령의 정착 및 개선에도 기여할 수 있다는 점을 고려한다면 절차
적 어려움만을 이유로 회의 개최를 기피하는 일은 점차 줄어들 수 있
을 것이다. 교권보호위원회를 잘 사용하는 것, 교권 보호의 출발점이
될 수 있을 것이다.

알아 두면 좋은 법령 둘러보기
― 학교와 법

1. 대한민국 헌법

학교와 교육을 둘러싼 주요 법과 그 법의 핵심 내용에는 어떤 것이 있는지를 논의하기 위해 가장 먼저 살펴볼 법은 바로 「대한민국 헌법」이다. 앞서 교권의 의의를 살펴보면서 「헌법」상 기본권, 교육권 등의 용어를 사용하였다. 교권의 핵심 개념인 교사의 수업권이 중요한 이유는 「헌법」상 보장된 중요한 기본권인 학습권을 구현하기 위한 토대이기 때문이라는 내용을 확인한 바 있는데, 「헌법」이 어떤 성격의 법인지, 또 「헌법」상 기본권이라는 것은 무엇인지 좀 더 구체적으로 살펴보자.

「헌법」은 국가의 통치 조직과 통치 작용의 기본 원리, 국민의 기본권에 관하여 규정하고 있는 최고 규범이라고 설명할 수 있다. 이는 다른 법률, 조약 등보다 상위 규범이라는 뜻이다. 최근 「헌법」에 대한 관심이 높아지면서 법을 공부하지 않는 사람들도 「헌법」을 직접 찾아보거나 읽어 보기도 한다. 실제로 「헌법」 전문을 열어 보면 다른 법률에 비해 '짧은' 분량이 인상적이다. 그러나 「헌법」은 다른 어떤 법보다 깊고 풍부한 의미를 함축하고 있는 법이라고 할 수 있는데, 이는 「헌법」에서 기본적인 원리나 가치를 언급하고, 이를 구체화하여 규정하는 것은 개별 법령으로 이루어지는 법적 체계 때문이다. 우리가 살펴볼 내용인 교육과 관련한 법률 체계 또한 「헌법」에서 시작되어 가지를 뻗어 나가는 모습으로 이해할 수 있다.

먼저 '교육을 받을 권리'는 「헌법」상 보장된 국민의 기본권 중 하나로서, 사회적 기본권으로 분류할 수 있다.

헌법 제31조 ① 모든 국민은 능력에 따라 균등하게 교육을 받을 권리를 가진다.

② 모든 국민은 그 보호하는 자녀에게 적어도 초등교육과 법률이 정하는 교육을 받게 할 의무를 진다.

③ 의무교육은 무상으로 한다.

④ 교육의 자주성·전문성·정치적 중립성 및 대학의 자율성은 법률이 정하는 바에 의하여 보장된다.

⑤ 국가는 평생교육을 진흥하여야 한다.

ⓖ 학교교육 및 평생교육을 포함한 교육제도와 그 운영, 교육 재정 및 교원의 지위에 관한 기본적인 사항은 법률로 정한다.

「헌법」은 교육을 받을 권리의 중요성을 인식하고 이를 구현하기 위하여 모든 국민의 교육의 기회균등권을 보장하고 있다. 또한 보호자의 교육할 의무 및 국가의 의무교육, 평생교육에 관한 내용을 규정하고 있으며, 교육의 자주성·전문성·정치적 중립성 및 대학의 자율성을 법에 의하여 보장할 것을 분명히 하고 있다.

우리 헌법은 문화국가·민주국가·사회국가·복지국가에서 차지하는 교육의 중요성을 감안해서 교육을 모든 국민의 권리로 규정함과 동시에 국가와 국민의 공동의무임을 명백히 밝히고 있다. 교육을 받을 권리는 첫째, 교육을 통해 개인의 잠재적인 능력을 계발시켜 줌으로써 인간다운 문화생활과 직업생활을 할 수 있는 기초를 마련해 주고, 둘째, 문화적이고 지적인 사회 풍토를 조성하고 문화 창조의 바탕을 마련함으로써 헌법이 추구하는 문화국가를 촉진시키고, 셋째, 합리적이고 계속적인 교육을 통해서 민주주의가 필요로 하는 민주 시민의 윤리적 생활 철학을 어렸을 때부터 습성화시킴으로써 헌법이 추구하는 민주주의의 토착화에 이바지하고, 넷째, 능력에 따른 균등한 교육을 통해서 직업생활과 경제생활 영역에서 실질적인 평등을 실현시킴으로써 헌법이 추구하는 사회국가, 복지국가의 이념을 실현한다는 의의와 기능을 가지고 있다.

헌법재판소는 과거 의무교육 취학연령을 규정한 구 교육법에 대한 위헌 여부에 대한 판단에서, 우리 「헌법」이 규정하는 '교육을 받을 권리'를 상세히 설명하였다.[3] 이는 우리 「헌법」이 교육을 통하여 구현하고자 하는 가치의 내용, 교육의 의의와 기능에 관한 원론적인 설명이라고 볼 수 있다. 너무나 당연한 이야기이지만, 그래서 오히려 지나치기 쉬운 내용이기도 하다. 그렇지만 이를 찬찬히 읽어 본다면 학교의 교육과정과 교육 활동이 궁극적으로 추구하고 있는 가치가 무엇인지 다시 한번 생각해 볼 수 있는 기회가 될 것이다.

「헌법」은 교육을 받을 권리를 실현하기 위하여 교육제도와 그 운영 등에 관한 본질적 사항을 법률로 정하도록 하였고, 이로써 교육기본권이 행정기관의 부당한 간섭 등에 의하여 침해되는 일이 없도록 예방조치를 강구하고 있다. 이러한 토대에서 정해진 법률이 바로 「교육기본법」이다.

2. 교육기본법

「교육기본법」은 「헌법」상 교육기본권을 실현하기 위하여 교육의 기본

방침과 내용, 교육행정의 조직, 교육기관 및 그 감독 등에 관한 제도를 규정하기 위한 법률이다. 따라서 학교교육에 관한 가장 기본적인 내용이 구체적으로 규정되어 있는 법률이라 할 수 있다.

교육기본법 제1조(목적) 이 법은 교육에 관한 국민의 권리·의무 및 국가·지방자치단체의 책임을 정하고 교육제도와 그 운영에 관한 기본적 사항을 규정함을 목적으로 한다.

「교육기본법」에서는 앞서 「헌법」에서 언급된 '의무교육'이 6년의 초등교육과 3년의 중등교육임을 분명히 하고 있고, 학교교육의 공공성 및 전인적 교육의 중요성을 명시하고 있다.

또한 교육 당사자에 관한 내용을 규정하고 있는데, 「교육기본법」상 교육 당사자에는 가장 기본적으로 학습자, 교원이 포함된다. 그 외 보호자, 교원 단체, 학교 등의 설립자·경영자, 마지막으로 국가 및 지방자치단체 또한 「교육기본법」상 교육 당사자이다.

교육기본법 제12조(학습자) ① 학생을 포함한 학습자의 기본적 인권은 학교교육 또는 사회교육의 과정에서 존중되고 보호된다.

② 교육 내용·교육 방법·교재 및 교육 시설은 학습자의 인격을 존중하고 개성을 중시하여 학습자의 능력이 최대한으로 발휘될 수 있도록 마련되어야 한다.

③ 학생은 학습자로서의 윤리의식을 확립하고, 학교의 규칙을 준수하여야 하며, 교원의 교육·연구 활동을 방해하거나 학내의 질서를 문란하게 하여서는 아니된다.

우선 학교 교육과정에서 학습자의 인권을 보호하고, 인격을 존중하고 개성을 중시한다는 원칙을 분명히 하고 있다. 그와 동시에 학습자로서 준수해야 할 윤리의식 및 규칙 준수 등의 내용 또한 명확히 규정하고 있다.

교육기본법 제14조(교원) ① 학교교육에서 교원(教員)의 전문성은 존중되며, 교원의 경제적·사회적 지위는 우대되고 그 신분은 보장된다.

② 교원은 교육자로서 갖추어야 할 품성과 자질을 향상시키기 위하여 노력하여야 한다.

③ 교원은 교육자로서의 윤리의식을 확립하고, 이를 바탕으로 학생에게 학습 윤리를 지도하고 지식을 습득하게 하며, 학생 개개인의 적성을 계발할 수 있도록 노력하여야 한다.

④교원은 특정한 정당이나 정파를 지지하거나 반대하기 위하여 학생을 지도하거나 선동하여서는 아니된다.

⑤교원은 법률로 정하는 바에 따라 다른 공직에 취임할 수 있다.

⑥교원의 임용·복무·보수 및 연금 등에 관하여 필요한 사항은 따로 법률로 정한다.

교원에 관한 내용으로는 교원의 지위 우대 및 신분 보장의 원칙을 확인할 수 있고, 교육의 정치적 중립성을 실현하기 위하여 교원에 대하여 제한되는 행위를 명시하고 있다는 점이 중요하다.

그 외에도 「교육기본법」에서는 남녀평등 교육, 학습 윤리의 확립, 안전사고 예방, 평화적 통일 지향, 직업교육, 과학·기술 교육 등 국가 및 지방자치단체가 중점을 두고 진흥해야 할 과제들을 열거하면서, 이에 관한 시책이 수립·실시되는 근거를 마련하고 있다.

3. 초·중등교육법과 그 시행령

「헌법」에서 시작하여 「교육기본법」에서 그 기본적 틀을 다지고, 다시 각 학교에 관한 내용을 구체화하게 되는데, 그 첫 번째 가지가 바로 「초·중등교육법」이다. 「초·중등교육법」은 「교육기본법」에서 구분된 학교의 종류 중 초·중등교육에 관한 내용을 규정하고 있는 법률이다.

교육기본법 제9조(학교교육) ① 유아교육 · 초등교육 · 중등교육 및 고등교육을 하기 위하여 학교를 둔다.
④ 학교의 종류와 학교의 설립 · 경영 등 학교교육에 관한 기본적인 사항은 따로 법률로 정한다.

초 · 중등교육법 제1조(목적) 이 법은 「교육기본법」 제9조에 따라 초 · 중등교육에 관한 사항을 정함을 목적으로 한다.

「교육기본법」에서 유아교육 · 초등교육 · 중등교육 · 고등교육을 하기 위하여 학교를 둔다고 규정하고 있고, 이에 따라 「유아교육법」, 「초 · 중등교육법」, 「고등교육법」의 각 가지가 생겨나게 되는 것이다.

「초 · 중등교육법」에서는 학교의 종류, 의무교육에 관한 구체적인 사항, 학생과 교직원에 관한 사항, 교원의 자격, 교육과정, 학교 회계 등에 관하여 자세히 규정하고 있다. 또한 학교운영회의 설치와 구성, 교육비 지원에 관한 내용 등을 확인할 수 있다. 그중에서도 특히 학생의 징계에 관하여 명시한 규정을 정확히 확인할 필요가 있는데, 동법 시행령에서 학생 징계의 종류와 절차적 유의점을 규정하고 있고, 신체적 고통을 가하는 방법을 엄격히 금지하고 있다.

초·중등교육법 제18조(학생의 징계) ① 학교의 장은 교육상 필요한 경우에는 법령과 학칙으로 정하는 바에 따라 학생을 징계하거나 그 밖의 방법으로 지도할 수 있다. 다만, 의무교육을 받고 있는 학생은 퇴학시킬 수 없다.

② 학교의 장은 학생을 징계하려면 그 학생이나 보호자에게 의견을 진술할 기회를 주는 등 적정한 절차를 거쳐야 한다.

초·중등교육법 시행령 제31조(학생의 징계 등) ① 법 제18조 제1항 본문의 규정에 의하여 학교의 장은 교육상 필요하다고 인정할 때에는 학생에 대하여 다음 각 호의 어느 하나에 해당하는 징계를 할 수 있다. 〈개정 2011. 3. 18.〉

1. 학교 내의 봉사

2. 사회봉사

3. 특별교육 이수

4. 1회 10일 이내, 연간 30일 이내의 출석 정지

5. 퇴학 처분

② 학교의 장은 제1항의 규정에 의한 징계를 할 때에는 학생의 인격이 존중되는 교육적인 방법으로 하여야 하며, 그 사유의 경중에 따라 징계의 종류를 단계별로 적용하여 학생에게 개전의 기회를 주어야 한다.

⑧ 학교의 장은 법 제18조 제1항 본문에 따라 지도를 할 때에는 학칙으로 정하는 바에 따라 훈육·훈계 등의 방법으로 하되, 도구, 신체 등을 이용하여 학생의 신체에 고통을 가하는 방법을 사용해서는 아니된다.

교장·교감·수석교사·교사 및 행정직원의 기본적인 업무 분담의 내용 또한 「초·중등교육법」에서 확인할 수 있다. 교장의 지도·감독권 및 교감의 직무 범위, 수석교사 및 교사의 업무 내용 및 그 외 직원의 사무 담당에 관한 내용을 법에서 상세히 규정하고 있는 것이다.

초·중등교육법 제20조(교직원의 임무) ① 교장은 교무를 총괄하고, 소속 교직원을 지도·감독하며, 학생을 교육한다.

② 교감은 교장을 보좌하여 교무를 관리하고 학생을 교육하며, 교장이 부득이한 사유로 직무를 수행할 수 없을 때에는 교장의 직무를 대행한다. 다만, 교감이 없는 학교에서는 교장이 미리 지명한 교사(수석교사를 포함한다)가 교장의 직무를 대행한다.

③ 수석교사는 교사의 교수·연구 활동을 지원하며, 학생을 교육한다.

④ 교사는 법령에서 정하는 바에 따라 학생을 교육한다.

⑤ 행정직원 등 직원은 법령에서 정하는 바에 따라 학교의 행정사무와 그 밖의 사무를 담당한다.

---

4. 교육공무원법과 사립학교법

마지막으로 간단히 살펴볼 내용은 교원의 복무 및 신분 보장 등에 관하여 규정하고 있는 「교육공무원법」과 「사립학교법」이다.

교육공무원법 제1조(목적) 이 법은 교육을 통하여 국민 전체에게 봉사하는 교육공무원의 직무와 책임의 특수성에 비추어 그 자격·임용·보수·연수 및 신분 보장 등에 관하여 교육공무원에게 적용할 「국가공무원법」 및 「지방공무원법」에 대한 특례를 규정함을 목적으로 한다.

교원의 복무는 「교육공무원법」에 의한다. 여기에서 '특례'라는 것은 교원 중 국공립학교에 근무하는 교육공무원의 자격·임용·보수·연수 등의 내용은 「국가공무원법」 및 「지방공무원법」상 규정을 적용하는 것이 아니라 「교육공무원법」을 최우선적으로 적용한다는 뜻이다.

교육공무원법 제51조(징계의결의 요구) ① 교육기관, 교육행정기관, 지방자치단체 또는 교육연구기관의 장은 그 소속 교육공무원이 「국가공무원법」 제78조 제1항 각 호의 징계 사유 및 「지방공무원법」 제69조 제1항 각 호의 징계 사유에 해당한다고 인정하는 경우에는 지체 없이 해당 징계 사건을 관할하는 징계위원회에 징계의결을 요구하여야 한다. 다만, 해당 징계 사건을 관할하는 징계위원회가 상급기관에 설치되어 있는 경우에는 그 상급기관의 장에게 징계의결의 요구를 신청하여야 한다.
② 제1항의 경우에 징계의결 요구권자 자신에 관한 징계 사건은 그 바로 위 감독청의 장이 징계의결을 요구한다.

이 법에서는 교원 임용 시 제한 및 결격 사유, 인사 관리, 교장 임용에 관한 내용, 기간제 교원에 관한 내용 등을 규정하고 있으며, 특히 교원의 신분 보장, 징계, 휴직 등의 복무에 관한 내용이 상세히 규정되어 있다. 구체적인 내용은 3장 중 「교원 복무의 특수성 이해하기」 편에서 자세히 확인해 보기로 한다.

사립학교법 제52조(자격) 사립학교의 교원의 자격에 관하여는 국·공립학교의 교원의 자격에 관한 규정에 의한다.

55조(복무) ①사립학교의 교원의 복무에 관하여는 국·공립학교의 교원에 관한 규정을 준용한다.

사립학교 교원의 자격·임용·복무에 관한 내용은 「사립학교법」에서 규정하고 있다. 「교육공무원법」과는 달리 「사립학교법」은 교원에 관한 사항만 별도로 규정하고 있는 것이 아니라, 사립학교의 설립과 운영, 재산과 회계 등에 관한 사항 등 전반적인 내용을 포함하고 있다. 그중 꼭 확인해야 하는 조항은 사립학교 교원의 자격 및 복무에 관한 내용은 「교육공무원법」의 내용을 준용한다는 내용이다. 이 규정에 근거하여 「교육공무원법」상의 교원 자격에 관한 내용 및 휴직, 징계, 복무 전반에 관한 내용이 사립학교 교원에게도 그대로 적용된다는 것을 확인할 수 있다.

2장

법, 알아야 나를 지킨다

⚖️ 법적 절차 이해하기

1. 법적 절차의 개념

"그렇게 나오신다면 법적 절차대로 하겠습니다."

드라마나 영화를 보다가 접했던 대사였을 수도 있고, 교통사고 이후 실랑이 끝에 들었을 수도 있는 말이다. 알고 보면 우리는 알게 모르게 '법적 절차'라는 말을 많이 사용하고 있다. 그런데 정작 법적 절차가 구체적으로 무엇인지 물어보면 추상적으로 알고 있는 경우가 대부분이다. 물론 법적 절차에 대해서 잘 몰라도 큰 지장 없이 살아가는 사람들이 대부분이다. 특히 교사의 경우, 그동안 일반적으로 법적인 분쟁에 휘말리는 경우는 매우 드물었다. 그러나 사회 전반적으로 권리의식이 높아지면서 학교도 더 이상 법적인 분쟁에서 자유로운 곳이라

할 수 없게 되었다. 그럼에도 아직도 법적 절차에 대해서 안일하게 생각하는 교사들이 많은 것이 현실이다.

법적 절차는 알고 보면 특별하지 않다. 하지만 아무런 준비도 하지 않고 있다가 일이 터져서야 부랴부랴 알아보는 경우가 대부분이어서, 그 과정에서 힘들어 하는 교사들을 많이 보았다. 구체적인 절차는 변호사와 같은 전문가의 조력을 받아야겠지만, 당사자로서도 대략적인 절차를 파악하고 있는 것은 매우 중요하다. 사안이 발생했을 때 적절한 대처를 하기 위해서는 흐름을 알고 있어야 하기 때문이다. 내일 당장 학부모가 "법적 절차대로 하겠습니다!"라는 말을 한다면 어떻게 대처할 것인지 가늠이 되는가?

'법적 절차'라는 말 자체는 너무나도 포괄적인 의미를 담고 있다. 사전적인 뜻을 그대로 이해하면 법에서 정해져 있는 순서에 따라 일을 처리하는 것을 말한다. 법에 절차가 규정되어 있는 일은 매우 다양하다. 그중에서도 법원을 통한 법적 절차의 경우는 일반적으로 매우 낯설고 어렵게 느껴지기만 한다. 따라서 여기에서는 주로 문제가 되는 '법원을 통한 법적 절차'에 대해 자세히 다뤄 보고자 한다. 즉 나의 권리가 침해당했을 때 법원을 통해 어떻게 구제 받을 수 있는지가 핵심이다. 이런 것들을 '법원을 통한 권리 구제 절차'라고 할 수도 있고, 더 쉬운 말로 '소송 절차'라고 표현할 수 있다.

법원을 통한 권리 구제 절차가 마련되어 있는 이유는 무엇일까? 친구가 돈을 빌려 갔는데 안 갚는다고 생각해 보자. 어떤 방법으로 돈을 돌려받을 수 있을까? 법원을 통한 구제 절차가 없던 시절에는 사람마다 자신만의 방법을 고안했을 것이다. 어떤 사람은 자신의 사정을 말하면서 겨우 돈을 돌려받았을 것이고, 때론 협박을 하거나 폭력을 행사해서 빌려준 돈을 받는 사람도 있었을 것이다. 이런 것을 법률 용어로는 '자력구제'[4]라고 하는데, 이렇게 자력구제에 개인의 권리 구제를 맡겨 놓는 사회는 항상 불안한 상태에 놓여 있을 수밖에 없다. 그래서 국가는 법으로 개인의 권리를 구제할 수 있는 절차를 마련해 놓은 것이고, 우리는 친구가 돈을 갚지 않을 때 "너 그러면 법적 절차를 밟을 거야."라고 말할 수 있다. 이 책에서는 법적 구제 절차, 즉 소송 절차를 편의상 법적 절차라는 말과 함께 사용하겠다.

2. 법적 절차의 분류

법적 절차도 종류에 따라서 구분이 되는데, 각각의 절차를 구분하지 않고 용어부터 혼용하는 경우가 많다. 이 경우에는 잘못된 대처를 해서 일을 더 크게 만들기도 한다. 그렇기 때문에 법적 절차를 정확하게 구분하는 것은 의외로 매우 중요하다.

"존경하는 재판장님, 피고에게 징역 3년형을 구형합니다."

드라마나 영화에서 검사가 재판부에 위와 같은 대사를 하는 장면을 한 번쯤은 보았을 것이다. 그런데 이는 명백히 잘못된 대사이다. 때문에 아무리 잘 만든 드라마나 영화라고 해도 이런 대사 한 번에 맥이 풀리는 경우가 많다.

법정을 배경으로 하는 많은 콘텐츠에서 무죄를 다투는 사람을 '피고'라고 지칭하고 있지만, 이는 명백한 오류이다. 정확하게는 '피고인'이기 때문이다. 피고나 피고인이나 무슨 차이가 있나 싶겠지만, 피고는 민사소송에서 사용하는 말이고, 피고인은 형사소송에서 사용하는 말이다. 즉 완전히 다른 절차에서 사용하는 말인데, 콘텐츠를 만드는 사람들 또한 법적 절차에 익숙하지 않다 보니 이런 일이 많이 발생한다.

그러면 이런 의문이 들 수 있다. 피고나 피고인이나 한 글자 다를 뿐인데 뭐가 그렇게 중요할까? 물론 용어 하나 틀렸다고 해서 그게 큰 문제라는 것은 아니다. 다만 실제로 피고나 피고인이라는 용어를 헷갈리는 것처럼 교사를 포함한 대부분의 사람들이 민사나 형사 두 절차에 대해서 혼동을 하기 때문에, 가장 빈번한 혼동의 예를 든 것이다.

그러면 본격적으로 법적 절차에 대해서 살펴보자.

법적 절차는 크게 민사 절차와 형사 절차로 구분할 수 있다. 흔히 '민사소송을 한다', '형사소송을 한다'라는 말은 많이 들어 보았을 것이다. 그 외에도 행정청과 관련한 법적 절차가 있다. 학교나 교육청과 같은 행정기관으로부터 불이익을 받았다고 판단했을 경우 단순한 민원이 아니라 법원을 통하여 권리 구제 절차를 밟을 수 있다. 이것을 '행정소송'이라고 한다. 실제로 법원도 이런 분류에 따라 한 법원 내에서도 민사소송을 다루는 민사재판부, 형사소송을 다루는 형사재판부, 행정소송을 다루는 행정재판부로 나누어져 있다.

이 세 가지 절차도 깊게 들어가면 더 세부적으로 나눌 수 있다. 민사소송의 경우에는 일반적인 민사소송뿐만 아니라 별도로 이혼 등을 다루는 가사소송이나 파산 문제를 다루는 파산 사건도 있다. 또 형사소송의 경우에도 성인이 아닌 미성년의 범죄를 다루는 소년 사건은 조금 다른 절차로 진행된다.

⚖️ 민사, 형사, 행정소송 이해하기

1. 민사소송과 형사소송의 구분

일단 민사소송은 다른 사람에게 돈을 빌려줬는데 못 돌려받고 있는 경우처럼 한쪽이 다른 상대방에게 자신의 권리를 청구하는 절차이다. 즉 나의 권리를 상대방이 침해하고 있으니 그것을 돌려받게 해 달라고 법원을 통해 청구하는 것이다. 이때 민사재판부, 즉 국가는 그 사이에서 중립적인 심판을 보게 된다. 물론 돈을 돌려받지 못한 사람의 입장에서는 돈을 돌려받지 못하고 있는 것도 억울한데 편을 들어주는 것이 아니라 가운데서 심판만 본다고 하니 억울하게 여겨질 수도 있다. 그러나 진짜 돈을 돌려받지 못했는지, 아니면 돌려줬는데도 안 받았다고 하는 것인지, 처음부터 빌려준 게 아닌 것인지는 양측의 말을 다 들어 봐야 알 수 있는 것이다.

여기서 자신의 권리를 주장하면서 법원에 소송을 청구한 쪽은 '원고'라 하고, 소송을 당한 쪽은 '피고'라 한다. 그리고 원고가 주장하는 권리를 '채권'이라 하고, 상대방이 그 채권에 대해서 해야 하는 일을 '채무'라고 한다. 민사재판부는 원고와 피고의 주장을 골고루 들은 다음 원고의 주장이 정당하다고 판단되면 피고에게 채무를 이행하라고 판결을 내린다.

그런데 판결이 났다고 해서 피고가 원고에게 순순히 채무를 지급(이행)할까? 피고가 채무를 이행하지 않고 버티면 어떻게 되는 것일까? 소송에서 이겼는데도 소송을 하지 않는 것과 아무런 차이가 없다면 굳이 소송할 필요가 없을 것이다. 원고는 소송에서 이기면 그 판결문을 근거로 집행법원에 신청하여 상대방의 재산에 '집행'을 할 수 있다. 집행이라는 말이 어려울 수 있는데, 쉽게 말하면 상대방의 집이나 자동차 같은 재산을 압류해서 경매에 넘길 수 있고, 거기서 나온 금액 중 자신의 몫만큼 가져갈 수 있다.

보통 가장 많이 사용하는 집행 방법은 상대방의 주소를 파악한 다음, 실제 등기부등본의 명의와 일치하는지를 본다. 만약 명의가 일치한다면 부동산의 소유주라는 것이니 그 부동산을 압류하면 되고, 일치하지 않는다면 세입자라는 것이니 그 보증금을 압류한다. 그러면 임대인은 임대 기간이 끝나더라도 보증금을 상대방에게 주는 것이 아니라 압류권자에게 주어야 한다.

다시 원래 이야기로 돌아가면, 많은 교사들이 민사소송과 형사소송을 잘 구분하지 못한다. 앞에서 민사소송은 당사자 간의 권리 싸움에 대해서 법원이 가운데서 심판을 보는 것이라고 간단히 설명한 바 있다. 반면에 형사소송은 우리 사회가 정한 규칙, 즉 「형법」을 어겼을 경우 그것에 대해서 국가가 책임을 묻는 절차이다. 이 경우 원고와 피고의 관계가 아니라 법을 수호하는 검찰과 자신의 억울함을 다투는 사람, 즉 '피고인'의 관계가 되고, 이때 형사법원은 검찰의 주장과 피고인의 변론을 듣고 유무죄를 판단한다. 이렇게 보면 피고와 피고인은 단순히 '인'이라는 글자 하나의 문제가 아니라 전혀 다른 의미를 가진 용어라는 것을 알 수 있다. 피고는 민사소송에서 소송을 청구당한 사람을 말하지만, 피고인은 아직 유죄가 확정되기 전 재판에 청구되어 유무죄를 다투는 위치에 있는 사람을 가리키는 말이다.

　무엇보다 가장 중요한 것은 민사소송 절차와 형사소송 절차는 분리되어 있다는 사실이다. 만약에 상대방이 나를 속여서 돈을 가져갔다면 내가 상대방을 '고소'할 수 있고, 「형법」상으로 '사기죄'가 성립한다. 그런데 형사소송에 의해서 상대방에게 사기죄가 인정된다고 해서 법원이 내가 사기당한 돈을 대신 받아서 주는 것은 아니다. 그 돈을 돌려받으려면 따로 민사소송을 해서 돈을 받아내야 한다. 즉 나의 권리를 청구하는 민사소송 절차와 「형법」을 어겨서 처벌을 받는 형사소송 절차는 엄밀하게 구분되어 있다.

2. 행정소송의 이해

행정소송은 행정법규의 적용에 관련된 분쟁이 있는 경우에 당사자의 불복 제기에 의거하여 정식의 소송 절차에 따라 판정하는 소송을 의미한다. 그런데 앞에서 살짝 언급했지만 행정소송 이외에도 행정적 불이익에 대하여 구제 받을 수 있는 절차가 마련되어 있다. 국민에게 행정적인 처분을 내리는 곳을 '행정청'이라고 하는데, 행정청의 처분이라고 해서 무조건 옳은 것일 수는 없다. 그렇기 때문에 행정청이 국민에게 부당한 처분을 했을 때 이것을 다루는 절차들을 알아 두는 것이 중요하다.

일단 행정심판과 행정소송이 있다. 행정심판은 법원에서 하는 것이 아니라 행정처분을 내렸던 행정청에 별도의 심판위원회가 있어서 정말 억울한 처분을 당했는지 심사를 하는 절차이다. 행정소송이 있음에도 왜 별도의 행정심판이 있는지 의문이 들 수 있다. 행정소송은 법원을 통해서 하는 것이기 때문에 일단 시간이 오래 걸리고, 변호사 선임도 필요해서 비용이 많이 든다. 그런데 행정청의 처분이 잘못된 것일 경우, 당장 취소하지 않으면 국민에게 돌이킬 수 없는 큰 피해가 발생할 수 있다. 그래서 신속하게 심사할 수 있는 별도의 행정심판 절차를 마련해 둔 것이다. 행정심판에서 원하는 결과가 나오지 않았다면 그때 다시 행정소송을 할 수 있고, 행정심판을 하기 싫다면 바로 행정소송으로 처분을 다툴 수도 있다.

이렇듯 위법한 행정처분에 대해서는 행정심판과 행정소송으로 다툴 수 있지만, 그 밖에도 처분의 성격에 따라서 혹은 필요에 따라 법에서 별도의 특별 절차를 만들어 둔 경우도 있다. 가령 교사들이 징계를 받은 경우에 바로 행정소송을 하는 것이 아니라 교원소청심사를 청구할 수 있다. 또 학생들은 학교폭력에 따라서 처분을 받은 경우에도 재심 절차를 별도로 두고 있다. 좁게 보면 법원에 청구하는 것만을 행정소송이라고 하지만, 크게 보면 이 모든 것이 행정청의 처분에 대해서 구제 청구를 하는 절차라고 할 수 있다.

기본적인 법적 절차의 종류를 이해했으니 실제로 우리가 소송을 당했을 때 어떻게 대응해야 하는지 알아보자.

⚖️ 민사 절차 제대로 대처하기

1. 학교에서 발생할 수 있는 민사 문제와 절차

최근 학교나 교사를 상대로 한 소송이 늘고 있다. 과거에는 대화로 끝나던 문제가 최근에는 소송으로까지 번지는 경우를 흔히 목격할 수 있다. 가령 학교에서 학생이 장난을 치다 다쳤는데, 이에 대해서 학부모는 교사가 학생의 장난을 제대로 막지 못했다고 민사소송을 청구하기도 한다. 또 학생이 학교에서 따돌림 등 학교폭력을 당한 경우에도 담임교사에게 그에 대한 책임을 묻는 경우가 상당히 늘고 있다. 그렇다 보니 개인적으로 보험을 가입하는 교사들이 늘고 있다는 기사가 수차례 나오기도 했다. 평소 법적 절차와 거리가 먼 교사의 입장에서는 너무나도 큰일로 받아들여질 수밖에 없다.

그러나 소송을 당한다는 사실 자체로 무조건 두려워할 필요는 없다. 어떤 절차로 진행되는지, 어떻게 대응하는지가 중요한 것이다. 일단 교사에게 민사적 책임을 묻는 근거를 알아야 대처도 할 수 있을 것이다. 보통 교사에게 민사소송을 할 때 책임을 묻는 근거가 되는 법률 조항은 「민법」 제750조와 제755조이다.

민법 제750조(불법행위의 내용) 고의 또는 과실로 인한 위법행위로 타인에게 손해를 가한 자는 그 손해를 배상할 책임이 있다.

제755조(감독자의 책임) ① 다른 자에게 손해를 가한 사람이 제753조 또는 제754조에 따라 책임이 없는 경우에는 그를 감독할 법정의무가 있는 자가 그 손해를 배상할 책임이 있다. 다만, 감독의무를 게을리하지 아니한 경우에는 그러하지 아니하다.
② 감독의무자를 갈음하여 제753조 또는 제754조에 따라 책임이 없는 사람을 감독하는 자도 제1항의 책임이 있다.

기본적으로 교사는 학생의 보호자를 대신해서 학생들을 보호·감독하게 되는데, 학교폭력 등이 발생했을 때 교사가 가해 학생에 대한 감독을 게을리하였다면 교사가 그 피해에 대해서 책임을 져야 한다는 것이 「민법」 제755조의 내용이다. 다만 이 경우에는 가해 학생에게 '책임능력'이 없는 경우를 말하는 것인데, 책임능력이란 그 가해 행위

에 대해 학생이 책임질 만한 능력이 있냐를 가지고 판단한다.

언제부터 책임능력이 있는지는 법에 명시되어 있지는 않고 사례마다 학생의 개인적인 특성을 보고 판단하게 되는데, 보통 14~15세면 책임능력이 인정되는 편이다. 만약 책임능력이 있는 학생이 한 가해 행위이거나 별도의 가해자가 없는 안전사고로 인한 피해의 경우에는 「민법」 제750조에 의해서 교사가 책임을 질 수도 있다.

두 조항의 차이는 제755조의 경우에는 교사가 감독의무를 게을리하지 않았다는 점을 스스로 입증해야 하고, 제750조에 의한 경우라면 책임을 묻는 상대방이 교사에게 잘못이 있었다는 점을 입증해야 한다는 것이다. 실제로 교사에게 민사소송을 제기하는 경우 이 두 가지 조항을 엄밀하게 분리하지 않고 모두 주장하기 때문에 실무적으로 구별의 큰 실익은 없지만, 민사 책임의 근거가 무엇인지 알아 두는 것이 좋다.

이제부터의 이야기가 중요하다. 학생에게 피해가 발생했을 때, 어떤 경우에 교사는 전혀 잘못이 없다고 주장할 수 있을까? 그렇지 않으면 교사의 사소한 잘못 하나에도 무조건적으로 손해배상책임이 인정되는 것일까? 이러한 궁금증을 해결하기 위해서는 다음의 조항을 확인해 볼 필요가 있다.

국가배상법 제2조(배상책임) ① 국가나 지방자치단체는 공무원 또는 공무를 위탁받은 사인(이하 "공무원"이라 한다)이 직무를 집행하면서 고의 또는 과실로 법령을 위반하여 타인에게 손해를 입히거나, 「자동차 손해배상 보장법」에 따라 손해배상의 책임이 있을 때에는 이 법에 따라 그 손해를 배상하여야 한다. (이하 생략)

이 조항을 보면 국가나 지방자치단체는 공무원이 잘못해서 타인에게 입힌 손해에 대해서 배상할 책임이 있다는 것을 확인할 수 있다. 즉 교사에게 잘못이 있어서 타인에게 손해를 입혔을 때 그에 대한 손해배상책임이 지방자치단체에게도 있는데, 교사와 관련된 지방자치단체는 교육감이다(여기서는 특정한 개인이 아니라 교육·학예를 주관하는 지방자치단체로서의 교육감을 말한다). 그래서 교사에게 손해배상을 청구하는 사람은 교사뿐만 아니라 교육감까지 피고로 해서 소송을 하게 된다.

교사와 교육감 이외에도 피고가 될 수 있는 사람이 또 있는데 바로 학교의 장인 교장이다. 교장은 학교의 교사들이 법령에 따라 제대로 업무를 하도록 감독할 의무가 있다. 그러다 보니 교사가 잘못을 해서 학생에게 피해가 발생했다면 교장도 그에 따라 책임을 지는 경우가 발생한다. 예를 들어 학교폭력이 발생했는데 교장이 법령에 따라 꼭 해야 하는 학교폭력 예방교육 등에 관한 지시나 감독을 하지 않았다면 학생이 입은 피해에 대해 책임을 져야 한다.

여기까지 읽었다면 학부모가 교사·교장·교육감을 피고로 민사소송을 할 수 있다는 것은 이해했을 것이다. 그런데 세 주체는 모두 같은 책임을 지게 되는 것일까? 여기서 반드시 알아야 할 중요한 대법원 판례가 있다.[5]

공무원 개인도 고의 또는 중과실이 있는 경우에는 불법행위로 인한 손해배상책임을 지지만, 공무원에게 경과실뿐인 경우에는 공무원 개인은 손해배상책임을 부담하지 않는다.

즉 공무원인 교사나 교장은 고의 또는 중과실이 있는 경우에만 손해배상책임을 진다는 것이다. 반대로 말하면 경과실만 있는 경우에는 교사·교장은 손해배상책임을 지지 않는다. 그러면 학생이 사고로 입은 피해는 전혀 배상 받지 못하는 것일까? 그렇지 않다. 경과실이라고 하더라도 교사나 교장의 경과실이 인정되면 교육감은 학생이 입은 피해에 대하여 손해배상책임을 져야 한다. 단지 교사나 교장 개인이 손해배상책임을 지지 않는다는 것이다.

판례는 왜 이런 입장을 취하고 있을까? 공무원은 항상 국민과 접하면서 민원 서비스를 제공해야 한다. 특히 교사는 하루에도 수없이 많은 학생들과 부대끼며 활동한다. 그런데 작은 실수 하나에도 개인이 책임을 져야 한다면 제대로 공무를 수행할 수 있을까? 이런 취지에서 대법원 판례는 공무원 개인에게 경과실만 인정되는 경우에는 별도의 손해배상책임을 부담하지 않는다고 밝힌 것이다.

그러면 여기에서 중요한 개념인 고의와 과실에 대해서 좀 더 자세히 알아보자.

'고의'는 알고 있으면서도 일부러 한 것이라는 정도의 의미이기 때문에 별도의 설명이 필요 없을 것이다. 다만 많이 혼동하는 개념이 바로 '미필적 고의'라는 것이다. 학생이 학교 창밖으로 위험한 물건을 던지는 상황을 생각해 보자. 밖에 지나가는 누군가를 맞히기 위해 겨냥해서 던진 것이라면 '고의'라고 할 수 있다. 반면 누군가를 직접 겨냥한 것은 아니지만 누군가 맞더라도 어쩔 수 없다는 인식을 가지고 물건을 던진 경우 정확히 고의라고 보기에는 애매하다. 그렇다고 고의가 아니라서 처벌하지 않기에는 정의롭지 않다는 생각이 든다. 그래서 판례에서는 어떤 결과가 발생할 것을 충분히 예상하고도 어쩔 수 없다는 인식을 가지고 행위를 하였다면 '미필적 고의'라고 하여 고의에 준한다고 보고 있다.

'과실'은 의도한 것은 아니었지만 실수 등 잘못이 있는 경우에 사용하는 말이다. 과실 자체의 의미보다는 '중과실'과 '경과실'의 구분이 중요하다. 중과실의 정의에 대해서는 여러 판례에서 언급하고 있는데, "공무원에게 통상 요구되는 정도의 상당한 주의를 하지 않더라도 약간의 주의를 한다면 손쉽게 위법, 유해한 결과를 예견할 수 있는 경우

임에도 만연히 이를 간과함과 같은 거의 고의에 가까운 현저한 주의를 결여한 상태"를 말한다. 즉 보통의 공무원을 기준으로 약간의 주의만 기울였다면 막을 수 있었음에도 막지 않은 경우는 중과실이 되고, 반면 다소 실수가 있었다고 하더라도 보통의 공무원이었다면 했을 정도의 조치를 취한 경우에는 경과실에 해당한다.

그러면 실제로 교사나 교장 개인에게 고의나 과실이 인정된 경우에 어떻게 되는 것일까?

국가배상법 제2조(배상책임) ② 제1항 본문의 경우에 공무원에게 고의 또는 중대한 과실이 있으면 국가나 지방자치단체는 그 공무원에게 구상(求償)할 수 있다.

만약 교사나 교장 개인이 고의나 중과실로 타인에게 손해를 입혔다면 지방자치단체, 즉 교육감이 그에 손해배상책임을 지기는 하지만, 그만큼 다시 교사·교장에게 청구해서 가져갈 수 있다는 뜻이다. 이런 것을 '구상'이라고 한다. 즉 '다시 청구한다'는 의미이다. 반면에 교사나 교장 개인에게 경과실만 인정된다면 교육감이 이에 대해 배상을 하기는 하지만, 반대로 교육감이 구상은 할 수 없다. 즉 교사나 교장 개인에게 별도의 민사 책임을 물을 수 없다는 말이다.

결론은 이렇다. 학교에서는 예측할 수 없는 일들이 많이 발생할 수밖에 없다. 자신이 교사로서 할 수 있는 활동을 했으며, 사고 이후 조치를 취했다면 어떤 문제가 발생했더라도 고의나 중과실 책임까지는 지지 않을 확률이 높다. 그러므로 상대방이 민사소송을 제기하였더라도 너무 크게 걱정할 필요는 없다. 중과실이 쉽게 인정되는 것이 아닐뿐더러, 경과실인 경우에는 교사 개인에게 가는 불이익은 없기 때문이다.

2. 민사 절차에서 많이 하는 질문

짧은 시간 내에 민사 절차에 대한 모든 것을 알기는 어렵다. 그래도 한 번 정리해 두면 학교에서 사건이 발생했을 때 당황하지 않고 대처할 수 있다. 민사소송에서 많이 나오는 질문을 정리해 보았다.

질문 1. 손해배상은 교사의 고의·과실과 학생이 입은 피해가 입증되면 무조건 인정되는가?

그건 아니다. 앞에서 말한 것처럼 일단 교사에게 고의나 과실이 있어야 한다. 또한 학생이 입은 피해가 교사의 고의나 과실로 인해 발생한 것이어야 한다. 보통 법에서는 인과관계가 있어야 한다고 말한다. 그리고 이 인과관계를 입증할 책임은 피해를 주장하는 측에 있다.

질문 2. 연대책임이라는 말을 들었는데, 무슨 뜻인지 잘 모르겠다.

예를 들어 피해 학생이 안전사고나 학교폭력으로 입은 피해가 백만 원이라고 하자. 그러면 학생은 교사 개인뿐만 아니라 교장·교육감, 심지어 가해 학생에게도 동시에 손해배상청구를 하게 된다. 이때 피해 학생이 받아야 할 돈은 백만 원이기 때문에 손해배상이 인정되더라도 교사·교장·교육감·가해 학생의 부모가 각각 백만 원을 내는 것이 아니라 합쳐서 백만 원을 지급하면 된다. 이처럼 피고 각각이 아니라 모두가 합쳐서 일정 금액을 원고에게 지급해야 하는 경우 연대책임을 진다하고, 원고는 피고 누구에게서라도 백만 원을 받으면 되는 것이다.

질문 3. 손해배상액은 어떻게 결정이 되나?

손해배상액은 크게 물질적인 피해액과 정신적 피해, 즉 위자료로 나눠서 볼 수 있다. 물질적인 피해액은 이미 발생한 피해액과 미래에 발생할 피해액으로 나뉜다. 예를 들어 어떤 학생이 교사의 부주의로 창문에서 떨어져 걷는 데 장애가 발생한 경우, 당장 병원 치료에 든 비용과 앞으로 장애로 인해서 직업 등에서 발생할 손해를 계산해서 손해액으로 산정한다. 거기에 법원에서 정신적 피해를 판단해서 더하게 된다. 통상 정신적 피해액, 즉 위자료는 아주 크게 인정되진 않는다.

그리고 손해가 발생했다고 해서 그 모든 금액을 피고가 책임지는 것은 아니다. 원고에게 발생한 피해에 대한 책임이 피고에게만 있는 것은 아니기 때문에 원고에게도 잘못이 있는 경우 그 과실의 비율만큼 손해배상액을 감면한다. 또한 피고가 여러 명이고, 피고들의 과실이 모두 다른 경우에도 그 과실의 비율에 따라 손해배상액의 차이가 발생할 수 있다.

질문 4. 사립학교 교사의 경우 공립학교와 민사소송 절차가 조금 다르다고 들었는데?

사립학교 교사가 겪는 민사소송의 절차는 공립학교와는 조금 다르다. 공립학교의 경우에는 앞에서 본 것처럼 교사에게는 「민법」에 근거해서, 교육감에게는 「국가배상법」에 근거해서 손해배상책임을 묻는 구조인데, 사립학교의 경우에는 공무원이 아니기 때문에 교육감에 대해서는 책임을 물을 수가 없다. 대신 사립학교의 이사장 등 학교의 설립자 또는 경영자에게 「민법」 제756조에 따라 사용자 책임을 물을 수 있다. 따라서 교사의 보호·감독의무 위반으로 피해 학생이 손해를 입었다면 그 손해를 배상할 책임이 있다.

민법 제756조(사용자의 배상책임) ①타인을 사용하여 어느 사무에 종사하게 한 자는 피용자가 그 사무집행에 관하여 제삼자에게 가한 손해를 배상할 책임이 있다. 그러나 사용자가 피용자의 선임 및 그 사무감독에 상당한 주의를 한 때 또는 상당한 주의를 하여도 손해가 있을 경우에는 그러하지 아니하다.

②사용자에 갈음하여 그 사무를 감독하는 자도 전항의 책임이 있다.

③전 2항의 경우에 사용자 또는 감독자는 피용자에 대하여 구상권을 행사할 수 있다.

3. 민사소송 시나리오

본인이 아무리 조심한다고 하더라도 민사소송을 피할 수 없는 경우가 있다. 그러므로 실제 민사소송이 어떻게 진행되는지 흐름을 알아보고, 그에 맞는 대처 방안을 파악해야 한다.

(1) 소장이 송달되기 전

민사소송은 원고가 법원에 청구한 내용이 피고에게 도착해야 시작되는데, 이것을 '소장이 송달되었다'고 표현한다. 원고가 피고에게 무엇을 요구하는지에 대한 주장이 적힌 문서를 '소장'이라고 부른다. 그 법원의 문서가 피고에게 송부되는 걸 '송달'이라고 한다.

학교에서 학생에 대한 사건이 발생했고, 학생의 보호자가 이에 대해 교사에게 책임을 묻겠다고 따지는 상황을 가정해 보자. 이 경우 상호 협의가 잘 진행되어 소송까지 가지 않을 수도 있고, 혹은 소송까지 분쟁이 진행될 수도 있다. 어떤 경우이든 증거를 최대한 확보해 놓는 것이 중요하다. 막상 소송을 진행하게 되면 처음에는 괜찮다고 했던 부분에도 책임을 물으려고 하거나, 심지어 없었던 사실도 있었던 것처럼 주장하는 경우가 많기 때문이다.

증거라고 해서 어렵게 생각할 필요는 없다. 일단 사건이 발생한 전후에 교사가 주의를 소홀히 하지 않았다는 점에 대해서 입증할 수 있는 증거가 있으면 가장 좋기 때문에 사건이 발생하면 당시의 상황을 즉시 기록해 두는 것이 좋다. 교무수첩 등에 적어 놓는 것도 좋지만, 부장이나 관리자에게 보고한 내용도 괜찮다. 가볍게 문자 메시지나 메신저를 통한 쪽지 등도 증거가 될 수 있다.

그리고 사건 이후 학생의 보호자와의 대화도 녹음을 해 두는 것이 좋다. 간혹 '녹음하겠다'는 등 미리 고지하지 않고 녹음한 경우 문제가 될 수 있냐고 묻는데, 당사자 간 녹음의 경우 녹음한 음성 자료를 마음대로 유출해서 사용하는 등의 행동을 하지 않는다면 음성권 침해 등에 있어서는 크게 문제가 될 여지는 없고, 재판에서도 당사자 간 녹음은 원칙적으로 불법 증거로 보지 않기 때문에 괜찮다. 오히려 최근에는 학생의 보호자가 교사와의 대화를 임의로 녹음하는 경우가 많고, 자신들에게 유리한 부분만 발췌하여 꼬투리를 잡는 경우도 많기 때문에 교사 입장에서도 녹음을 해 두는 것이 좋다. 또한 사건 당시 주위에 CCTV가 있다면 그 자료도 확보해 두는 것이 좋다. 의외로 CCTV 보관 기간을 간과하고 있다가 막상 재판이 진행되어서 증거로 활용하려면 이미 삭제된 경우가 꽤 많다.

결론적으로 교사에게 유리할 수 있는 자료는 최대한 모아 놓는 것이 중요하다. 아무리 사소한 것이라도 어떻게 활용될 수 있을지 모르기 때문이다. 그리고 아마도 대부분 학생이나 교사일 수 있는데, 목격자의 증언을 남겨 놓는 것이 좋다. 기억은 시간이 지날수록 퇴색될 수밖에 없다. 특히 학생의 경우에는 더욱 그러하기 때문에 사건 이후 가장 가까운 시기에 한 진술일수록 그 신빙성이 높다고 판단될 수 있다.

　교사들과 상담을 하다 보면 일단 학생의 보호자로부터 '소송하겠다' 는 말을 듣는 것만으로도 과도하게 걱정을 하는 경향이 있다. 물론 그 마음은 충분히 이해한다. 그러나 소송한다는 말에 걱정부터 할 필요는 없다. 실제로 원고가 무리한 소송을 해서 피고, 즉 교사가 승소할 경우에는 소송에 든 비용 중 상당 부분을 원고로부터 돌려받을 수 있다. 게다가 요즘은 각 교육청마다 교권 업무를 담당하는 변호사를 두고 있다. 일단 전화를 해서 상황을 설명하고 조언을 받는 것도 불안감을 줄이는 데 도움이 된다. 무엇보다 소장이 오기 전까지 소송은 시작되지 않은 상태이고, 충분한 시간이 있기 때문에 미리부터 크게 불안해 할 필요가 없다.

(2) 소장 송달 후 대처

소장이 송달되어야만 소송이 시작된다고 말한 바 있다. 그러다 보니 가끔 소장을 송달받지 않으면 되는 것 아니냐고 묻는 경우가 있는데, 어차피 교사는 학교에서 근무하고 있기 때문에 주소가 확실하고, 방학 중이라서 학교에 없더라도 집으로 야간 송달이나 주말 송달 등을 통해 어떻게든 송달하기 때문에 피하기는 현실적으로 어렵다. 무엇보다 일정 기간 송달되지 않으면 '공시 송달'이라고 하여 법원에서 공지를 하고 소송을 진행하기 때문에 끝까지 송달을 회피해도 이익이 될 것은 없다.

소장이 송달되었다는 것은 본격적으로 소송 절차가 진행되었다는 뜻이다. 그렇지만 조급해 할 필요는 없다. 소장이 송달된 이후에도 실제 법원에 출석하기까지는 최소 2~3개월 정도의 여유가 있기 때문이다. 일단 상대방이 보낸(상대방이 법원에 제출한 소장을 법원이 송달한) 소장을 받았으면 이 소장에 대한 '답변서'를 법원에 제출해야 한다. 답변서는 단순하게 보면 상대방의 주장에 대해 답변을 한다는 것이지만 법률 문서이기 때문에 대충 작성해서는 안 된다.

예를 들어 상대방이 빌린 돈을 갚으라고 청구하는 경우 "처음부터 빌린 적도 없다."고 답변하는 것과 "빌린 것은 맞는데 이미 다 갚았다."고 답하는 것에는 엄청난 차이가 있다. 빌린 적도 없다고 한다면 돈을 빌려줬다고 주장하는 원고 측에서 그 사실을 입증해야 한다. 반면 빌린 건 맞지만 갚았다고 한다면 갚았다고 주장하는 피고 측에서 그 사실을 입증해야 한다. 즉 어떤 답변을 하냐에 따라 입증 책임이 달라지고, 제출할 증거도 달라질 수 있다.

법률 문서를 작성하는 것은 단순히 글을 잘 쓰는 것과는 전혀 다른 문제이다. 그렇기 때문에 답변서를 작성할 때부터 전문가, 즉 변호사의 도움을 받는 것이 중요하다. 우리나라 민사소송 제도에서는 반드시 변호사를 선임해야 하는 것은 아니지만, 앞에서 말한 것처럼 법원에 제출하는 문서 하나하나가 재판 결과에 영향을 미치기 때문에 소장을 받으면 변호사를 선임해서 대비하는 것이 가장 좋다.

문제는 어떤 변호사를 선임하느냐이다. 당장 불안하기 때문에 좋은 변호사를 선임하고 싶겠지만, 교사 입장에서 변호사 비용, 즉 수임료가 만만치 않기 때문에 많은 고민을 하게 된다. 어떤 변호사가 좋다고 정확하게 말하기는 어렵지만 다음의 몇 가지는 고려해 보길 권한다.

첫째, 변호사에게 사건을 맡기기 전에 반드시 그 업무를 수행할 변호사와 직접 상담해야 한다.

우리나라는 유료 법률 상담에 지나치게 민감한 편이다. 예를 들어 독감이 의심되어 병원에 가서 진료를 받았는데 독감이 아니라는 진단을 받았다고 하자. 이 경우에 병원에 진료비 내는 것을 이상하게 생각하는 사람은 별로 없을 것이다. 그런데 법률적인 쟁점이 있어 변호사에게 상담을 받았는데 굳이 소송할 필요가 없다는 이야기를 듣게 되면, 소송까지 가지도 않았는데 상담료를 받는 것 자체를 생경해 하는 경우가 많다. 원칙적으로 법률 상담은 변호사의 업무 영역임에도 유사 법률 전문가의 이야기만 듣고 변호사의 조력 없이 소송을 진행하거나 선임을 결정하기도 한다.

법무법인이나 법률사무소에 방문했음에도 변호사와 직접 상담하지 못하는 경우도 자주 본다. 소위 '사무장'이라는 변호사 아닌 직원으로부터 상담을 받는 경우이다. 이는 변호사가 너무 바빠서 직원인 사무장이 변호사를 대신하여 상담을 진행하는 경우이거나, 극히 드물지만 사무장 본인이 변호사를 고용하여 사무실을 운영하고 있는 경우이다. 전자는 잘못된 관행이고, 후자는 명백히 불법이다. 가장 좋은 방법은 변호사와의 유료 상담을 통하여 선임 여부 및 사건 진행 방향에 대하여 확인하는 방법이다.

여러 곳에서 상담을 받기에는 상담료가 부담된다면 교육청이나 교원 단체에 있는 변호사와 1차 상담을 해서 어느 정도 법률적인 쟁점을 파악한 후 일을 맡기고 싶은 변호사와 상담하는 것도 좋은 방법이다.

둘째, 변호사를 선임할 때 오직 저렴한 수임료만을 고려하거나 반대로 '전관예우'라는 허상만 믿어서는 안 된다.

앞에서 말한 것과 같이 우리나라 정서상 변호사의 법률 서비스 비용을 매우 아까워하는 경우가 많다. 그러다 보니 무조건 저렴한 비용의 변호사를 선임하려는 경향이 있는데, 평균보다 지나치게 저렴한 수임료로 업무를 한다는 것은 무조건 좋은 일이 아니다. 실제 변호사 사무실을 운영해 보면 임대료, 인건비 등 고정적으로 지출되는 비용이 꽤 크다. 그런데 한번 맡은 사건은 아무리 빨라도 반년 이상, 길게는 1년 이상 진행되는 것들이 많다. 그러면 한 사건을 맡아서 한 달에 변호사가 가져갈 수 있는 비용이 대충 예상될 것이다. 그런데도 불구하고 지나치게 저렴한 수임료로 사건을 맡았다는 것은 사건에 공을 안 들이고 기계적으로 처리하겠다는 것이다. 실제 사건에 공을 들이는 변호사라면 너무 적은 수임료에 사건을 진행할 수가 없다.

반대로 우리나라에 '전관예우'라는 관습이 있기 때문에 무조건 판사를 거친 변호사에게 사건을 맡겨야 한다고 생각하는 사람들이 아직도 꽤 있다. 전관예우 등 인맥을 거론하는 경우 지나치게 비싼 수임료를 요구하는 경우가 많은데 이것도 바람직하지 않다. 교사 개인에게는 자신이 직면한 소송이 너무나도 크게 느껴지겠지만, 변호사의 입장에서 볼 때는 수많은 사건 중 하나일 뿐이다. 그 사건 하나 때문에 위험을 감수하고 이길 수 없는 사건을 이기게 한다는 것은 쉽게 상상하기 어려운 일이다. 자신의 사건을 좀 더 객관적으로 보아야 한다. 그렇기 때문에 무조건 비싼 비용을 요구하는 변호사에 대해서는 다시 한번 생각해 볼 필요가 있다.

셋째, 객관적으로 의견을 말해 주는 변호사인지 살펴보자.

사실 가장 좋은 변호사의 요건은 간단하다. 의뢰인의 사건을 정말 자신의 일처럼 관심을 기울이고 열심히 해 줄 수 있는가의 여부이다. 의뢰인들은 무조건 자신의 편을 들어주는 변호사를 찾는 경향이 있다. 물론 의뢰인의 입장에서는 '무조건 이길 수 있다'는 답을 듣고 싶을 것이다. 그러나 무조건 이길 수 있는 사건이란 없다. 무조건적으로 편을 들어주기보다는, 객관적으로 유리한 점과 불리한 점을 정확하게 설명해 주는 것이 중요한 것은 이 때문이다. 나이나 경력보다 중요한 것은 나의 사건을 잘 들어주고 객관적인 의견을 제시하는지 여부이다.

만약 혼자서 변호사를 선임하는 게 너무 어렵다면, 각 교육청마다 '자문' 또는 '고문' 변호사 풀이 있다. 어느 정도 검증된 사람들이니 그 풀을 받아서 참고해도 좋다. 또한 주위 사람들에게서 변호사를 추천받을 수도 있는데, 단순히 지인이라는 이유로 추천을 받기보다는, 직접 사건을 진행해 보면서 검증한 변호사라면 믿을 수 있을 것이다.

(3) 소송의 진행과 종결

민사소송 절차를 간단히 요약하면 원고가 법원에 낸 소장이 피고에게 송달되면, 피고는 그 소장에 대한 대답을 '답변서'라는 이름으로 법원에 다시 내야 한다. 그러면 법원이 답변서를 받고 재판에 출석할 날짜를 정해서 원고와 피고에게 모두 알려 준다. 그 이후 자유롭게 서로 하고 싶은 말이나 증거를 법원에 문서로 제출하면 되는데, 이 문서들을 '준비서면'이라고 부른다.

조금 복잡하게 느껴질 수 있지만, 사실 변호사를 선임하면 사건의 진행이나 내용에 대해서만 변호사와 협의하면 되고, 법원에도 직접 갈 필요 없이 변호사만 출석하면 된다. 그러니 이왕이면 변호사를 선임해 놓고 재판이 진행되는 동안에는 사건에 신경을 쓰지 않는 것이 좋다. 필요한 부분에 대해서는 변호사가 연락을 해서 협의를 할 것이기 때문에 걱정하지 않아도 된다. 서로 준비서면을 주고받다가 더 이상 서로 주장할 내용이 없으면 재판을 '결심'[6]하게 된다.

결심 이후에는 새로운 증거를 제출하거나 주장할 수 없다. 그러면서 '선고기일'을 알려 주는데, 그날 최종적으로 원고와 피고 중 누구의 주장이 맞는지 재판부가 알려 준다. 원고의 주장이 맞다면 '인용', 틀렸다면 '기각', 부분적으로만 맞으면 '부분 인용'이라고 한다. 그리고 기각이나 부분 인용이 되었다면 피고는 자신이 소송하느라 들었던 비용 중 일부를 원고에게 받을 수 있다. 반면 인용이 되면 원고는 자신의 주장이 인정된 것이므로 그 판결문을 근거로 피고에게 금전적 청구를 하는데, 이를 거부하면 피고의 급여나 부동산 등을 압류할 수 있으니 지급 기한에 맞추어 지급해야 한다.

그런데 판결이 마음에 들지 않을 수 있다. 실제로 사소한 증거 문제로 억울한 결론이 나는 경우도 있다. 이 경우에는 불복 과정을 밟아야 하는데, 지금까지의 과정은 1심에 해당한다. 이것에 불복하면 법원에 기한 내(판결서가 송달된 날로부터 2주 이내)에 '항소'를 신청하면 된다. 그리고 다시 2심을 했는데도 납득할 수 없다면 '상고'를 할 수 있다. 즉 총 세 번 재판을 받을 수 있다. 만약 사건을 변호사와 함께했다면 항소 여부도 같이 논의하면 되기 때문에 미리 걱정할 필요는 없다.

민사소송법 제396조(항소 기간) ① 항소는 판결서가 송달된 날로부터 2주 이내에 하여야 한다.

⚖️ 형사 절차 제대로 대처하기

1. 교사에게 발생할 수 있는 형사 문제와 절차

앞에서는 학교에서 일어날 수 있는 민사소송에 대한 내용과 그 절차에 대해 알아보았다. 민사소송이 금전적인 배상으로 끝난다면, 형사소송은 교사의 인신과 인사에도 영향을 미친다. 그런데도 형사 절차의 정확한 내용을 몰라서 잘 대처하지 못하다가 일을 키우는 경우가 많다. 그래서 먼저 형사 절차의 대응 방법에 대해서 알아보겠다.

각 나라에는 국가와 사회 그리고 개인을 보호하기 위한 규칙이 있다. 그리고 그 규칙을 어기면 처벌을 받는다. 이것을 일반적으로 「형법」이라고 하는데, 「형법」을 어긴 경우에는 처벌을 받는다. 여기서 말하는 「형법」은 실제 '형법'이라는 이름을 가진 법뿐만 아니라 범죄에 대해 처벌하는 특별법 등 다양한 법령을 포괄한다.

경찰이나 검찰 등 수사기관이 「형법」 위반, 즉 범죄가 있을 수도 있음을 파악해서 수사하는 경우를 '인지'라고 한다. 피해자나 피해자의 대리인이 자신이 피해를 입었다고 주장하면서 범죄를 신고하는 걸 '고소'라 하고, 제삼자가 타인이 범죄를 저질렀다고 신고하는 것을 '고발'이라고 한다. 쉬운 예를 들면 자신이 학교폭력을 당했다고 신고를 하면 고소, 다른 친구가 학교폭력을 당하고 있는 것을 보고 신고를 하면 고발이 된다. 수사기관에서는 주로 고소나 고발을 통해서 범죄를 인지하게 된다. 이렇게 범죄 사실을 인지하게 되면 수사가 진행되는데, 만약에 누군가 「형법」을 어기거나 어겼다고 의심받는 상황이 발생하면 통상 형사 문제가 발생했다 하고, 이후에 절차가 진행된다.

사실 교사는 형사 문제에 봉착할 위기에 항상 노출되어 있다. 왜냐하면 「형법」은 공동체나 다른 사람에게 피해를 입히지 않도록 정해 놓은 것이기 때문에 사람과 접촉이 잦을수록 그것을 어길 확률이 높아질 수밖에 없기 때문이다. 교사는 항상 학생들과 만나고 있기 때문에 형사 문제에 있어서 안심할 수 없는 것이다. 최근에는 학생들의 보호자의 법적 지식이나 인식이 높아지면서 과거에는 가볍게 넘어갈 수도 있던 상황이 형사적으로 문제가 되기도 한다. 그래서 항상 조심할 수밖에 없다.

대표적인 사례를 예를 들면, 교사가 학생을 지도하는 과정에서 학생에게 직접적인 체벌을 하는 경우 「형법」상 폭행죄가 성립할 수 있다. 또 체벌에 이르지 않았더라도 큰소리로 다소 과격한 폭언을 하는 경우에도 폭행죄가 성립할 수 있다.

형법 제260조(폭행) ①사람의 신체에 대하여 폭행을 가한 자는 2년 이하의 징역, 500만 원 이하의 벌금, 구류 또는 과료에 처한다.

또한 교사가 학생을 감독해야 함에도 불구하고 다른 일을 하다가 사건이 발생했다면 「형법」상 직무유기가 될 수도 있다.

형법 제122조(직무유기) 공무원이 정당한 이유 없이 그 직무 수행을 거부하거나 그 직무를 유기한 때에는 1년 이하의 징역이나 금고 또는 3년 이하의 자격 정지에 처한다.

여기까지 살펴보면 의문이 들 수 있다. 「형법」 제260조를 보면 "신체에 대하여 폭행을 가한 자"라고 되어 있는데, 폭언 같은 경우는 신체에 가한 게 아니므로 폭행이 아니지 않을까? 위 폭행죄 조항만 봐서는 바로 판단하기 어렵다. 이처럼 일반적인 「형법」 조항은 다소 추상적이다. 조항이 너무 구체적이면 그 법의 적용 범위가 좁아져서 현실의 범죄를 처벌하기 힘든 경우가 발생하기 때문이다. 그러면 위 예처럼 '신체에 대한 폭행'인지의 여부를 어떻게 알 수 있을까? 그 해석을 법원이 하는 것이다.

신체의 청각기관을 직접적으로 자극하는 음향도 경우에 따라서는 유형력에 포함될 수 있다.

대법원에서는 자극적인 음향도 폭행이 될 수 있다고 판단했다.[7] 그래서 폭언도 경우에 따라서는 폭행이 될 여지가 있다고 한 것인데, 주의할 점은 폭언이라고 해서 반드시 폭행이 되는 것은 아니라는 점이다. 이렇게 법령에 대한 구체적인 해석을 알 수 있는 법원의 결정들을 '판례'라고 하는데, 이 부분에 대해서는 뒤에서 좀 더 자세히 다루겠다.

형사 절차의 흐름을 전체적으로 훑어보자.

일단 경찰이 스스로 알게 되었든, 고소나 고발을 통해 알게 되었든 범죄를 인지하게 되면 수사를 진행한다. 수사 과정에서 의심을 받는 사람들, 즉 '피의자'를 불러서 진술을 받는 등 조사를 하게 된다. 그리고 수사 결과를 정리해서 검찰에 보낸다.

그러면 검찰은 경찰 수사 결과를 바탕으로 그대로 판단하거나 보강 수사를 한다. 그리고 나서 검찰은 최종적으로 이 사건을 재판으로 보낼지, 아니면 죄가 되지 않는지 판단한다. 이때 사건을 재판으로 보내는 것을 '공소제기', 다른 말로 '기소'라고 한다. 기소가 되는 순간부터 피의자가 아니라 '피고인'이라고 부른다. 그리고 검찰이 보기에 죄는 있으나 처벌까지 하기에는 애매하여 한 번쯤 봐줘야 한다고 판단하면 '기소유예' 처분을 할 수 있는데, 이 경우 별도의 처벌을 받지 않는다. 다만 기소유예의 경우에도 교육청으로는 기소유예 사실을 통보하니, 교사의 경우 사건의 경위에 따라 형사 절차와 별도로 징계위원회 등의 행정 절차가 진행될 수 있다는 점은 유의해야 한다.

2. 형사 절차에서 많이 하는 질문

민사 절차와 형사 절차의 차이나 형사 절차의 진행 사항에 대해서 여전히 헷갈리는 것들이 꽤 있다. 교사들이 많이 궁금해 하는 내용을 정리해 보았다.

질문 1. 민사 절차와 형사 절차는 완전하게 분리되어 있나?
그렇다. 민사 절차와 형사 절차는 완전히 다른 절차라고 보아야 한다. 즉 나에게 범죄를 저지른 사람을 고소해서 형사 절차를 거쳐 그 사람의 죄가 인정되더라도 그에게 받은 피해를 배상 받기 위해서는 다시 민사소송을 해야만 한다. 그래도 연결고리가 전혀 없는 것은 아니다. 보통 개인이 재판의 증거를 수집하는 것은 쉬운 일이 아니다. 그러다 보니 형사 재판을 통해서 발견된 증거 등이 판결문에 실리고, 그 판결문 등을 민사소송의 증거로 제출할 수 있다. 그러면 민사소송의 진행이 좀 더 수월하다. 물론 그에 따른 부작용도 있는데, 민사적으로 해결할 수 있는 문제도 형사 고소나 고발을 통해 해결하는 경우가 많아지는 것이다. 그리고 범죄에 따라서 합의를 하면 처벌을 받지 않거나 감경해 주는 경우가 있는데, 보통 합의를 하면서 '민·형사상 문제를 모두 묻지 않겠다.'고 해서 한꺼번에 해결하는 경우가 많다.

질문 2. 형사 처벌에는 어떤 것들이 있나?
「형법」을 보면 처벌의 종류가 나와 있다. 이를 법률 용어로는 '형'이라고 한다.

형법 제41조(형의 종류) 형의 종류는 다음과 같다.

1. 사형
2. 징역
3. 금고
4. 자격상실
5. 자격정지
6. 벌금
7. 구류
8. 과료
9. 몰수

사형이나 징역은 어떠한 형인지 일반적으로 잘 알고 있다. 그런데 '금고'라는 것은 무엇일까? 징역과 금고는 교도소에서 자유를 구속당한 채로 시간을 보낸다는 점에서는 같다. 이런 형을 '자유형'이라고 한다. 그런데 징역형을 받은 재소자의 경우에는 교도소에 있는 일정 동안 일을 해야 한다. 반면 금고형을 받은 재소자는 별도의 노역을 하지 않는다.

벌금과 과료는 모두 재산에 대한 불이익이 있으므로 '재산형'이라는 점에서는 같다. 벌금은 5만 원 이상으로 하며, 감경하는 경우 5만 원 미만으로도 할 수 있다. 벌금을 납부하지 않으면 1일 이상 3년 이하 기간 동안 노역장에 유치하여 작업에 복무해야 한다. 벌금이 1억 원 이상 5억 원 미만인 경우에는 300일 이상, 5억 원 이상 50억 원 미만인 경우에는 500일 이상, 50억 원 이상인 경우에는 1,000일 이상의 유치 기간을 정한다.

과료는 벌금과 마찬가지로 일정 금액을 국가에 납부하는 경미한 수준의 재산형이다. 벌금보다 금액이 낮다. 과료는 2천 원 이상 5만 원 미만으로 한다. 과료를 납부하지 않으면 1일 이상 30일 미만의 기간 동안 노역장에 유치하여 작업에 복무해야 한다. 벌금형보다는 조금 더 가벼운 형벌이라고 생각하면 된다. 여기서 중요한 포인트는 징역, 금고, 벌금, 과료 모두 전과 기록이 남는 엄밀한 '형벌'이라는 점이다. 간혹 벌금 이하는 '형'이 아니라고 생각하는 교사들이 있는데 주의해야 한다.

질문 3. 자유형이든 재산형이든 각 범죄마다 몇 년 이하, 얼마 이하 등 범위가 정해져 있는 것 같은데, 그 범위 내에서 판사 마음대로 결정하는 것인가?

그렇지 않다. 형의 양을 '양형'이라고 하는데, 각 범죄의 구체적인 양상에 따라서 양형을 얼마나 줘야 하는지에 대해서는 양형 기준이 미리 정해져 있다. 판사가 누구냐에 따라서 같은 범죄를 지어도 양형에 큰 차이가 나면 피고인의 입장에서는 정의롭지 않다고 여길 수밖에 없기 때문이다. 양형 기준은 대법원 양형위원회 홈페이지[8]에서 확인할 수 있다.

질문 4. 형을 감경해 주는 경우도 들었다.

법에 형을 감경해 줘야 한다고 명확하게 규정하고 있는 경우가 있다. 예를 들어 범죄자가 먼저 자수한 경우이다.

형법 제52조(자수, 자복) ①죄를 범한 후 수사책임이 있는 관서에 자수한 때에는 그 형을 감경 또는 면제할 수 있다.

그 외에도 판사가 보기에 피고인이 죄를 크게 뉘우치고 있다거나, 감안해야 하는 사정이 있을 경우에는 재량으로 감경할 수도 있다. 그 근거가 「형법」에 있기 때문이다.

> **형법 제53조**(작량 감경) 범죄의 정상에 참작할 만한 사유가 있는 때에
> 는 작량하여 그 형을 감경할 수 있다.

그 외에도 감경할 수 있는 요소들이 있다는 점 정도만 알아 두자. 만약 피고인이 되어 법정에 서게 된다면 이러한 감경 요소들을 최대한 주장해야 할 것이다.

질문 5. 집행유예, 선고유예의 정확한 의미를 알고 싶다.

"징역 1년에 처하되, 집행유예 3년으로 한다." 이 말은 피고인에 대하여 당장 징역 1년을 집행하지 않고 3년 동안 유예해 주겠다는 뜻이다. 집행유예 기간인 3년 동안 별도의 범죄를 저지르지 않으면 징역을 살지 않아도 된다. 대신 그 안에 범죄를 저지르면 징역 1년과 더불어 새로 지은 범죄에 대한 처벌을 같이 받아야 한다. 반면 선고유예는 선고 자체를 유예한다는 뜻이므로, 선고유예 기간이 지나면 유죄 판결한 내용 자체가 무효가 된다. 그러므로 집행유예는 기간이 지나서 형의 집행을 받지 않을 뿐이지 전과로 기록되는 반면에, 선고유예는 기간이 지나면 죄가 아니므로 전과 기록이 남지 않는다.

질문 6. 형사 재판의 결과와 교사의 복무가 관련이 있나?

검찰이 공무원에 대하여 기소 또는 기소유예 등 조치를 내리면 이를 관할 행정청에 통보하게 된다. 교사라면 교육청으로 통보되는데, 이에

따라 형사 절차에서의 형과는 별도로 징계위원회를 거쳐 징계를 받게 된다. 주의할 점은 형사 처벌만으로도 당연퇴직해야 하는 경우도 있다는 것이다.

국가공무원법 제33조(결격 사유) 다음 각 호의 어느 하나에 해당하는 자는 공무원으로 임용될 수 없다.

3. 금고 이상의 실형을 선고 받고 그 집행이 종료되거나 집행을 받지 아니하기로 확정된 후 5년이 지나지 아니한 자

4. 금고 이상의 형을 선고 받고 그 집행유예 기간이 끝난 날부터 2년이 지나지 아니한 자

5. 금고 이상의 형의 선고유예를 받은 경우에 그 선고유예 기간 중에 있는 자(단, 「형법」 제129조부터 제132조까지, 제303조 또는 「성폭력범죄의 처벌 등에 관한 특례법」 제10조 및 직무와 관련하여 「형법」 제355조 또는 제356조에 규정된 죄를 범한 사람으로서 금고 이상의 형의 선고유예를 받은 경우)

위 조항은 공무원 임용의 결격 사유이기도 하지만, 동시에 공무원의 당연퇴직(當然退職) 규정이기도 하다. 즉 현재 교사로 재직 중이라면 위 각 호에 해당될 경우에는 당연퇴직을 해야 하니 주의해야 한다. 그러므로 일단 검찰 수사 단계에서 기소유예를 받는 것이 가장 좋고, 재판까지 간 경우 선고유예 또는 벌금형 정도로 양형이 그칠 수 있도록

노력해야 한다.

즉, '무혐의 → 기소유예 → (기소되었다면) 무죄 → 선고유예 → 집행유예(벌금형) → 벌금형'의 차례로 방어할 수 있도록 최선을 다해야 한다. 금고 이상의 형이 나오는 순간 당연퇴직이 되기 때문이다.

3. 형사소송 시나리오

아무리 조심해도 형사 사건에 휘말릴 수 있다. 그렇다면 실제 형사 문제가 발생한 경우 어떻게 대처하면 되는지 차례대로 알아보자.

(1) 기소 전 수사

학교에서 발생한 사건 때문에 학생의 보호자가 고소를 하겠다고 큰소리를 치고 갔다. 당장은 화부터 나겠지만 일단 상대방이 정확히 무엇을 문제 삼고 있는지 파악해야 한다. 민사소송의 경우에는 상대방의 주장이 소장에 모두 담겨 있기 때문에 방어하기에 용이하다. 그러나 고소를 당한 경우에는 피고소자가 그 내용을 상세히 알기 어렵다. 그렇기 때문에 상대방이 문제 제기를 할 때 그 내용을 잘 파악해 두어야 그것이 「형법」적으로 문제가 되는지, 안 되는지 파악할 수 있다.

그리고 민사소송 때처럼 유리할 수 있는 증거는 사라지기 전에 최대한 확보해 두어야 한다. 그걸 가지고 최대한 빨리 법률 전문가에게 문의하는 것이 좋다. 교육청마다 있는 교권 담당 변호사나 교원 단체에 근무하는 상근 변호사에게 1차적인 상담을 받는 것도 도움이 된다.

형사 절차가 진행되는 경우에는 법률 전문가의 조력을 받는 것이 매우 중요하다. 민사소송의 경우에도 변호사를 선임하는 것이 좋지만, 형사소송의 경우에는 변호사 없이 재판 절차를 진행하는 것이 거의 불가능하기 때문이다. 그리고 죄에 따라서는 반드시 변호사를 선임해야만 하는 경우도 있다.

일단 같은 변호사의 조력을 받는다고 해도 그 명칭부터가 달라진다. 민사소송의 경우에는 변호사가 법적으로 '대리인'이 되지만, 형사소송의 경우에는 '변호인'이 된다. 민사소송에서는 당사자를 대리해서 소송을 수행하는 사람이라는 개념이라면, 형사소송에서는 당사자의 방어권 보장을 위해서 변호하는 존재인 것이다. 최대한 빨리 변호사를 만나서 상의하라고 한 이유는 재판 전 단계인 수사 단계부터 변호인의 조력이 필요한 사건인지, 아니면 기소 후부터 변호사의 도움이 필요한 일인지 판단할 필요가 있기 때문이다.

형사 절차의 경우에는 수사 단계에서부터 변호사가 함께 참여할 수 있다. 이를 '입회한다'고 표현한다. 일단 고소나 고발이 있기 전에 변호사를 만나 보고, 형사적으로 위험한 사건이라고 판단되면 수사 단계부터 변호인이 입회하여 도움을 받는 것이 좋다. 교사뿐만 아니라 대부분의 사람들이 수사기관에 출석해서 조사 받는 과정에서 큰 스트레

스를 받는다. 또 지나치게 긴장한 나머지 하지 말아야 할 말을 하는 등 실수를 하기도 한다. 그래서 변호인의 조력이 필요하다. 보통 형사소송에서 변호사와 위임계약을 할 때 수사 단계의 입회부터 형사 재판까지 일체의 변호를 하도록 약정하면 된다.

물론 변호인이 반드시 입회해야 하는 것은 아니다. 입회하지 않는다고 하더라도 수사 과정에서 어떤 방향으로 진술할 것인지 미리 논의해야 조사 과정에서 당황하지 않을 수 있다. 변호인이 입회한 경우에는 아무래도 혼자 수사를 받는 것보다는 심리적으로 안정이 된다. 그리고 진술 과정에서도 간단하게 조언을 받을 수 있다. 진술이 끝난 후에는 진술조서에 피의자가 진술한 대로 제대로 적혀 있는지 검토하는 과정을 거치는데, 이때 변호인과 함께 검토하는 것도 도움이 될 수 있다. 경찰에서의 조사가 끝난 후에도 검찰이 사건을 검토하는 과정에서 다시 추가 조사가 필요하다고 출석 요청을 할 수 있는데, 이 경우에도 당황하지 않고 변호인의 조력을 받을 수 있다.

(2) 기소 후 재판

수사기관의 수사 결과 혐의가 없다고 판단되면 무혐의 통지서를 받고 사건은 종결된다. 반면 혐의가 있다고 판단되면 기소를 하게 되는데, 범죄 사실이 적힌 공소장을 받게 된다.

그런데 기소 절차도 크게 보면 구약식(약식명령)과 구공판이 있다.

구약식의 경우 간단한 사건이기 때문에 정식 재판을 거치지 않고 바로 벌금형을 내리는 결정이다. 구약식 통지를 받은 경우 피고인이 별도의 정식 재판 청구를 하지 않으면 그 벌금이 확정된다. 만약 재판으로 구체적인 내용을 다투고 싶다면 법원에 정식 재판을 청구하면 된다. 반면 구공판의 경우 정식으로 재판을 열게 된다. 여기서 주의할 점은 과거에는 무죄를 다투거나 벌금을 줄이려고 정식 재판을 청구한 경우에 오히려 벌금을 더 내는 일도 있었으니 감안해야 한다.

그럼 정식 재판을 받게 된 경우를 살펴보자.

재판에 출석하기로 한 기일에 법원에 출석하면 정면에 재판부를 두고 왼쪽에는 검사가, 오른쪽에는 피고인과 변호인이 위치하게 된다. 먼저 공판 검사가 피고인을 어떤 이유로 기소했는지 공소사실을 말한다. 이 공소사실은 사전에 피고인이 받았던 공소장의 내용을 낭독한다고 보면 된다. 그다음 피고인과 변호인은 공소사실에 대하여 그 내용을 전부 인정하는지, 부분만 인정하는지, 아니면 전면 부인하는지 변론의 전체적인 취지를 말한다. 만약 공소사실을 전부 인정할 경우 재판은 비교적 간이하고 신속하게 진행되며, 이 경우 피고인은 죄는 인정하되 형량을 줄여 달라는 양형 변론 위주로 주장하게 된다.

만약 공소사실에 대하여 부인하였다면, 이후부터는 검찰이 제출한 증거에 대해서 다투는 과정을 거친다. 검찰의 증거 목록을 보면서 증거에 동의하는지, 부동의하는지 논의하는 과정이 이어지는데, 이 과정이 형사소송의 절차에서 볼 때 가장 중요한 부분이다. 그래서 변호사와 미리 논의해서 어떤 증거는 동의할지, 아니면 부동의할지 정해 놓아야 한다.

왜 증거의 동의 혹은 부동의 과정이 중요할까? 과거에는 검찰이 제출한 증거를 재판부가 보면서 형사 재판이 진행되었다. 그러나 현재는 검찰이 제출한 증거는 일단 공판 검사가 가지고 있고, 재판부는 미리 보지 못한다. 재판부는 먼저 공소장과 증거 목록을 확인하고, 피고인이 동의하는 증거만 비로소 볼 수 있다. 그러면 피고인의 입장에서 모든 증거를 부동의하면 되는 것 아니냐고 생각할 수도 있지만, 부동의하였다고 해서 그 증거를 무조건 활용할 수 없는 것은 아니다. 부동의한 증거의 경우 검찰이 그 증거가 진실한 것인지 입증하면 증거로 활용할 수 있다. 예를 들어 어떤 목격자가 나에게 불리한 진술을 한 진술조서가 있을 경우 부동의할 수 있다. 이 경우 검찰이 그 목격자를 직접 재판의 증인으로 불러서 진술조서가 증인이 진술한 대로 쓰여 있는지 확인하는 증인 신문을 하게 된다. 그러므로 무조건 증거를 부동의할 것이 아니라 어떻게 하는 것이 자신에게 유리한지 변호인과 치열하게 논의해야 한다.

증거에 대한 동의 혹은 부동의 절차가 끝나면 피고인의 입장에서도 자신에게 유리한 증인을 신청하거나 유리한 증거를 제출할 수 있다. 이 과정은 하루에 끝나지 않고 몇 달이 소요된다. 이 각각의 재판일을 '공판기일'이라고 한다. 그리고 더 이상 새로운 증거가 없으면 '선고기일'을 지정하게 된다.

선고기일에는 법원이 검찰 측의 공소 내용과 변호인의 변론 내용을 종합하여 유무죄 판결을 내린다. 형사소송도 민사소송과 마찬가지로 총 3심까지 사건을 진행할 수 있다. 단, 민사소송과 달리 선고일로부터 7일 안에 항소해야 하니 기간을 잊지 않도록 주의해야 한다.

형사소송법 제358조(항소 제기 기간) 항소의 제기 기간은 7일로 한다.

⚖ 법령의 모든 것

1. 법령의 구조

'법령에 따른다'는 말을 흔히 들었을 것이다. 그런데 정확히 '법령'이란 무엇을 이야기하는지 잘 모르고, 필요할 때 실제로 법령을 찾아서 활용하는 경우는 많지 않다. 그렇다면 법령의 정확한 의미는 무엇이며, 이를 실제로 어떻게 활용할 수 있을까?

법령이라는 말을 정확하게 이해하기 위해서는 법이 어떻게 만들어지고, 그 구조가 어떠한지를 알아야 한다. 기본적으로 법은 국민의 대표인 국회의원이 만든다. 여기서 국회의원이 제정하는 것을 '법률'이라고 한다. 즉 「헌법」에 위반되지 않는 범위에서 국회의원이 만든 규칙을 우리는 '법률'이라고 부른다. 그런데 법률은 큰 단점을 지니고 있는데, 한

번 만들어 놓으면 바꾸기가 쉽지 않다는 점이다. 총 국회의원 중 과반수가 회의에 출석하고, 그중 3분의 2 이상이 찬성해야 법률을 제정하거나 개정할 수 있기 때문이다. 정당마다 생각이 다르니 법률 하나 바꾸는 게 여간 어려운 일이 아니다. 그런데 반대로 생각하면 이것은 법률이 가진 장점이기도 한다. 법률은 국가와 국민이 정한 약속인데, 그것을 너무 쉽게 또는 자주 바꿀 수 있어도 문제가 될 수 있기 때문이다.

그런데 법령은 법률뿐만 아니라 '대통령령'이나 '부령' 같은 시행령까지 포함하는 말이다. 앞서 말했듯 법률은 한번 만들어 놓으면 바꾸기 어렵기 때문에, 그때그때 바꾸어 적용해야 하는 내용들을 일일이 반영하기는 어렵다. 그렇기 때문에 법률을 만들 때 현장의 의견에 따라 아주 구체적으로 내용을 정하거나, 수시로 그 내용을 바꿔야 하는 부분은 법률에서 직접 정하지 않고 시행령에 위임한다.

예를 들어 「초·중등교육법」을 보면 학교 규칙, 즉 학칙에 대한 내용이 있다. 그런데 학칙의 구체적인 내용까지 규정하기에는 어려움이 있기 때문에 법률에서는 다음과 같이 정하고 있다.

초·중등교육법 제8조(학교 규칙) ① 학교의 장(학교를 설립하는 경우에는 그 학교를 설립하려는 자를 말한다)은 법령의 범위에서 학교 규칙(이하 "학칙"이라 한다)을 제정 또는 개정할 수 있다.

② 학칙의 기재 사항과 제정·개정 절차 등에 관하여 필요한 사항은 대통령령으로 정한다.

즉 법률에서는 학칙을 제정할 수 있는 권한만 두고, 그 내용이나 절차 등 구체적인 사항은 대통령령에서 정할 수 있도록 하고 있다. 이것을 법률 용어로는 법률에서 대통령령에 '위임했다'고 표현한다.

법률에 비해 대통령이 정하는 대통령령이나 총리가 정하는 총리령, 그리고 교육부 장관과 같이 각 부서의 장이 정하는 부령은 그 개정이나 제정이 비교적 손쉽기 때문에 현장의 요구에 따라 빨리 바꿀 수 있는 장점이 있다. 이렇게 법률과 대통령령, 총리령, 부령 등을 모두 합쳐서 '법령'이라 하고, 보통 법률은 '~법'의 형태로, 대통령령은 '~시행령'의 형태로, 총리령이나 부령은 '~시행규칙'의 형태로 정해지므로 구분할 수 있다.

그러면 반대로 법률에서 대통령령 등으로 최대한 많이 위임하는 것이 더 좋지 않겠냐는 생각이 들 수 있다. 법률은 한번 정해 놓으면 바꾸기 어렵고, 대통령령은 상대적으로 쉽게 바꿀 수 있으므로 법률은 최소화하고 시행령을 많이 만들면 수월하다고 여기기 때문이다. 그러나 결론적으로 이는 아주 위험한 생각일 수 있다.

헌법 제37조 ②국민의 모든 자유와 권리는 국가안전보장·질서유지 또는 공공복리를 위하여 필요한 경우에 한하여 법률로써 제한할 수 있으며, 제한하는 경우에도 자유와 권리의 본질적인 내용을 침해할 수 없다.

원칙적으로 대한민국 국민은 「헌법」에 의해서 자유와 권리를 보장받는다. 그러나 국민의 자유와 권리도 공공의 목적에 의해서 제한되어야 하는 경우가 있다. 예를 들어 범죄자의 경우 신체의 자유가 있음에도 불구하고 경찰에게 체포당할 수 있다. 그런데 독재정권 시절을 묘사한 영화 등에서도 보았겠지만 과거에는 별 이유 없이 경찰에게 체포당하는 일이 잦았다. 그런데 지금은 그럴 수 없다. 「헌법」에서 보듯이 국민의 자유와 권리는 '법률에 의해서만' 제한할 수 있기 때문이다. 그러므로 이제는 법률에 근거한 '체포영장'이 있어야 체포할 수 있고, 그렇지 않은 경우에는 불법이 된다.

그런데 법률이 아니라 대통령령에 의해서 국민의 자유과 권리를 제한하는 것은 원칙적으로 허용되지 않는다. 예외적으로 법률이 대통령령에 관련된 내용을 상세하게 위임한 경우에는 허용될 여지가 있지만, 이 경우에도 법률에서 위임하지 않은 내용은 대통령령에서 정할 수 없다. 그런데 간혹 법률에서 위임하지 않은 내용임에도 시행령에서 정해 놓은 경우가 너무 많다. 특히 교육과 관련한 법의 경우 이러한 경향이 더욱 심하다고 평가한다. 이런 현상을 빗대어서 '대통령령 공화국'이라 하기도 한다. 대통령령이 편하다고 남발하는 경우 법률의 근거 없이도 국가가 손쉽게 국민의 자유와 권리를 제한하는 도구가 될 수도 있다. 그러므로 국민들이 법치주의의 관점에서 관심을 가지고 법령과 그 체계를 지켜보는 것은 매우 중요한 일이다.

법령 외에도 '행정규칙'이나 '자치법규'란 용어를 들어 본 적이 있을 것이다. 국민에게 직접적인 영향을 미치는 것은 법령이긴 하지만, 경우에 따라서는 그보다 하위에 있는 규범이 필요하다. 행정청의 입장에서는 법적 구속력은 없다 하더라도 대통령령보다도 더 구체적인 내용이 필요할 수 있다. 그런 것을 '훈령' 등의 이름으로 정하기도 하는데, 이것을 '행정규칙'이라고 한다. 행정규칙은 그 자체로는 국민을 법적인 효력으로 구속하는 것은 아니지만 행정청이 그 행정규칙에 따라 정당하게 절차를 집행하지 않았을 경우에는 위법이 될 수 있기 때문에 이를 파악해 두는 것도 도움이 된다.

법령이 중앙정부, 즉 국회에서 만든 것이라면, '자치법규'는 지방정부의 의회가 만든 규칙이라고 보면 된다. 보통 '조례'를 말한다. 예를 들어 서울시의 조례는 서울시의회에서 제정하는데, 이 경우 조례는 상위 법규인 법령에 위반되는 내용으로는 제정할 수 없다. 가끔 법령에서 조례에 구체적인 내용을 위임하는 경우가 있다. 예를 들어 공공 주차장의 주차비를 정해야 하는데, 지방자치단체마다 사정이 다르니 그 구체적인 액수는 조례에서 정하도록 하는 등의 경우이다. 교육기관의 행정에도 각 지역의 조례가 큰 영향을 미치기 때문에 잘 알아 두는 것이 좋다.

2. 법령 찾아서 읽는 법

법령의 대부분은 인터넷 검색을 통해서 찾을 수 있다. 가장 믿을 수 있는 곳은 법제처가 운영하는 국가법령정보 사이트[9]이다. 여기서는 법령, 행정규칙, 자치법규, 판례 등 다양한 내용을 검색할 수 있고, 법령의 개정 사항도 파악할 수 있어서 편하다. 무엇보다 법제처가 직접 운영하는 사이트이니 믿을 수 있다.

학교와 관련된 법령을 예로 들어 보자. 학교는 공공기관이기 때문에 학교에서 하는 일은 대부분 법령에 근거를 두고 있다. 초·중·고 교육에 관해서는 「초·중등교육법」에서 규정하고 있으므로 국가법령정보 사이트 검색창에 '초·중등교육법'이라고 입력해 보자. 그러면 현행 법령이 세 개가 뜬다.

- 초·중등교육법 [시행 2017. 6. 22.] [법률 제14603호, 2017. 3. 21. 일부 개정]
- 초·중등교육법 시행령 [시행 2019. 1. 1.] [대통령령 제29421호, 2018. 12. 24. 타법 개정]
- 초·중등교육법 시행규칙 [시행 2019. 3. 11.] [교육부령 제177호, 2019. 3. 11. 일부 개정]

앞서 설명한 것처럼 「초·중등교육법」은 법률이고, 시행령은 대통령령, 그리고 시행규칙은 교육부령, 즉 부령인 것을 알 수 있다. 그리고 이 모든 것을 합쳐서 법령이라 한다. 간혹 같은 이름의 법령이 두 개 이상 검색될 때가 있다. 이 경우 법령 뒤에 있는 개정일과 시행일을 자세히 살펴보면, 그 시기가 다르다는 점을 알 수 있다. 즉 법령이 개정되었다고 해서 바로 시행되면 미처 모르던 사람들에게 혼란을 줄 수 있으므로 보통 시행 시기를 조금 뒤로 정해 둔다. 그러한 경우 현재 적용되고 있는 법과 앞으로 시행될 법이 동시에 검색되는 것이다.

「초·중등교육법」을 검색하면 법률명이 뜨고 그 밑으로 법률의 내용이 뜨는데, 이를 '조문'이라고 한다. 이때 제1조, 제2조 이렇게 적혀 있는 것을 '조', 그 밑에 동그라미 ①, ②…로 되어 있는 숫자는 '항'이라고 읽는다. 그리고 그보다 아래에 있는 1., 2.…는 '호'라고 한다. 예를 들어 제1조 제1항 제1호…로 읽을 수 있다. 조문 검색 기능을 이용하여 '교과'를 검색해 보면 다음과 같은 조문이 검색된다.

초·중등교육법 제23조(교육과정 등) ① 학교는 교육과정을 운영하여야 한다.

② 교육부 장관은 제1항에 따른 교육과정의 기준과 내용에 관한 기본적인 사항을 정하며, 교육감은 교육부 장관이 정한 교육과정의 범위에서 지역의 실정에 맞는 기준과 내용을 정할 수 있다. 〈개정 2013. 3. 23.〉

③ 학교의 교과(敎科)는 대통령령으로 정한다.

[전문 개정 2012. 3. 21.]

제23조 제3항을 보면 앞서 본 '위임'과 관련한 내용을 확인할 수 있다. '교과'는 대통령령으로 정한다는 부분이 바로 그것이다. 교과의 경우에는 시대의 변화에 따라 자주 변해야 하고, 실제 교육 현장의 전문성이 고려되어야 하기 때문에 위임하고 있는 것이다. 한편, 대통령령인 「초·중등교육법 시행령」을 확인하기 위해서는 이를 다시 검색해서 찾아보아야 할 텐데, 국가법령정보 사이트에서는 관련된 대통령령을 클릭만 하면 바로 확인할 수 있도록 편리하게 링크되어 있다.

초·중등교육법 시행령 제43조(교과) ① 법 제23조 제3항에 따른 학교의 교과는 다음 각 호와 같다. 〈개정 2001. 1. 29., 2003. 1. 29., 2008. 2. 29., 2013. 3. 23., 2013. 10. 30.〉

1. 초등학교 및 공민학교 : 국어, 도덕, 사회, 수학, 과학, 실과, 체육, 음악, 미술 및 외국어(영어)와 교육부 장관이 필요하다고 인정하는 교과

2. 중학교 및 고등공민학교 : 국어, 도덕, 사회, 수학, 과학, 기술·가정, 체육, 음악, 미술 및 외국어와 교육부 장관이 필요하다고 인정하는 교과

3. 고등학교 : 국어, 도덕, 사회, 수학, 과학, 기술·가정, 체육, 음악, 미술 및 외국어와 교육부 장관이 필요하다고 인정하는 교과

4. 특수학교 및 고등기술학교 : 교육부 장관이 정하는 교과

② 다음 각 호의 어느 하나에 해당하는 고등학교의 장은 산업계의 수요를 교육에 직접 반영하기 위하여 필요한 경우에는 제1항 제3호의 교과와 다르게 자율적으로 교과(제1호에 해당하는 학교의 경우에는 해당 학과의 교과로 한정한다)를 편성·운영할 수 있다. 〈신설 2013. 10. 30.,

2017. 1. 10.〉

1. 제76조 제3항 제1호에 따른 일반고등학교 중 산업 분야의 인재 양
   성을 목적으로 하는 학과로서 교육감이 지정한 학과를 설치·운영하
   는 고등학교

2. 제90조 제1항 제10호에 따른 산업 수요 맞춤형 고등학교

3. 제91조 제1항에 따른 특성화고등학교 중 산업 분야의 인재 양성을
   목적으로 하는 고등학교

이렇게 관련된 시행령을 확인해 보면 각 학교의 교과가 규정되어 있
는 것을 알 수 있다.

이처럼 교육과 관련한 법령의 체계와 그 구체적 내용을 직접 확인해
보는 일은 어렵지 않다.

⚖️ 판례의 모든 것

1. 판례 바르게 이해하기

판례(判例)는 '판결례'의 줄임말로, 그동안 법원이 판결한 사례를 가리키는 말이다. 원래 우리나라의 법체계는 판례 자체를 법으로 인정하지는 않는다. 그럼에도 법령이 불확실한 경우에 법원이 해석을 하게 되는데, 그 전에 유사한 사건에 법원이 판결한 사례가 있다면 그 판결의 내용을 인용하여 판결할 확률이 높다. 특히 대법원까지 확정된 판례들은 특별한 경우가 없으면 유사한 사건에서 그 내용과 결론이 유지된다. 그러므로 판례를 잘 아는 것도 중요하다.

그런데 문제는 법을 어설프게 알수록 판례를 맹신하는 경우가 많다는 것이다. 판례의 결론만으로 쉽게 소송을 낙관 또는 포기하는 경우를 많이 본다. 앞에서 말한 것처럼 판례 그 자체가 법은 아니다. 이것은 법률 용어로 '법원이 아니다'라고 표현한다. 그러므로 판례의 내용과 결론은 언제든지 바뀔 수 있다. 물론 비슷한 사안에 있어 자신이 원하는 결론이 판례와 반대되는 경우라면 소송에 어려움이 있을 수는 있으나 해당 판례의 변경 가능성은 없는 것인지, 어떠한 점이 다르게 해석될 수 있는지 등을 법률 전문가와 함께 고민해 보아야 한다.

하지만 세상에 똑같은 사건은 없다. 비슷한 사례에 대한 판례가 있다고 해도 실제 구체적인 사건의 내용을 보면 결론이 달라지는 경우가 매우 많다. 예를 들어 전화로 다른 사람에 대한 허위사실을 이야기했다가 명예훼손이 인정된 사례가 있다. 그런데 판례의 구체적인 내용은 잘 모르면서, 전화로 이야기하면 무조건 명예훼손이 인정될 수 있다고 확신하는 경우가 종종 있다. 해당 판례 사안에서는 그 전화의 상대방이 기자였기 때문에 일반인에게 말한 것에 비해서 전파될 확률이 매우 높았다는 점을 법원이 고려하여 그런 결론이 나온 것이다. 그런데 판례의 부분적인 내용이나 결론만 아는 경우 조금만 비슷한 사건이 있으면 그대로 맞춰서 판단하려는 경향이 있는데, 이는 아주 위험한 생각이다.

판례를 제대로 이해하려면 어떻게 해야 할까? 판결문을 보았을 때 판례의 결론도 중요하지만, 그 결론에 이르게 된 구체적인 내용을 다 읽고 이해해야 한다. 그러면 자신의 사건이 그 판례와 내용과 결론이 유사한 사건인지, 얼핏 보기에는 비슷하지만 구체적인 내용에서는 많이 달라서 판례의 결론과 달라질 확률이 높은 사건인지 대략적으로 판단할 수 있다.

2. 판례를 찾아서 읽는 법

앞서 법령을 찾을 때 사용했던 국가법령정보 홈페이지는 판례를 검색할 수 있는 대표적인 곳이기도 하다. 또한 대한민국 법원이 운영하는 종합법률정보 홈페이지[10]에서도 판례를 검색할 수 있다. 그런데 여기에서는 민사·형사·행정 등의 재판에 관한 판례를 확인할 수 있고, 헌법 재판과 관련한 판례를 검색하기 위해서는 헌법재판정보[11]에서 찾으면 된다.

판례를 검색하는 방법에는 여러 가지가 있다. 예를 들어 학교에서 발생한 안전사고에 대한 교사의 책임을 알고 싶다면, '교사', '학교', '안전' 등을 함께 입력해서 키워드로 검색해 보는 방법이 있다. 또는 지금 자신의 사건과 관련된 법령을 알고 있다면 그 법령명을 검색하는 것도 하나의 방법이다. 그 외에 재판일자를 직접 입력하는 방법도 있는데, 사실 구체적 사건을 알기 전에는 쉽지 않은 방법이다. 아니면 다른 판결문이나 책에서 판례의 '사건번호'를 보고 입력할 수도 있다. 사건번호는 각 법원마다 매년 여러 건의 판례가 쌓이기 때문에 나름의 순서대로 판례에 번호를 부여한 것이다.

대법원 201x. xx. xx. 선고 2016다xxxxx 판결

사건번호는 판결한 법원/선고 날짜/고유판례번호 순으로 나열된다. 고유판례번호는 사건이 접수된 해/사건 종류 부호/접수된 차례로 이루어진다. '사건 종류'라는 것을 간단하게 소개하면 1심 민사사건은 '가', 2심 민사사건은 '나', 대법원까지 간 민사사건은 '다', 형사사건은 차례대로 '고', '노', '도'…식으로 부호가 부여되는 것을 말한다.

이렇게 판례를 검색해서 클릭해 보면 크게 판시사항, 판결요지, 참조조문, 전문 등으로 이루어져 있는 것을 확인할 수 있다. 여기서 '판시사항'은 전체 판결의 결론이고, '판결요지'는 그 논리를 요약해서 정리한 것이다. '참조조문'은 이 판결에 적용된 법령을 말하고, '전문'은 요약 없이 전체 판결 내용을 적어 놓은 것이다. 보통 판례가 길다 보니 판시사항이나 판결요지만 보는 경우가 많은데, 앞에서 이야기했던 것처럼 판례의 결론만 아는 것은 매우 위험할 수 있으므로 만약 참고해야 할 중요한 판례라면 반드시 전문을 다 읽어 보고, 자신이 고민하는 사건과 어떤 부분이 같고 다른지 비교해 보아야 한다.

⚖️ 언론 보도 피해 제대로 대처하기

1. 언론 보도로 인한 피해 유형

최근에는 학교에서 학교폭력이나 안전사고 등이 발생한 경우 학교의 대처에 불만을 품고 언론에 바로 제보하는 경우가 종종 발생하고 있다. 문제는 사안을 공정하게 다루는 언론도 많지만, 몇몇의 경우에는 일방적인 주장만 듣고 자극적으로 다루는 보도 또한 많다는 점이다. 한번 언론에서 다루게 되면 그 파급력이 엄청나기 때문에 혹시라도 잘못된 언론 보도가 나온 경우에는 발 빠른 대처가 매우 중요하다.

잘못된 언론 보도의 유형은 매우 다양하다.

먼저 인명이나 지명, 통계 수치 등을 잘못 기록한 보도, 기사 내용과 관련 없는 사진을 보도하여 피해를 주는 경우가 있다. 학교의 정보 중 학교폭력 발생 건수나 진학에 관한 정보 등 민감하거나 중요한 정보의 수치를 잘못 보도한다면 정정해야 할 필요가 있다. 또한 학교의 사안을 다루면서 사태의 심각성을 부각시키기 위해 해당 학교가 아닌 다른 사진을 가져와서 강조하거나, 반대로 학교와 관련이 없는 사안에 학교가 특정될 수 있는 사진을 사용해도 문제가 된다.

그리고 거짓을 사실인 것처럼 꾸민 허위 보도, 사실을 그릇되게 과장한 보도, 전체 사실 중 일부분만을 부각하여 나쁜 인상을 심어 준 왜곡·과장 보도, 한쪽의 주장만을 전달한 편파 보도가 있다. 기자가 조금만 주의를 기울이면 파악할 수 있었음에도 취재를 게을리하였다거나 고의적으로 사실관계를 왜곡하여 보도하였다면 모두 문제가 된다. 문제는 허위·과장·왜곡·편파 보도라고 하더라도 한번 언론으로 나가면 많은 사람들이 사실처럼 믿어 버린다는 것이다. 특히 학교에서 사건이 발생한 경우 교사가 제대로 대처하지 않았다는 식의 보도가 많이 나오는데, 실상을 들여다보면 사실과 다른 경우가 많다.

그 밖에 글쓴이의 허락을 받지 않고 글을 고쳐 글쓴이의 의도와는 다르게 표현된 보도, 범죄 혐의자나 범인으로 보도되었으나 수사 결과 혐의가 없는 것으로 밝혀진 경우, 승낙 또는 정당한 이유 없이 개인의 초상·음성·사생활·성명을 보도한 경우, 개인의 사회적 평가를 저하시키는 명예훼손 보도 등이 있다. 이런 보도들은 언론이 공적인 책임을 소홀히 하고 화제가 될 만한 이슈에만 집중한 결과이다. '일단 내보

내고 아니면 말고'식의 보도 행태는 앞으로는 사라져야 할 언론의 관행이다.

　잘못된 언론 보도로 인해 입을 수 있는 피해에는 어떤 것이 있을까? 대표적인 예로 명예훼손, 음성권 침해, 초상권 침해, 성명권 침해, 사생활 침해, 재산권 침해를 들 수 있다.

　명예훼손은 언론 보도에서 개인이나 단체에 대한 사회적 평가를 저하시키는 구체적인 사실을 적시한 경우이다. 음성권 침해는 동의 없이 음성을 비밀로 녹음해 보도한 경우이고, 초상권 침해는 얼굴이나 신체적 특징을 동의 없이 촬영·보도한 경우이다.

　성명권 침해라는 말은 조금 생소할 수 있다. 민감한 개인정보의 문제인데도 불구하고 익명 처리를 하지 않고 개인의 성명을 동의 없이 실명으로 보도한 경우에 해당한다. 그리고 사생활 침해는 사적 영역에서 이루어지는 개인의 사생활을 본인의 의사에 반해 무단 공개한 경우에 성립하고, 마지막으로 재산권 침해는 보도로 인해 개인이나 회사 등에 재산상 손해가 발생한 경우에 성립한다.

　이러한 경우에 해당되면 무조건 언론으로부터 피해를 보상 받을 수 있냐고 묻는다면 꼭 그렇지는 않다. 국민의 알권리와 맞닿아 있는 언론의 특성상 필연적으로 음성권·초상권·성명권 등을 침해하고 명예훼손과 관련한 문제가 발생할 수밖에 없다. 가령 은폐된 범죄 행위를 언론에서 고발해야 하는데 모두 명예훼손에 해당한다면 아무것도 보도

할 수 없기 때문이다. 결국 언론 보도의 공익적 목적과 개인이나 단체가 입은 피해를 두고 비교 형량을 하게 되는데, 이 경우 언론사가 보도의 공익적 목적이 컸다는 점을 입증하면 책임을 지지 않을 수 있다.

2. 언론 보도로 인한 피해 회복 방법

언론 보도는 매체의 영향력과 범위 때문에 그 피해 또한 클 수밖에 없다. 그럼에도 언론 보도로 인한 피해를 입었을 때 어떤 조치를 취해야 하는지 잘 몰라서 발만 동동 구르는 경우가 많다. 언론 보도로 입은 피해를 회복할 수 있는 방법으로는 어떤 것들이 있을까?

언론 보도로 인하여 개인이나 집단에 재산·정신적 피해가 발생한 경우에 언론사에 민사소송, 즉 손해배상청구를 통해서 피해를 배상 받는 방법이 있다. 이것은 앞에서 다룬 민사소송 절차에 관한 내용을 참고하면 된다.

그러나 문제는 민사소송으로는 금전적 배상은 받을 수 있지만 배상 받기까지의 시간이 무척 오래 걸리고, 무엇보다 잘못된 보도는 단순히 금전적 배상을 떠나서 정정 보도 등 후속 조치를 취하는 것이 더 중요하기 때문에 다른 구제 절차가 필요하다는 점이다. 즉 언론 보도의 특성에 맞는, 보도 자체에 영향을 미칠 수 있는 수단이 필요하다. 이와 관런해서 언론중재위원회를 통한 정정보도청구, 반론보도청구, 추후보도청구, 손해배상청구를 생각해 볼 수 있다. 이중 손해배상청구는 말 그대로 법원이 아니라 언론중재위원회를 통해 피해를 금전적으로 배상해 달라는 것이다.

언론에서 잘못된 내용을 보도한 경우 언론사가 스스로 기사 내용이 잘못되었음을 밝히는 정정 기사를 게재하거나 방송하도록 요구하는 것이 정정보도청구이다.

반론보도청구라는 말은 좀 더 익숙할 수 있다. 간혹 보도 내용이 부분적으로는 사실이라고 하더라도 상대방의 반론을 충분히 싣지 않고 일방적인 의견만 보도하는 경우가 있다. 이럴 때 언론 보도로 인하여 피해를 입은 사람이 보도 내용에 대한 자신의 입장을 보도해 달라고 요구하는 것이 반론보도청구이다.

마지막으로 추후보도청구는 언론에 의하여 범죄 혐의가 있거나 형사상의 조치를 받았다고 보도된 이후 무죄판결 등 혐의가 없는 것으로 밝혀진 경우에 해당 언론사에 자신이 무죄라는 취지의 내용을 게재 또는 방송해 줄 것을 요구하는 것인데, 이런 제도가 없다면 사람들은 어떤 사람이 죄를 지었다는 사실만 기억할 뿐 나중에 무고하다는 사실이 밝혀진다고 하더라도 그 누구도 기억해 주지 않을 수 있으니 반드시 필요한 제도이다.

한편 조정과 중재는 비슷하긴 하지만 약간의 차이가 있다. '조정'은 언론 보도 등으로 피해를 입은 사람(피해자)과 언론사와의 정정보도,

반론보도, 추후보도 및 손해배상에 관한 분쟁을 제삼자인 언론중재위원회가 객관적·법률적 입장에서 개입, 당사자 사이의 이해와 화해를 이끌어 내 분쟁을 해결하는 것을 말한다. 반면 '중재'는 언론 보도로 피해를 입은 사람과 언론사가 정정보도, 반론보도, 추후보도 및 손해배상에 관한 분쟁을 언론중재위원회의 종국적 결정에 따라 해결하는 것을 말한다. 즉 조정은 언론중재위원회가 가운데서 서로의 협의를 도와주는 역할을 하는 것이고, 중재는 그러한 협의가 쉽지 않을 때 언론중재위원회가 결정을 내려 주는 것이다.

3. 언론 피해 구제 절차

실제로 어떻게 언론 보도에 의한 피해를 구제 받을 수 있는지 구체적인 예를 들어 절차를 따라가 보자.

학교에서 학교폭력 사건이 일어났다. 평소 무진이는 학급의 친구들과 잘 어울리지 못했다. 결국 무진이의 보호자가 학급의 친구들을 따돌림의 가해자로 지목하고 학교폭력 신고를 한 것이다. 무진이의 담임교사는 평소에 반 학생들과 수차례 상담을 하고 여러 가지 방법을 써 보았지만 좀처럼 관계가 풀리지 않는 중이었는데, 결국 학교폭력 문제로까지 가게 되어 담임교사는 안타까워했다. 그런데 신고 다음 날 이 사건이 신문에 실린 것을 알게 되었다. 무진이의 반 학생들이 조직적으로 따돌림을 했으며, 학교에서는 학교폭력에 대해 아무런 조치도 취하지 않고 무진이를 방치했을 뿐만 아니라, 전학까지 종용했다는 내용으로 말이다. 게다가 학교의 입장이 무엇인지에 대해서는 한마디도 언급되어 있지 않았다.

최근에 이런 일이 발생해서 난감해 하는 교사나 학교를 많이 목격하였다. 특히 교사 개인이 대응하거나 극복하기에는 무척이나 벅찬 일이기도 하다. 실제로 이런 일이 발생했을 때 어떻게 대처해야 할까?

먼저 언론사에서 향후에 잘못된 보도를 숨기기 위해 보도를 내릴 수 있으니 관련 보도들은 다 수집해 증거를 남겨 놓아야 한다. 일단 언론에 보도되고 나면 교사 개인이나 학교 차원에서 대응하는 것은 사실상 불가능하므로, 가장 바람직한 것은 학교가 빨리 교육청과 소통을 하고 언론과의 대응 창구를 일원화해야 한다. 다른 언론에서도 후속 취재가 들어오는데, 학교에서 각자 인터뷰를 해서 모두 다른 대답을 하는 등 대응이 어리숙하면 일이 더욱 커진다. 공식적인 입장을 정한 다음 학교장이나 교육청의 담당자로 언론과의 소통 창구를 일원화하는 것이 바람직하다.

그다음에는 해당 보도의 담당 기자에게 연락을 취해야 한다. 그리고 사실과 다른 내용이 있다는 점, 학교 측의 입장이 제대로 들어가 있지 않다는 점 등을 알리고 기사의 정정이나 삭제를 요구할 수 있다. 좀 더 공식적으로는 공문이나 내용증명을 이용할 수도 있다. 학교 측의 요청

사항이 받아들여진다면 문제가 되지 않겠지만, 전혀 받아들여지지 않았을 경우 언론중재위원회를 활용하는 방법을 취해야 한다. 언론중재위원회 홈페이지[12]에 접속해 보면 자세한 안내가 나와 있는데, 일단 언론 피해에 대해 상담을 받는 것이 좋다. 온라인 상담, 방문 상담, 전화 상담, 이메일 상담 등 다양한 방식을 활용하여 상담이 가능하다.

이때 정정보도청구, 반론보도청구, 추후보도청구, 손해배상청구 중 어느 청구인지에 따라, 그리고 신문 등 인쇄매체, 방송, 인터넷신문, 포털사이트 등 어떤 매체인지에 따라 양식이 조금씩 달라진다. 이 과정과 절차 모두 홈페이지에 상세하게 안내되어 있다.

그렇다면 무진이의 담임교사가 처한 상황에서는 어떤 신청이 필요할까? 일단 학교의 입장이 보도되지 않았으므로 반론보도청구를 생각할 수 있고, 내용이 사실과 다르므로 정정보도청구도 생각해 볼 수 있다. 그리고 이로 인한 담임교사의 정신적 피해 보상 등을 함께 청구할 수도 있다.

신청서를 작성하는 과정은 전문 지식이 없어도 크게 어려움이 없으니 걱정할 필요는 없다. 상담하면서 안내를 받을 수 있고, 너무 막막할 경우 각 교육청마다 공보, 홍보, 대변인 등의 이름으로 언론을 상대하는 부서들이 있기 때문에 그곳에 문의하면서 도움을 받아도 된다.

그럼 실제로 신청서를 작성하는 방법을 알아보자. 신청서 양식을 보면 조금씩 다르지만 신청인과 피신청인을 쓰는 칸이 있다. 신청인으로 교사나 학교를 쓰고, 피신청인은 언론사를 쓰면 된다. 그리고 구체적인 조정 대상을 작성해야 하는데, 당시 보도가 나간 구체적인 매체명과 일자, 시간 등을 작성하면 된다. 이런 부분은 양식에 따라 작성하면 되니 크게 어렵지 않다. 조정 신청 이유는 구체적으로 신청인의 피해사항 등을 써야 하는 부분인데, 지금 사례에 맞춰서 작성한 조정 신청 이유서 예시를 참고해 보자.

조정 신청 이유

1. 당사자의 지위

신청인은 보도에 학교폭력을 알면서도 방치했다고 보도된 홍길동으로 위 보도로 인해 피해를 입은 당사자이며, 피신청인은 ○○신문을 발행하는 신문사업자이다.

2. 사실과 다른 보도 내용

피신청인은 신청인 홍길동이 학교폭력을 알면서도 방치하였다고 보도하였으나 이는 사실과 다르다. 홍길동은 평소 학교폭력의 피해자로 주장하는 학생과 수시로 상담을 해 왔으며, 학생의 보호자와도 관련된 내용을 계속 소통해 왔다. 학생의 보호자도 학생이 다른 친구들과 교우관계를 원활하게 맺지 못하는 성격이라는 점을 잘 알고 있었으며, 이에 대한 상담 기록도 있다. 그리고 학교폭력이라고 주장하나 구체적으로 다른 학생들이 가해 행위를 하였다는 증거도 없는 상황이다. 그럼에도 불구하고 피신청인은 홍길동에게 반론의 기회도 주지 않았으며, 사실과 다른 보도를 하였으므로 이는 명백한 오보로 명예훼손에 해당한다고 생각한다.

3. 보도로 인한 피해 사항

피신청인의 잘못된 보도로 인하여 신청인 홍길동의 명예가 심각하게 훼손되었으며, 이 보도로 인해 신청인을 비난하는 부정적인 전화가 학교로 계속 와서 심각한 정신적인 고통을 받고 있다. 또한 현재 신청인에 대한 사실과 다른 보도가 인터넷 사이트에 급속히 퍼지고 있어 피해가 이루 말할 수 없는 상황이다. 이에 가능한 빠르게 피해를 구제 받고자 반론보도와 정정보도를 구하는 조정을 신청한다.

읽어 보면 크게 어려운 부분은 없다는 것을 알 수 있다. 그 외에도 몇 가지 더 준비할 것이 있다. 일단 조정 대상 보도물의 사본은 반드시 필요하다. 신문의 경우 보도 기사 전문을, 방송의 경우에는 녹화물과 녹취록을 첨부해야 한다. 여기서 녹화물은 보도의 동영상 파일이나 DVD 등을 말하고, 녹취록은 녹화 내용을 문서화한 것을 말한다. 반면 포털 등 인터넷뉴스 서비스의 경우에는 기사의 전문을 첨부하면 된다. 반드시 필요한 자료이니 조금 번거롭더라도 준비해 두어야 한다.

그리고 신청인의 주장을 뒷받침하거나 언론 보도가 사실이 아니라는 것을 입증·소명할 증거 서류 등이 있는 경우 첨부해야 하는데, 너무 많은 자료를 이것저것 낼 필요는 없고 핵심적인 자료 위주로 제출하면 된다. 구체적으로 보도 내용이 잘못되었음을 입증하는 자료, 그리고 신청인이 어떤 피해를 입었는지 입증하는 자료면 된다. 그리고 필요시 악성 댓글이나 영상 캡쳐본 첨부도 가능하다.

🜨 악법도 무조건 따라야 한다?

1. 악법도 법이다?

"악법도 법이다."라는 말은 부당한 법에 의해 사형 선고를 받은 소크라테스에게 친구들이 도망갈 것을 권하자 그에 대하여 소크라테스가 한 대답으로 유명해진 말이다.[13] 그런데 정말 악법이라도 무조건 지켜야 하는 것일까? 사실 '악법'이라는 말은 정식 법률 용어는 아니다. 풀어서 보자면 '나쁜 법'이라는 뜻인데, 문제는 나쁜 법인지 아닌지 어떻게 구분할 수 있냐는 것이다. 막연하게 어떤 법이 자신에게 불이익을 준다고 악법이라고 할 수 있을까? 만약에 차를 탈 때 안전벨트를 매게 하는 법령이 너무 싫은 사람이 있다고 하자. 그래서 실제로 안전벨트를 하지 않아서 그 사람이 범칙금을 내게 된 경우, 그 사람은 안전벨트

착용을 강제하는 규범은 악법이라고 주장할 것이다. 안전벨트를 착용하지 않으면 범칙금을 내야 하는 이 법은 악법일까? 대부분 그렇지 않다고 생각할 것이다. 이처럼 단순히 누군가가 싫어하는 내용이라거나 불이익을 준다는 이유만으로 악법이라고 하는 것은 정당하지 않다.

그러면 나쁜 법을 판단하는 것은 불가능한 일일까? 엄밀히 말하면 나쁜 법은 없지만 '잘못된 법'은 있다. 국회의원이 만들었다고 해서 어떤 내용이나 다 허용되는 것은 아니다. 대한민국에 존재하는 모든 법령은 「헌법」에 위배되어서는 안 되기 때문이다.

우선 「헌법」의 의의를 살펴보면, 모든 인간에게는 인간이라면 누려야 할 가장 기본적인 인권이 있고 국가는 국민의 인권을 보장할 책임이 있다. 국가가 국민의 인권을 어떻게 보장할지 약속한 내용이 「헌법」이다. 그런데 「헌법」의 내용은 추상적이다.

헌법 제31조 ①모든 국민은 능력에 따라 균등하게 교육을 받을 권리를 가진다.

위 내용만 보아서는 '능력에 따라 균등한 교육'이라는 것이 명확하지 않다. 구체적으로 어떻게 권리를 보장하는지에 대해서 알기 어렵다. 그렇기 때문에 「헌법」을 근거로 수많은 법률이 있는 것이다. 그러므로 모든 법률은 「헌법」의 내용을 위배해서는 안 된다. 즉 능력에 따

법　헌법　인권

라 균등한 교육을 보장한다고 되어 있음에도 법률에 경제적 형편에 따라 차별적인 교육을 할 수 있도록 한다면 「헌법」에 위배된다. 굳이 말하면 그것을 악법이라고 할 수 있을 것이다.

　그러면 처음 질문으로 돌아가서, 「헌법」에 위배되는 악법도 지켜야 할까? 물론 「헌법」에 위배되는 법이 있어서는 안 되지만, 법은 그 내용의 정당성만큼이나 안정성이 중요하다. 모든 사람들이 자신에게 적용되는 법이 「헌법」에 위배되는 것이라 하여 지키지 않는다면 그 사회는 너무 혼란스러울 수밖에 없다. 그래서 비록 「헌법」에 위배된 것처럼 보이는 법이라고 할지라도 일단은 지켜야 한다.

　그렇다고 「헌법」에 위배된 법을 무조건 참아야 하는 건 아니다. 법이 「헌법」에 위배된다고 의심될 경우에 어떻게 대처하면 되는지를 알아보기에 앞서, 어떤 경우에 「헌법」에 위배되었다고 하는지 살펴보자.

　보통 법령이 「헌법」에 위배된다는 것을 줄여서 '위헌'이라고 하는

데, 그것을 판단하는 대표적인 세 가지 원칙이 있다.

첫째, 법률이 지나치게 개인의 자유를 제한하면 위헌이다(과잉금지원칙[14]).

둘째, 법률이 합리적이지 않게 국민을 차별하고 있다면 그것도 위헌이다(자의적인 차별금지원칙).

셋째, 국가가 국민에게 무언가를 해야 할 의무가 있는데, 이 부분을 지나치게 소홀히 했어도 위헌이 될 수 있다(과소보호금지원칙[15]).

법률 용어이기 때문에 설명만 보아서는 정확히 이해되지 않을 것이다. 다만, '이런 경우에는 위헌을 따져 볼 여지가 있겠구나.'라는 생각을 할 수 있으면 충분하다. 그 이후에는 변호사의 도움을 받으면 된다. 그중 가장 대표적인 과잉금지원칙에 대해서는 조금 자세히 살펴보자.

법률이 개인의 자유를 지나치게 침해하면 위헌인데, 이것은 과잉금지원칙에 따라서 판단한다. 과잉금지원칙이란 그 법률로 달성하려는 목적이 정당한지(목적의 정당성), 그리고 그 법률의 방법으로 정말 그 목적을 달성할 수 있는지(방법의 적합성), 같은 효과를 가져오면서도 국민의 인권을 조금이라도 덜 제한하는 방법은 없는지(피해의 최소성), 마지막으로 공익적 효과가 있다고 하더라도 그것으로 인해 개인의 인권 제한이 너무 크지 않은지(법익의 균형성)의 순으로 판단한다.

앞에서 이야기한 사례처럼 안전벨트를 강제로 착용케 하는 것이 위헌이라고 생각하는 사람이 있어서 문제 제기를 한 경우, 어떤 내용으로 판단되는지 가정해 보자.

먼저 안전벨트를 착용케 하는 목적이 무엇인가를 판단해야 한다. 국민의 생명을 지키려는 것이라고 생각할 수 있다. 이러한 목적은 정당한가? 국민의 생명을 지키려는 목적은 당연히 정당하다고 할 수 있다.

그러면 방법의 적합성을 판단하는 단계로 넘어간다. 안전벨트를 착용케 하면 국민의 생명을 지키려는 목적을 달성할 수 있을까? 이것은 과학적으로나 통계적으로 볼 때 가능하다고 볼 수 있다.

다음으로 피해의 최소성 단계인데, 대부분 이 단계에서 법령이 국민의 인권을 과도하게 제한하는지 가려진다. 안전벨트와 동일하게 국민의 생명을 지킬 수 있는 방법 중 인권(여기서는 신체의 자유라고 볼 수 있다)을 덜 침해하는 방법이 있을까 생각해 보자. 헬멧을 쓰는 방법? 아니면 갑옷을 입는 방법? 골똘히 생각해 봐도 안전벨트만 한 게 없다는 결론에 이르게 된다.

마지막으로 안전벨트로 우리 사회가 얻는 공익에 비해서 개인이 잃는 자유나 권리가 너무 크면 위헌일 수 있다는 부분을 검토해야 한다. 실제로 안전벨트로 인해 개인에게 제한되는 사익(신체의 자유)에 비해서 공익(사람들의 생명권)이 더 크다고 보는 것이 합리적이므로 이 단계도 문제가 되지 않는다.

이상의 네 단계를 다 통과하면 과도하게 개인의 자유를 제한하는 것은 아니라고 보아 위헌이 아니게 된다. 즉 합헌인 것이다.

실제로 과잉금지원칙을 적용해서 위헌 여부를 가장 많이 판단하기는 하지만, 이 외에도 위헌을 판단하는 기준은 꽤 있다. 앞에서 간략히 설명한 자의적인 차별금지원칙이나 과소보호금지원칙 외에도 「형법」에서 무엇을 금지하고 있는지 명확해야 하는데 그렇지 않다거나(명확성의 원칙), 법률에서 위임하지 않았음에도 시행령에서 국민의 인권을 제한하고 있다거나(법률유보의 원칙), 위임은 했지만 너무 포괄적인 내용을 위임해서 실제로 시행령에서 국민의 인권을 마음대로 제한하고 있는(포괄위임금지의 원칙) 경우 등이 해당된다. 그러나 법률 전문가가 아닌 이상 이것을 정확하게 판단할 수는 없으므로 자신에게 적용된 법령이 지금까지 언급된 문제와 관련 있다고 생각되면 일단 변호사의 도움을 받는 것이 좋다. 하지만 전혀 모르면 도움 받을 시도조차 하지 않을 것이기 때문에 기본적인 내용을 이해하고 있는 것이 중요하다.

2. 악법에 대처하는 방법

이제 나에게 적용된 법령이 위헌이라는 생각이 들었을 때 어떻게 대처하면 되는지 알아보자.

　법률이 「헌법」에 위배되는지의 여부를 심사하는 대표적인 곳은 헌법재판소이다. 그런데 헌법재판소에서만 위헌 여부를 살펴보는 것은 아니다.

헌법 제107조 ① 법률이 헌법에 위반되는 여부가 재판의 전제가 된 경우에는 법원은 헌법재판소에 제청하여 그 심판에 의하여 재판한다.
② 명령·규칙 또는 처분이 헌법이나 법률에 위반되는 여부가 재판의 전제가 된 경우에는 대법원은 이를 최종적으로 심사할 권한을 가진다.

「헌법」제107조 제1항을 보면 '법률'의 위헌 여부는 헌법재판소에서 재판하도록 하고 있고, 제2항에서는 법률이 아니라 '명령'이나 '규칙' 또는 '처분'이 문제가 되고 재판과 관련이 있는 경우에는 대법원에서 심사할 수 있다고 하고 있다.

만약에 자신이 어떠한 행위를 하려고 하는데 어떤 법률 때문에 할 수 없다거나, 반대로 자신은 하기 싫은데 어떤 법률이 이를 강제한다면 헌법재판소에 그 법률의 위헌 여부를 판단해 달라고 할 수 있다. 이것을 '헌법소원심판을 청구한다'고 한다. 그러면 제2항에 따라서 명령이나 규칙은 헌법소원심판을 청구할 수 없을까? 반드시 그렇지는 않다. 만약 법률의 위임에 따라 행정부가 제정한 명령·규칙 등에 의해 국민이 「헌법」에 명시된 권리를 직접 침해받거나, 법률에 의해서 명령·규칙을 제정할 헌법적 의무가 행정부에 있음에도 불구하고 이를 제정하지 아니하고 그로 인하여 기본권이 침해된 경우에도 헌법소원심판을 청구할 수 있다.

그러면 제2항에서 말하는 대법원의 역할에 대해 의문이 들 것이다.

이 부분은 법률적으로 다소 복잡한 내용이기 때문에 간단하게만 이해하자. 원칙적으로 헌법소원심판 청구는 다른 재판 등의 수단이 없을 경우에 최종적으로 할 수 있다. 이를 '보충성의 원리'라고 한다. 명령이나 규칙 그리고 처분을 법원에서 재판으로 다툴 수 없는 경우에만 헌법재판소에서 심판한다고 이해하면 된다.

헌법재판소에 대한 심판 청구는 정해진 양식을 작성해서 헌법재판소에 제출하면 되는데, 요즘에는 방문이나 우편뿐만 아니라 인터넷을 통한 전자 접수도 하고 있다. 심판 청구서를 받은 헌법소원의 재판장은 내용을 좀 더 보완해야 한다고 생각하는 경우에는 기간을 주고 보정하라는 요청을 하기도 한다. 그런데 법을 잘 모르는 경우 「헌법」과 관련된 청구서를 작성하는 것은 쉽지 않기 때문에 헌법재판은 반드시 변호사를 선임하도록 하고 있다. 이를 '변호사강제주의'라고 한다. 만약에 변호사를 대리인으로 선임할 경제적인 능력이 없는 경우에는 헌법재판소에 국선대리인을 선임하여 줄 것을 신청할 수 있다. 설사 국선대리인 선임 신청이 없더라도 공익상 필요하다고 인정할 때에는 헌법재판소는 변호사 중에서 국선대리인을 선정한다.

헌법재판은 일반적인 사건의 경우에는 별도의 기일을 열지 않기도 하지만, 쟁점이 중요하거나 파급력이 큰 사건의 경우에는 일반 재판과 같이 증거를 수집하고 여러 번의 공개 변론을 열기도 한다. 이때 청구자의 상대방, 즉 피청구자는 국가의 관련 기관이나 부처가 된다. 최종적으로 자신이 청구한 법령이 위헌으로 결정이 나면, 그 법령은 효력이 사라져서 무효가 된다.

그런데 나에게 적용될 예정인 법령이 아니라 이미 재판을 하고 있는 상황에서 위헌임을 알아차렸다면 어떻게 해야 할까? 형사 사건의 경우 이미 유죄가 확정되었더라도 적용된 법령이 헌법재판을 통해서 위헌으로 결정 나면 다시 재판을 받아서(재심 절차) 무죄를 선고 받게 된다. 그런데 재판이 아직 진행 중인 상황에서 쟁점이 된 법령의 위헌 여부가 문제가 되는 경우에는 일반적인 헌법소원심판과는 조금 다른 절차를 거친다.

먼저 자신의 재판이 진행되고 있는 민사 법원이나 형사 법원에 위헌법률심판제청을 해야 한다. 예를 들어서 위헌으로 결정된 병역법의 경우를 보자. 양심적 병역거부를 선택하여 입대를 거부한 사람들은 그동안 병역법에 의해서 처벌을 받았다. 그런데 재판을 받다 보니 다른 병역 이행 방법을 두고 있지 않은 이 법의 위헌 여부가 문제가 되었다. 그 경우에 재판부가 먼저 이 법의 위헌 여부를 헌법재판소가 판단해 달라고 자진해서 청구할 수도 있고, 아니면 재판을 받고 있는 당사자가 쟁점이 되는 법령의 위헌 여부를 헌법재판소에서 심사하게 해 달라고 재판부에 신청할 수 있다. 이를 재판부가 받아들이면 전자와 같이 헌법재판소에 심판 청구를 하게 된다. 그런데 만약에 위헌법률심판제청을 거부하면, 그때는 거부당했다는 점을 첨부해서 헌법재판소에 바로 헌법소원심판을 청구할 수 있다. 그렇기 때문이 재판이 진행 중인 사안이라고 해도 위헌 여부에 대한 판단은 가능하다. 다만 위헌법률심판제청을 받아들이게 되면 심사 결과가 나오기까지 재판이 정지되지만, 개인이 별도로 헌법소원심판을 청구한 경우에는 재판이 정지되지는 않는다는 차이점이 있다. 따라서 위헌법률심판제청이 받아들여져 진행되는 것이 여러 모로 수월하다. 재판이 진행되어 확정되어 버리면 나중에 그 근거 법률이 위헌이 되더라도 다시 재심 절차를 거치는 등 회복하는 데 시간이 오래 걸리기 때문이다.

⚖ 인권 침해 제대로 대처하기

1. 인권과 국가인권위원회

(1) 인권의 발견

인권은 한마디로 말하면 '인간이라면 누구나 누려야 할 권리'라고 할 수 있다. 그런데 인간이라면 누려야 할 권리가 무엇인지 어떻게 알 수 있을까? 인권을 이해하기 위해서는 인권이라는 개념이 명확하게 없던 시절부터 생각해 보아야 한다.

중세 시대가 끝나고 '인간 중심의 정신'을 되살리려고 했던 르네상스 운동이 있었다. 중세 유럽은 교황으로 상징되는 신권이 왕권보다 강했던 시기였는데, 인본주의 운동이 확산되면서 본격적으로 인간이라는 존재에 대해 고민하게 되었다. 인간 중심의 사고는 곧 '인간이란 도대체 어떤 존재인가?'라는 질문을 불러왔고, 인간이라면 최소한 누려야 할 것, 즉 권리에 대한 고민이 본격적으로 시작되었다. 종교재판에 의해서 쉽게 죽임을 당했던 시절을 겪으면서 인간이라면 생명은 존중받아야 한다는 의식이 먼저 생기지 않았을까? 그리고 적어도 굶어 죽지는 말아야 한다는, 최소한의 의식주에 대한 고민도 생겼을 것이다.

산업혁명 이후 인류는 급속하게 발전했지만, 그 후 제국주의와 패권주의가 확장되면서 두 차례의 세계대전이 일어나 수많은 인명 피해를 낳았다. 과학의 발달로 인류는 점점 번영을 누리게 되었지만 극단적인 인종 차별 등의 비극을 만들어 냈다. 그래서 유엔 총회는 이러한 억압과 차별에 대응하는 방벽으로「세계인권선언문」을 채택하게 된다.「세계인권선언문」은 세계 최초로 개인의 권리와 자유를 상세하게 밝혔다는 데 큰 의의가 있다. 그리고 인권과 기본적 자유는 개개인 모두에게 어디에서든 적용되는 것임을 알렸다.

이 선언문을 채택하는 것은 물론 쉬운 일이 아니었다. 유엔 총회에서는 세밀하게 문서를 검토하였는데, 58개의 가입 국가들이 문서의 모든 단어와 조항에 대해 총 1,400번이나 투표를 했고, 그 과정에서 많은 논쟁이 있었다. 예를 들어 이슬람 국가 중에는 동등한 부부관계 권리와 개종할 권리에 대한 조항에 반대하였고, 서방 국가는 경제적·사회적·문화적 권리를 조항에 삽입하는 것에 대해 비판하기도 했다. 그러나 결국 1948년 12월 10일, 유엔 총회에 제출되어 투표에 부쳐졌고,

찬성 48, 기권 8, 반대 0으로 가결되었다. 이후 매년 12월 10일은 세계 인권의 날로 기념하고 있다. 「세계인권선언문」은 총 30조의 조항으로 이루어져 있는데, 그 시작은 다음과 같다.

세계인권선언문 제1조 모든 사람은 태어날 때부터 자유롭고, 존엄하며, 평등하다. 모든 사람은 이성과 양심을 가지고 있으므로 서로에게 형제애의 정신으로 대해야 한다.

---

(2) 국가인권위원회

대한민국 정부 부처 중에서 인권을 담당하는 곳은 어디일까? 이 질문을 했을 때 대부분 '국가인권위원회'라고 답한다. 교육을 담당하는 기관은 교육부인 것처럼 일단 '인권'이라는 말이 들어가 있으니 그렇게 생각하기 쉽다. 그런데 실제로 국가인권정책 기본 계획을 수립하는 등 인권에 대한 정책을 담당하는 부처는 법무부이다. 그러면 도대체 국가인권위원회는 무엇을 하는 곳일까? 이것을 알기 위해서는 먼저 '인권 옴부즈퍼슨(Ombudsperson)'에 대해 이해해야 한다. 인권 옴부즈퍼슨은 과거에는 '옴부즈맨'이라고 많이 불렀지만 인권의 관점에서 성평등을 지향하기 위해 성중립적인 용어 사용을 권장하고 있어 최근에는 '옴부즈퍼슨'이라는 말을 많이 사용하고 있다.

옴부즈퍼슨은 고대 스웨덴어로 '대리인(agent)'을 의미하는 것으로, 국가의 행정에 대하여 소송과 같은 사법적인 방법이 아니라 비사법적인 수단으로 국민을 보호하는 제도이다. 옴부즈퍼슨 제도는 여러 기능이 있을 수 있으나 행정권의 확대와 다양화, 재량권의 증가에 따른 권리 보호의 불충분에 대하여 행정구제 제도의 결함을 보완함으로써 국민의 권리 보호의 기회를 확대하고자 하는 것이다. 다시 말하면 행정기관 내부에서는 해결하기 어려운 국민의 고충을 비사법적인 방법으로 신속하게 구제하여 국민의 권리를 보호하기 위해 옴부즈퍼슨 제도가 있는 것이다.

국가인권위원회는 바로 대한민국의 옴부즈퍼슨으로서의 역할을 하고 있다. 인권 정책 담당 부서는 법무부이지만, 놓치거나 미진한 부분이 있을 수 있다. 국가인권위원회는 이때 법무부 등 국가기관이 국민의 인권을 제대로 보호하고 있는지를 독립적으로 감시하면서 잔소리를 하는 곳이라고 보면 된다. 그런데 국가인권위원회의 권고는 큰 힘이 있는 듯하지만 아니기도 하다. 국가인권위원회가 행정기관의 정책이나 조치 등이 국민의 인권을 침해하고 있다고 판단하면 권고를 하는데, 사실 이 권고를 받아들일지 말지는 행정기관의 자율이기 때문이다.

그러면 권고가 무슨 의미가 있는지 의문이 들 수 있다. 그러나 이렇게 지속적으로 권고하고 이행을 촉구하는 것을 통하여 실제로 개선되는 경우가 상당히 많고, 설사 개선되지 않더라도 사람들에게 문제를 각인시켜 인권 의식을 고취시키는 데도 큰 역할을 한다.

그럼 개인의 입장에서 생각해 보자. 국가인권위원회를 통한 인권 구제는 비사법적 절차라고 앞에서 이야기했다. 그런데 행정소송 등 사법적 절차로 해결해도 될 텐데, 왜 굳이 국가인권위원회의 도움을 받는 것일까?

사법적 해결 방법과 비사법적 해결 방법에는 약간의 차이가 있다. 일단 국가인권위원회의 도움을 받을 때에는 별도의 비용이 들지 않고, 전화나 인터넷 등 다양한 방법으로 인권 침해에 대한 구제를 신청할 수 있다. 또한 때로는 상대적으로 사법적 해결을 기대하기 어려운 경우도 있다. 예를 들어 휠체어를 타는 장애인이 동네 주민센터를 갔는데 계단 대신 올라갈 수 있는 경사가 너무 심해서 사실상 휠체어로 접근이 불가능한 경우가 있을 수 있다. 그런 경우 장애인의 이동권이나 주민센터 사용권을 문제로 국가인권위원회에 인권 침해 신고를 하면 직접적인 도움을 받을 수 있을 것이다. 이런 것들을 행정소송으로 해결하기는 상대적으로 어렵기 때문이다.

2. 인권 침해에 대처하기

국가인권위원회는 국민의 인권 침해에 대해서 상담을 하고, 인권 침해를 진정 받아 조사 후 권고를 하기도 한다. 그런데 이러한 절차는 모두 「국가인권위원회법」의 내용을 근거로 한다.

국가인권위원회법 제1조(목적) 이 법은 국가인권위원회를 설립하여 모든 개인이 가지는 불가침의 기본적 인권을 보호하고, 그 수준을 향상시킴으로써 인간으로서의 존엄과 가치를 실현하고 민주적 기본 질서의 확립에 이바지함을 목적으로 한다.

제3조(국가인권위원회의 설립과 독립성) ① 이 법에서 정하는 인권의 보호와 향상을 위한 업무를 수행하기 위하여 국가인권위원회를 둔다. ② 위원회는 그 권한에 속하는 업무를 독립하여 수행한다.

이 법을 통해서 국가인권위원회를 설립하였고, 국가인권위원회는 정부와는 독립적으로 국민의 인권을 보호하는 데 그 목적이 있음을 알 수 있다. 국가인권위원회가 정부에 종속되어서 눈치만 본다면 당당하게 인권 보호의 목소리를 내기 어려울 수밖에 없기 때문이다. 그래서 대통령이라고 하더라도 국가인권위원회의 결정에 영향을 끼쳐서는 안 된다. 국가인권위원회에서 보호하는 인권의 범위 역시 법에 자세하게 나타나 있다.

국가인권위원회법 제2조 ① '인권'이란 「대한민국 헌법」 및 법률에서 보장하거나 대한민국이 가입·비준한 국제인권조약 및 국제관습법에서 인정하는 인간으로서의 존엄과 가치 및 자유와 권리를 말한다.

국가인권위원회는 우리나라 「헌법」과 법률에서 보장하거나 우리나라가 가입하고 국회에서 비준한 인권조약 등에서 인정하는 인권을 보호한다. 국민이 「헌법」의 내용을 잘 알아 두어야 하는 이유이다.

그리고 국가인권위원회가 어떻게 우리의 인권을 보호하는지 알기 위해서는 그 구성도 알 필요가 있다.

국가인권위원회법 제5조(위원회의 구성) ① 위원회는 위원장 1명과 상임위원 3명을 포함한 11명의 인권위원(이하 "위원"이라 한다)으로 구성한다.

② 위원은 다음 각 호의 사람을 대통령이 임명한다.

1. 국회가 선출하는 4명(상임위원 2명을 포함한다)

2. 대통령이 지명하는 4명(상임위원 1명을 포함한다)

3. 대법원장이 지명하는 3명

제12조(상임위원회 및 소위원회) ① 위원회는 그 업무 중 일부를 수행하기 위하여 상임위원회와 침해구제위원회, 차별시정위원회 등의 소위원회(이하 "소위원회"라 한다)를 둘 수 있다.

② 상임위원회는 위원장과 상임위원으로 구성하고, 소위원회는 3명 이상 5명 이하의 위원으로 구성한다.

국가인권위원회는 1명의 위원장, 상근으로 일하는 3명의 상임위원, 그리고 비상임위원들을 포함해서 인권에 대한 전문적인 지식과 감수성

을 가진 11명의 위원으로 구성되어 있고, 인권의 영역별로 소위원회를 두어 인권 침해 여부를 판단한다. 구체적으로 어떤 업무를 수행할까?

국가인권위원회법 제19조(업무) 위원회는 다음 각 호의 업무를 수행한다.

1. 인권에 관한 법령(입법 과정 중에 있는 법령안을 포함한다)·제도·정책·관행의 조사와 연구 및 그 개선이 필요한 사항에 관한 권고 또는 의견의 표명
2. 인권 침해 행위에 대한 조사와 구제
3. 차별 행위에 대한 조사와 구제
4. 인권 상황에 대한 실태 조사
5. 인권에 관한 교육 및 홍보
6. 인권 침해의 유형, 판단 기준 및 그 예방 조치 등에 관한 지침의 제시 및 권고
7. 국제인권조약 가입 및 그 조약의 이행에 관한 연구와 권고 또는 의견의 표명
8. 인권의 옹호와 신장을 위하여 활동하는 단체 및 개인과의 협력
9. 인권과 관련된 국제기구 및 외국 인권기구와의 교류·협력
10. 그 밖에 인권의 보장과 향상을 위하여 필요하다고 인정하는 사항

의외로 참 다양한 일을 하고 있음을 알 수 있다. 이 중에서 제2호와 제3호에 대한 자세한 내용을 다음에서 다루고자 한다. 개인이 인권 침

해를 당했다고 느꼈거나 차별을 당했다는 생각이 들면 국가인권위원회에 상담할 수 있다. 이 절차에 대해 좀 더 구체적으로 알아보자.

일단 어떤 경우에 인권 침해로 상담을 받아야 할까? 앞에서 간단히 언급했지만, 법적으로는 불법이라고 볼 수 없지만 인권의 관점에서 볼 때 문제가 된다고 생각되는 것들이 있다. 대표적으로 장애인 인권, 노동 인권, 여성 인권, 노인 인권, 이주 인권, 성희롱, 다수인보호시설 인권, 군 인권 등의 문제가 있다. 그런데 자신이 당하고 있는 일이 인권적으로 문제가 되는 일인지 판단이 어려울 때가 많다. 그렇기 때문에 국가인권위원회의 상담을 통하여 언제든지 궁금한 점을 문의할 수 있다. 방문 상담, 전화 상담, 채팅 상담, 장애인들을 위한 (수화) 화상 상담 등의 방식을 다양하게 제공하고 있다.

여기서 '상담'과 '진정' 그리고 '민원'의 구분이 필요한데, 일단 인권 상담은 상담자가 겪고 있는 일이 인권 침해인지 이야기를 들어 본다. 전문 상담사가 상담한 결과 다음과 같은 경우에 인권 침해로 판단하여 접수하게 되는데, 이를 '진정'이라고 한다. 구체적으로 진정이 되는 경우는 다음과 같다.

- 국가기관, 지방자치단체, 각급 학교, 공직유관단체 또는 구금보호시설의 업무 수행 중 인권 침해를 한 경우
- 법인, 단체 또는 사인(私人)이 합리적인 이유 없이 차별 행위를 한 경우

- 성희롱 행위 : 공공기관 및 민간기업의 임직원이 성적 굴욕감을 느끼게 하거나, 성적 언동이나 그 밖의 요구 등에 대한 불응을 이유로 고용상의 불이익을 준 경우
- 장애인 차별 : 장애를 이유로 정당한 사유 없이 편의 제공을 하지 않거나, 불리하게 대하는 경우 및 장애를 고려하지 않는 기준을 적용하여 장애인에게 불리한 결과를 초래한 경우

국가기관이나 지방자치단체와 같은 공공기관뿐만 아니라 사기업과 같은 법인, 그리고 공무원이 아닌 사인의 차별 행위도 인권 침해의 대상이 된다.

- 개인이 실명으로 위원회의 정책이나 행정제도 및 운영 등의 개선에 관한 건의, 허가·인가 등의 신청, 제증명의 신청, 국가인권위원회 법령 해석·행정 업무·진정 사건 처리 등에 대한 질의, 자료의 요구 등 위원회에 요구하는 경우
- 국가인권위원회의 정책이나 제도 개선에 대한 의견 중 즉시 개선이 가능한 사항

위에서 열거한 내용은 '민원'으로 접수되는 사안이다. 국가인권위원회의 운영에 관한 사항 등은 공공기관에 대한 민원으로 접수하여 일반적인 민원 처리 절차와 동일하게 처리하게 된다.

당사자가 주장한 인권 침해가 진정으로 접수된다면 일단 국가인권위원회의 전문위원들이 사안을 조사한다. 그 과정에서 당사자뿐만 아니라 참고인의 진술을 청취하거나 증거를 수집하고, 그것을 바탕으로 인권 침해 여부를 판단한다. 이때 인권 침해가 인정되면 침해한 대상, 즉 피진정인에게 시정 권고를 하는데, 그 내용은 합의, 조정, 구제 조치 등 다양하다. 이를 법무부 장관에게도 전달하면 법무부 장관이 불이행에 따른 시정 명령까지 할 수 있고, 이래도 불이행 시에는 과태료를 부과할 수 있다. 그리고 인권 침해가 인정된 경우 민사소송을 통한 손해배상청구나 형사소송을 통한 처벌 또한 가능할 여지가 있으니 자신의 권리를 구제 받기 위해서 다양한 제도를 활용하는 것이 좋다. 최근에는 국가인권위원회뿐만 아니라 지방자치단체 자체적으로 조례를 근거로 한 인권센터를 설립하고 있는 추세이니 비슷한 도움을 받을 수 있다.

3. 인권 침해 결정례 찾아보기

(1) 인권 정책에 대한 결정례

원칙적으로 국가인권위원회는 진정인의 인권 침해 진정에 따라 인권 침해를 구제하는 역할을 한다. 그러나 때로는 개인에 대한 인권 침해를 넘어서 국가나 기관의 정책 자체가 인권적으로 문제가 있으니 법령을 개정하거나 정책을 수정하라는 권고를 하기도 한다. 이렇게 되면 단순히 개별 사안이 아니라 그 정책에 의해 영향을 받을 다수 국민들의 인권을 보호하는 역할을 하게 된다. 수많은 결정례가 있지만 그중 교사와 관련된 사례 중 하나를 예시로 살펴보자.

「부정청탁 금지 및 금품 등 수수에 관한 법률」(줄여서 '청탁금지법'), 흔히 '김영란법'이라고 불리는 법을 들어 본 적이 있을 것이다. 「청탁금지법」은 교사를 포함한 모든 공무원에게 적용되는 법인데, 이 법에 인권 침해 요소가 있다고 권고한 사건이 있었다.[16]

당시 진정인들은 대학교에서 근무하고 있었는데, 학교에서는 「청탁금지법」에 따라 서약서를 작성하라고 강요했다. 이에 진정인들이 문제 제기를 한 것이다. 즉 「청탁금지법」에 따라서 공공기관의 장은 공직자 등에게 매년 법령 준수의 서약을 받도록 의무를 부과하고 있는데, 이는 공직자 등으로 하여금 "자기 내심의 판단을 외부에 표현하도록 사실상 강제한 것"이므로 양심의 자유 등을 침해한 것이라고 주장했다. 「청탁금지법」 제19조 제1항 중 "이를 준수할 것을 약속하는 서약서를 받아야 한다." 및 같은 법 시행령 제42조 제3항의 "부정청탁 금지 및 금품 등 수수의 금지에 관한 법령을 준수할 것을 약속하는 서약서를 매년 받아야 한다."는 부분이 문제가 된 사건이다.

한편 권고문에서는 개인에 대한 인권 침해 권고가 아니라 인권 정책 권고를 언급하고 있다. 「국가인권위원회법」 제30조에서는 개인의 인권 진정에 대해서 조사의 범위를 정하고 있다. 즉 공공기관이 업무 수행으로 인해서 양심의 자유 등 인간의 다양한 자유에 대해 규정한 「헌법」 제10조부터 제22조까지를 침해하였거나, 공공기관이 아니더라도 차별 행위를 한 경우에는 인권 조사 후 인권 침해 권고를 할 수 있다. 그런데 이번 사안의 경우에는 법을 개정해야 한다. 즉 '입법'에 관한 부분이었다. 이것은 개인에 대한 인권 침해 조사 영역에는 들어가지 않아서, 인권 침해 권고가 아니라 「청탁금지법」을 담당하는 기관인 국가권익위원회에 법을 개정하라고 정책 권고를 하게 된 것이다.

국가인권위원회법 제30조 ①다음 각 호의 어느 하나에 해당하는 경우에 인권 침해나 차별 행위를 당한 사람(이하 "피해자"라 한다) 또는 그 사실을 알고 있는 사람이나 단체는 위원회에 그 내용을 진정할 수 있다.

1. 국가기관, 지방자치단체, 「초·중등교육법」 제2조, 「고등교육법」 제2조와 그 밖의 다른 법률에 따라 설치된 각급 학교, 「공직자윤리법」 제3조의2 제1항에 따른 공직유관단체 또는 구금·보호시설의 업무 수행(국회의 입법 및 법원·헌법재판소의 재판은 제외한다)과 관련하여 「대한민국 헌법」 제10조부터 제22조까지의 규정에서 보장된 인권을 침해당하거나 차별행위를 당한 경우

2. 법인, 단체 또는 사인(私人)으로부터 차별 행위를 당한 경우

「청탁금지법」에서는 소위 '청렴서약서'를 쓰도록 하고 있는데, 이를 거부할 수 있는 방법이나 수단이 법에 따로 있지 않으므로 강제적인

성격으로 볼 수 있다. 결정문을 보면 이러한 서약서 강제는 공직자 등 법 적용 대상자로 하여금 자신의 내심을 외부로 표현하도록 강요하는 것이기 때문에 「헌법」 제19조에서 보장하고 있는 양심의 자유를 과도하게 제한하는 것이고, 시행령은 법률에서 위임한 내용만 정할 수 있는데, '매년' 서약서를 받아야 한다고 시행령에서 정한 부분도 법률의 위임 없이 정한 내용이기 때문에 「헌법」에 위배된다고 보았다. 즉 인권 침해에 해당한다고 판단하였다.

그러면 그 후 「청탁금지법」은 개정되었을까? 아쉽게도 이 책을 쓰고 있는 지금도 관련 법령은 그대로이다. 앞에서 언급한 것처럼 국가인권위원회의 권고는 강제력이 약하다. 그래서 권고를 했지만 국회나 담당 기관에서는 여전히 법령을 개정하지 않고 있다. 그럼 무슨 소용이냐고? 그래도 국가인권위원회의 끊임없는 잔소리 덕분에 우리 사회의 전반적인 인권 감수성이 높아지고 있다는 점은 의미가 있다.

(2) 인권 침해에 대한 결정례

다음은 학교에서도 충분히 관심을 가질 수 있고, 학생들도 알아 두면 좋은 결정에 대해서 다뤄 볼까 한다.[17]

원칙적으로 직장이나 조직에서 자신을 괴롭힌 사람들을 폭행이나 모욕 등으로 고소해서 형사적으로 처벌할 수도 있다. 그런데 가끔은 괴롭힘 행위가 형사적으로 처벌하기에는 애매하거나 요건이 맞지 않을 수가 있다. 그리고 형사적 해결은 개인에게는 벌을 가하는 것이지만, 만성적인 조직문화를 바꾸기에는 역부족일 수 있다. 또 형사 절차는 번거롭고 시간이 오래 걸린다는 단점이 있다. 이런 경우 국가인권위원회의 구제 절차는 의미 있는 역할을 할 수 있다.

진정인들은 소방서 내에서 의무소방원으로서 병역의 의무를 하는 사람들이었는데, 잘못된 조직문화로 인해서 지속적으로 괴롭힘을 당해 왔다. 암기 사항을 억지로 시험을 보게 하고, 그 결과를 바탕으로 폭언을 일삼았으며, 청소 등 다른 일을 가지고도 마음에 들지 않으면 수차례 욕설 등을 통해 인격적 모욕을 하였고, 얼차려까지 강요당했다. 의무복무라는 폐쇄적 환경이 이러한 결과를 낳은 것이다. 문제는 거기서 끝나지 않았다. 당시 이러한 가혹 행위들이 언론에 보도되었음에도 불구하고 반성은커녕, "내부 고발자를 색출하겠다!"고 하면서 진정인들을 다른 방법으로 더욱 괴롭혔다.

국가인권위원회의 조사 결과 일단 해당 소방서의 소방서장에게는 진정인들을 괴롭힌 피진정인에게 주의 조치를 함과 동시에 전 직원을 대상으로 특별 인권 교육을 실시하라는 권고가 나왔다. 응보적 접근인 형사 절차와는 달리, 인권 교육을 통하여 근본적인 문화를 바꾸는 형식으로 접근하는 것이다. 또한 여기서 그치지 않고, 당시 소방서를 담당하던 수장인 국민안전처 장관에게 전국의 의무소방대원에 대한 인권 실태를 정기적으로 실시하라는 권고까지 함께 하였다. 이 사안이 단순히 한 소방서의 문제가 아니라 의무소방대원 모두에게 걸친 문제라는 것을 인식하였기 때문이다. 이런 권고를 할 수 있다는 것 역시 인권 침해에 대한 권고의 특징이다. 혹시 학교나 조직에서 이런 어려움을 겪고 있다면 국가인권위원회의 문을 두드려 보는 게 어떨까.

(3) 차별 시정 결정례

국가인권위원회가 시정의 대상으로 삼는 '차별'의 정확한 의미를 알기 위해서는 법령을 보는 것이 가장 정확하다. 「국가인권위원회법」 제2조 제3호에서는 "평등권 침해의 차별 행위"란 합리적인 이유 없이 성별, 종교, 장애, 나이, 사회적 신분, 출신 지역(출생지, 등록기준지, 성년이 되기 전의 주된 거주지 등을 말한다), 출신 국가, 출신 민족, 용모 등 신체 조건, 기혼·미혼·별거·이혼·사별·재혼·사실혼 등 혼인 여부, 임신 또는 출산, 가족 형태 또는 가족 상황, 인종, 피부색, 사상 또는 정치적 의견, 형의 효력이 실효된 전과(前科), 성적(性的) 지향, 학력, 병력(病歷) 등을 이유로 한 행위라고 하면서 구체적인 예시를 제시하고 있다.

국가인권위원회법 제2조 제3호

가. 고용(모집, 채용, 교육, 배치, 승진, 임금 및 임금 외의 금품 지급, 자금의 융자, 정년, 퇴직, 해고 등을 포함한다)과 관련하여 특정한 사람을 우대·배제·구별하거나 불리하게 대우하는 행위

나. 재화·용역·교통수단·상업시설·토지·주거시설의 공급이나 이용

과 관련하여 특정한 사람을 우대·배제·구별하거나 불리하게 대
우하는 행위

다. 교육시설이나 직업훈련기관에서의 교육·훈련이나 그 이용과 관련
하여 특정한 사람을 우대·배제·구별하거나 불리하게 대우하는 행위

쉬운 이해를 위해 구체적인 예를 들어 보면, 회사에서 직원을 채용
하는 데 성별이나 나이 등으로 차별해서 뽑는 행위, 버스와 같은 대중
교통수단에서 단이 너무 높아 장애인은 이용할 수 없도록 설계한 행
위, 교육을 받을 때 특수교육이 필요한 학생 등 특정 집단을 배제하는
행위 등은 차별이 될 수 있다는 것이다. 학교 안에서 발생한 차별 사례
는 주로 장애 학생에 대한 차별 사례가 많다.

학교폭력이 발생했을 때 청각 장애가 있는 학생에게는 그 학생에게
맞는 방법으로 진술할 기회를 제대로 제공하지 않은 것에 대해서 차별
이기 때문에 학교장 및 교육감에게 장애인 차별 예방 교육 및 학교폭력
예방 교육을 실시하라고 권고한 적이 있다.[18]

음악 특기자를 뽑는 특수목적고에서 특수교육대상자전형 음악실기
평가 심사위원을 구성할 때 일반전형과 달리 비전공자들로만 구성한
것은 차별이라고 보아서 학교장에게 특수교육대상자전형을 개선하라
고 권고하고, 교육감에게는 관리감독을 철저히 하라고 권고했다.[19]

장애인이 있는 특수학급에만 에어컨을 가동하지 않고, 특수학급에 배정된 운영비 집행을 제약하고, 해당 예산을 다른 용도로 사용한 행위에 대하여 차별 행위로 판단하였으며, 교육감에게 해당 학교장을 징계할 것을 권고하였고, 학교장에게는 장애인 인권 교육을 받을 것을 권고하였다.[20]

교사에 대한 차별을 인정한 사례도 있다. ○○교육청의 시·도 간 전출 대상은 ○○도의 공립학교에서 실제 근무한 경력이 3년 이상인 자로, 위 경력에는 휴직 기간이 포함되지 않고, 육아휴직의 경우 총 경력에만 포함하는 것으로 되어 있었다. ○○교육청은 신규교사 임용 규모가 가장 큰 ○○도에 처음 임용된 교사가 실제로는 ○○도에 근무하지 않고 육아휴직만 하다가 본인이 원하는 시·도로 옮겨 가고자 하는 목적으로 악용할 수 있으며, 그에 따른 행정력 낭비와 교사 정원에 따른 비용 발생 등의 어려움이 예상되기 때문에 육아휴직 기간을 실교육 경력에 포함할 수 없다고 주장했다.

그러나 국가인권위원회는 이것을 육아휴직자에 대한 고용상 차별행위로 인정했는데, 그 판단 이유는 다음과 같다.

피진정인은 육아휴직자에 대해 육아휴직을 사유로 인사상 불리한 처우를 하지 않아야 할 의무가 있으며, '시·도 간 전출 및 교환(파견) 근무 추진 계획'의 주요 목적이 별거 교육공무원의 고충 해소 등인 점, 위 인정 사실 마.항과 같이 이미 8개 교육청에서 육아휴직 기간을 타시·도 간 전출을 위한 교육 경력에 포함하고 있으며, 특히 ○○도의 경우와 같이 3년의 교육 경력을 요구하는 다른 지역교육청 4곳 중 3곳이 육아휴직 기간을 교육 경력에 포함하고 있는 점, 1:1 동수교류를 원칙으로 하고 있고 연 1회 신청을 받아 실시하고 있어 교육과정 운영이나 행정적 처리에 크게 부담이 된다고 하기 어려운 점, 진정인은 실제로 어린 자녀를 돌보기 위해 남편과 함께 거주할 수밖에 없어 ○○도에 있는 학교로 복직하기 어려운 상황인 점 등을 종합적으로 고려할 때, 피진정인이 육아휴직 기간을 시·도 간 전출을 위한 교육 경력 기간에 포함하지 않는 것에 대해 그 합리적 사유를 인정하기 어렵다고 판단된다.

이에 국가인권위원회는 ○○도교육감에게 교원의 타 시·도 간 전출을 위한 교육 경력 기간 산정 시 육아휴직 기간을 포함하는 것으로 관련 규정을 개정할 것을 권고했다.[21]

과연 그 권고를 받아들였을까? 안타깝게도 책을 쓰고 있는 지금도 ○○교육청은 국가인권위원회의 권고를 수용하지 않았다. 이렇게 인권의 문제는 강제하기 어렵지만, 이런 시간들이 쌓여 변화를 가져온다.

(4) 성희롱 결정례

보통 성희롱은 성폭력의 문제이기 때문에 형사적으로 처벌하면 되는 것 아니냐고 많이 물어본다. 엄밀하게 보면 「형법」에 성희롱을 정확히 처벌할 수 있는 조항은 없다. 물론 「성폭력범죄의 처벌 등에 관한 특례법」 등에 의해서 성범죄에 대해 강력하게 처벌하고 있지만, 직접적인 접촉 등 행위가 없는 경우에는 처벌하기가 어려운 경우가 많다. 그렇기 때문에 「국가인권위원회법」에는 이렇게 형사적으로는 처벌하기 힘든 조직 내 성희롱 문제에 대처할 수 있도록 차별 행위의 하나로서 성희롱 행위를 정하고 있는 것이다. 다시 「국가인권위원회법」에서 성희롱을 규정하고 있는 관련 조항을 보자.

국가인권위원회법 제2조 제3호

라. 성희롱[업무, 고용, 그 밖의 관계에서 공공기관(국가기관, 지방자치단체, 「초·중등교육법」 제2조, 「고등교육법」 제2조와 그 밖의 다른 법률에 따라 설치된 각급 학교, 「공직자윤리법」 제3조의2 제1항에 따른 공직유관단체를 말한다)의 종사자, 사용자 또는 근로자가 그 직위를 이용하여 또는 업무 등과 관련하여 성적 언동 등으로 성적 굴욕감 또는 혐오감을 느끼게 하거나 성적 언동 또는 그 밖의 요구 등에 따르지 아니한다는 이유로 고용상의 불이익을 주는 것을 말한다] 행위

직접적인 행동이나 말로 성적 굴욕감 또는 혐오감을 주는 행위뿐만 아니라 성적 요구를 따르지 않는다는 이유로 업무에서 불이익을 주는

행위까지 성희롱으로 정하고 있다. 당연히 교사들이 근무하는 초·중 등학교도 권고의 대상에 포함된다. 정확히 학교의 사례는 아니지만, 교육청 내에서 상사에 의한 성희롱 사례가 있었다.

    교육청에서 회식을 했는데, 노래방에서 남성 과장이 여성 직원에게 어깨동무를 하고 노래를 하던 중 옆에 있던 진정인의 엉덩이를 1회 쓰 다듬기도 했다. 그것으로 끝난 것이 아니라 다른 연수 중에도 단체사 진을 찍을 때마다 자신의 옆으로 오게 해서 팔, 어깨, 허리 등을 잡곤 했던 사건이다.

    사실 큰 성범죄보다 일상에서 일어나는 가벼운 접촉이 더 힘들다. 가볍다고 해서 그냥 넘어가면 조직문화의 변화가 요원해진다. 이 사건 의 경우에는 진정인이 성적 굴욕감과 혐오감을 느껴서 국가인권위원 회에 진정한 경우이다. 고소를 하면 형사적으로 처벌하기 힘든 사안도 국가인권위원회에서는 성희롱으로 판단할 수 있기 때문이다. 국가인 권위원회는 당연히 성희롱 행위로 인정했다. 이렇게 직접 접촉한 행위 는 「형법」상 강제추행죄가 될 수도 있었다. 그런데 이 사안에서는 피 진정인이 다른 곳으로 전보가 되어서 분리가 된 상황이었고, 수차례 사과를 하면서 진정인의 심리적 안정 및 피해 회복을 위해 노력한 점 등을 감안해서 형사 고발까지는 가지 않았다. 그래서 피진정인에게 국 가인권위원회가 주관하는 특별 인권 교육을 수강할 것을 권고했다.[22]

    국가인권위원회의 권고를 받았다고 해서 강제추행 등의 형사 처벌을 받지 않는 것은 아니다. 형사 처벌의 요건에 해당하지 않는 경우에도 성희롱으로 볼 수 있는 상황이 발생했을 때, 그리고 단순히 처벌뿐만 아니라 인권 교육 등으로 조직문화를 바꾸고 싶을 때, 성희롱으로 인한 눈에 보이지 않는 차별 등을 해소하고 싶을 때 국가인권위원회에 진정할 수 있다.

3장

판례를 통해
학교 들여다보기

교사가 책임져야 할 안전사고

학교에서는 하루가 멀다 하고 크고 작은 사고들이 일어난다. 어디에선가는 학생의 안전사고 때문에 교사가 엄청난 손해배상을 했다는 소문이 들려와 교육 활동이 괜히 위축되기도 한다. 그러나 교사가 학교 안팎에서 발생하는 모든 안전사고에 대한 책임을 지는 것은 아니다. 어떤 경우에 교사가 책임을 져야 하는지 알아보자.

1. 보호·감독의무

학교는 매일같이 학생들의 장난으로 시끌벅적하다. 한쪽에서 학생들을 지도하고 나서 숨을 돌리면 어느새 다른 곳에서 새로운 일이 벌어진다. 장난이 무조건 나쁜 것은 아니지만, 지나치면 위험한 사고가 발생하기도 하고, 때로는 다른 이들에게 폭력이 되기도 한다. 최근에는 학생들이 입은 피해를 소송을 통해 적극적으로 보상 받으려는 보호자들이 늘면서 교사들은 학생 지도에 더욱 예민해질 수밖에 없다. 그렇다면 교사는 학생들을 어디까지 보호해야 할까?

학생의 보호자가 학교와 교사를 상대로 피해에 대해 소송을 제기한다면 이것은 민사소송, 그중에서도 손해배상청구 소송에 해당한다. 그리고 손해배상청구 소송이 인정되기 위해서는 학생이 입은 피해에 대하여 교사에게도 책임이 있는지 인정되어야 한다. 이때 법원은 교사의 학생에 대한 보호·감독의무를 다했는지를 따져 본다.

다음은 교사의 보호·감독의무에 대하여 일반적으로 법원이 판단하는 내용이다.[23]

학교의 장이나 교사는 교육법에 따라 학생을 보호·감독할 의무를 지는데, 이러한 보호·감독의무는 교육법에 따라 학생들을 친권자 등 법정감독의무자에 대신하여 감독을 하여야 하는 의무로서 학교 내에서의 학생의 모든 생활관계에 미치는 것은 아니지만, 학교에서의 교육 활동 및 이와 밀접 불가분의 관계에 있는 생활관계에 속하고, 교육 활동의 때와 장소, 가해자의 분별 능력, 가해자의 성행, 가해자와 피해자의 관계, 기타 여러 사정을 고려하여 사고가 학교생활에서 통상 발생할 수 있다고 하는 것이 예측되거나 또는 예측 가능성이 있는 경우에는 교장

이나 교사는 보호 · 감독의무 위반에 대한 책임을 진다.

일단 교사는 학교에서 학생들을 지도하고 감독할 의무가 있다. 이를 '보호 · 감독의무'라고 한다. 그런데 보호 · 감독의무의 범위를 무한정 넓게 본다면 교사가 학생들의 모든 활동을 감시하고 통제할 수밖에 없고, 반대로 지나치게 좁게 본다면 학생의 보호자의 입장에서는 학교에 대한 신뢰를 갖기 힘들 수 있다. 그렇기 때문에 법원에서는 "교육 활동 및 이와 밀접 불가분의 관계에 있는 생활관계"와 "예측 가능성"이라는 개념으로 교사들의 책임을 제한한다.

먼저, '교육 활동 및 이와 밀접 불가분의 관계에 있는 생활관계'의 의미부터 보자. 학교 안팎에서 일어나는 모든 상황에서 발생한 사고에 대한 책임을 교사에게 묻는다면 부당하다는 생각이 들지 않는가? 그래서 명백하게 교육 활동으로 볼 수 있거나 매우 관련성이 높은 활동에서 발생한 사고에 대한 책임만 묻겠다는 것이다. 이에 대한 구체적인 판단 내용은 뒤에서 사례를 통해 자세히 살펴보겠다.

다음으로 '예측 가능성'이란 교사가 사고가 발생할 구체적 위험을 충분히 예측할 수 있었는지의 여부를 말한다. 예측 가능성은 다음과 같은 요소들을 고려해서 판단한다.

- 교육 활동의 때와 장소 : 교육 활동이 이루어진 장소에 따라 사고가 발생할 가능성이 더 높은 곳이 있다. 가령 실험을 하는 과학실

의 경우 조금 더 주의를 기울여야 할 것이다.

- 가해자의 분별 능력과 성행, 그리고 피해자와의 관계 : 만약 학교폭력이 발생했다면 가해 학생의 분별 능력과 평소 성행을 고려한다. 예를 들어 가해 학생이 평소에도 다른 학생들에게 물리적·정신적 피해를 자주 입히던 경우라면 조금 더 주의를 기울여야 할 것이다.
- 기타 여러 사정 : 그 외에도 특별히 사고가 발생한 상황을 세밀하게 보아서 교사가 사고 발생을 충분히 예상할 수 있었거나, 반대로 예상할 수 없었는지를 판단하게 된다.

이러한 요소들을 보더라도 교사의 입장에서 손해배상책임을 져야 하는지 미리 명확하게 알기는 어렵다. 그렇기 때문에 그동안 법원이 손해배상과 관련하여 판단했던 사례들을 보면서 주의하는 것이 중요하다.

국가배상법 제2조(배상책임) ① 국가나 지방자치단체는 공무원 또는 공무를 위탁받은 사인(이하 "공무원"이라 한다)이 직무를 집행하면서 고의 또는 과실로 법령을 위반하여 타인에게 손해를 입히거나, 「자동차손해배상 보장법」에 따라 손해배상의 책임이 있을 때에는 이 법에 따라 그 손해를 배상하여야 한다. 다만, 군인·군무원·경찰공무원 또는 예비군대원이 전투·훈련 등 직무 집행과 관련하여 전사(戰死)·순직(殉職)하거나 공상(公傷)을 입은 경우에 본인이나 그 유족이 다른 법

령에 따라 재해보상금·유족연금·상이연금 등의 보상을 지급 받을 수 있을 때에는 이 법 및 「민법」에 따른 손해배상을 청구할 수 없다.

② 제1항 본문의 경우에 공무원에게 고의 또는 중대한 과실이 있으면 국가나 지방자치단체는 그 공무원에게 구상(求償)할 수 있다.

민법 제750조(불법행위의 내용) 고의 또는 과실로 인한 위법행위로 타인에게 손해를 가한 자는 그 손해를 배상할 책임이 있다.

핵심 정리

1. 교사에게는 학생에 대한 보호·감독의무가 있다.
2. 보호·감독의무의 위반 여부는 '교육 활동 및 이와 밀접 불가분의 관계에 있는 생활관계'와 '예측 가능성'을 고려해서 판단한다.
3. 명백하게 교육 활동으로 볼 수 있거나 매우 관련성이 높은 활동에서 발생한 사고여야 한다.
4. 발생 가능한 구체적 위험을 교사가 충분히 예측할 수 있었던 사고여야 한다.

2. 체육 활동에서 일어난 안전사고

학교에서 안전사고가 가장 많이 일어나는 경우를 떠올려 본다면 아마도 체육 시간일 것이다. 몸을 움직이다 보면 학생들 간 다소의 충돌이 있을 수밖에 없는 체육 활동은 그 자체로 사고 발생의 위험을 안고 있다. 실제로 체육 활동 중 일어났던 대표적인 사례들을 보면서 어떤 것을 조심하면 될지 함께 생각해 보자.

(1) 체육 활동 중 큰 부상을 입었다면?[24]
– 보호·감독의무와 구호조치의무

> 태승이는 평소 축구를 잘해서 ○○중학교의 축구 선수로 선발되었다. 축구부 담당인 A교사는 태승이를 포함한 축구부를 이끌고 옆 학교와 친선 경기를 하게 되었다. 경기가 진행되던 중 상대 선수가 강하게 날린 슛이 태승이의 얼굴로 날아왔다. 태승이는 미처 피하지 못하고 공을 맞고 쓰러졌다. 그리고 병원에 간 태승이와 보호자는 청천벽력 같은 이야기를 듣고 말았다. 한쪽 눈이 실명되었다는 것이다. 태승이의 보호자는 아직 어린 태승이의 삶을 책임지라며 A교사에게 손해배상청구 소송을 제기하였다.

이 사례에서의 쟁점은 당시 인솔하였던 지도교사에게 피해 학생에 대한 보호·감독 책임이 있는지 여부였다. 이런 사건의 경우에는 교사의 책임을 두 단계로 나눠서 봐야 한다. 첫째는 사고 발생에 대해서 교사에게 책임이 있는지 여부이고, 나머지 하나는 사고 발생 후 교사의 대처가 적절했는지 여부이다. 보통 사고에 대한 책임이라고 하면 사고 발생에 대한 것만 생각하기 마련이지만, 사고 발생 후에 어떻게 대처

했는지 또한 사후 책임 소재에 있어서 매우 중요한 부분이다.

이 사건과 관련하여 법원은 교사에게 손해배상책임이 없다고 보았다. 하지만 결론만 보고 단순히 이런 종류의 사건은 모두 교사에게 책임이 없다고 생각해서는 곤란하다. 법원이 왜 그런 판단을 하였는지 좀 더 살펴보자.

당시 축구부 지도교사는 경기에 앞서 학생들에게 충분한 준비운동을 시켰고, 경기 중 과격한 행동이나 무리한 플레이를 하지 않도록 사전 주의를 주었다. 그리고 무덥고 습한 날씨이니 부상을 당하지 않게 집중력을 가지고 경기에 임하라고 당부하였다. 또한 학생이 축구공에 맞아서 부상을 입은 이후에는 즉시 경기를 중지시키고 병원으로 데려가 응급치료를 받게 하는 등 적절한 조치를 취했다.

그리고 법원은 교사의 보호·감독 내지 주의의무의 범위에 대해서도 언급했다. "축구 경기의 특성상 선수의 신체에 축구공이 맞는 일은 통상 있을 수 있다는 점에서 (중략) 선수의 신체에 축구공이 맞은 것까지 방지할 주의의무가 있다고 보기 어렵고, 이 사건 사고는 축구 경기 도중 우연히 돌발적으로 발생한 것으로 보이는 점 등에 비추어 보면 (중략) 지도·감독할 주의의무를 게을리하였다고 볼 수 없고"라고 하면서, 나아가 "이 사건 사고 이후 학생에 대한 구호조치의무도 다하였다고 할 것이며 (중략) 보호·감독함에 있어 어떠한 과실이 있음을 인정할 증거가 없다."고 판결하였다.

찬찬히 읽어 본다면 법원의 판단에 대해 충분히 납득할 것이라고 생각한다. 만약에 구호조치를 충분히 하지 않았다면 교사가 책임을 질 부분이 있었다고 판단했을 것이다. 이 사례는 보호·감독의무의 위반 여부를 다루면서 구호조치의무를 다했는지를 판단했다는 점이 중요하다. 혹시라도 체육 활동 중 사고가 발생했다면 즉시 활동을 중지하고 신속한 조치를 취하는 것이 보호·감독의무 위반에 있어서 중요한 요소가 될 수 있다.

(2) 달리기만 했는데 사망에 이르렀다면?[25]
– 지병에 대한 예측 가능성

> 연민이는 친구들과 함께 운동장에 모여 있었다. 잠시 뒤 체육 교사인 B교사가 나왔다. B교사는 준비운동 차원으로 학생들에게 운동장 다섯 바퀴만 가볍게 뛰도록 했다. 어서 체육 활동을 하고 싶었던 연민이네 반 학생들은 금방 운동장을 돌고 제자리로 돌아왔다. 바로 그 순간, 연민이가 비틀거리는 듯싶더니 푹 쓰러졌다. 놀란 B교사는 연민이에게 신속히 응급조치를 하고 병원으로 데려갔으나 연민이는 그만 사망하고 말았다. 연민의 보호자는 B교사를 상대로 손해배상청구 소송을 제기했다.

학생의 사망 원인은 지병으로 앓고 있던 심장질환이었다. 언뜻 봐서는 심장질환을 갖고 있는 학생에게 운동장 달리기를 시킨 교사가 책임을 면하기는 어려울 것 같다는 생각이 들 수 있다. 그런데 명확해 보이는 사안이라도 좀 더 들여다보면 다른 결과를 볼 수 있다.

일단 법원은 통상의 중학교 1학년에게 달리기는 특별히 위험한 운동이 아니라는 점을 지적했다. 그러므로 달리기를 하기 전 특별히 건강 상태를 살피지 않은 것만으로는 교사에게 직무상 과실이 있다고 볼 수 없다고 판단했다. 또한 체육 교사는 연민이가 쓰러지자 곧바로 호흡과 맥박을 확인한 뒤 인공호흡을 하면서 119에 전화를 걸어서 병원으로 후송하는 등 구호조치 또한 적절하게 취했음을 확인했으며, 이런 상황에서 단순한 과실이 있다고 해서 손해배상책임을 묻는 것은 타당하지 않다고 보았다.

그런데 이런 의문이 들 수는 있다. 이번 사건의 학생은 원래부터 심장질환이 있었기 때문에 학교가 통상의 학생과는 조금 다르게 대우해야 했고, 이러한 점이 법원의 판단에 영향을 미치지는 않을까?

법원은 당연히 그 부분도 고려하였다. 사망한 학생의 담임교사 등에게 확인해 본 결과, 학기 초에 학생기초조사서 작성, 그리고 특이 건강 상태에 대한 가정통신문 배부 등을 통해 특별한 조치가 필요한 요양호자를 파악했는데, 그때 연민이의 보호자는 연민이에게 심장질환이 있음을 학교에 알리지 않았다. 또한 연민이의 초등학교 건강기록부를 보더라도 달리기에 특별한 문제가 없었던 것으로 기록되어 있었다. 이러한 점을 종합해서 법원은 "사전에 학생의 건강 상태를 모르고 있었다고 하더라도 특별한 사정이 없는 한 그것만으로는 교사로서의 직무상 의무를 위반한 과실이 있었다고 볼 수 없으며, 달리 건강 상태 미확인에 대한 의무위반이 있었음을 인정할 증거도 없다."고 판시하였다.

이 사건은 앞에서 이야기했던 예측 가능성이 문제가 된 사례이다. 평소 학교가 학생의 건강 상태를 확인하려고 했던 조치 덕분에 과실이 없다고 본 것이다. 이래서 귀찮더라도 평소에 학생과 관련한 사소한 가정통신문은 잘 챙기는 것이 중요하다.

(3) 체육 활동 중 학생들이 장난으로 다쳤다면?[26]
― 코티칭에서의 보호·감독의무

체육 교사인 C교사와 스포츠 강사인 D교사가 코티칭을 하는 체육 시간이었다. D교사는 학생들에게 준비운동으로 운동장을 돌게 하고, 진행할 수업 지도안을 살펴보고 있었다. 학생들이 운동장을 다 돌고 수업을 진행하려고 보니 두 명이 없었다. 운동장을 둘러보니 태승이는 씩씩거리며 서 있고, 연민이는 배를 잡고 쓰러져 있었다. 알고 보니 운동장을 돌던 중 태승이와 연민이가 서로 장난을 치다가 다툼으로 번졌고, 그 결과 태승이가 연민이의 복부를 무릎으로 찍은 것이었다. 다음 날까지 연민이의 복통은 이어졌고 병원에서 췌장 파열 진단을 받았다. 연민이의 보호자는 D교사를 상대로 손해배상청구 소송을 제기했다.

얼핏 보기에는 친구들끼리 장난을 치다가 다친 사건이기 때문에 특별히 복잡해 보이지 않는다. 문제는 장난이었을지라도 피해 학생이 입은 상해의 정도가 매우 컸다는 점이다. 구체적인 내용을 좀 더 보자.

운동장을 돌던 중 연민이가 발로 찬 모래가 태승이에게 튀었다. 모래를 맞은 태승이는 연민에게 모래를 뿌리지 말라고 했다. 그러자 연민이는 "너한테 뿌린 거 아니야, 다리 짧은 ××야."라고 대꾸했다. 이 말은 들은 태승이는 뛰던 것을 멈추고 연민이를 향해 돌아섰고, 이에 놀란 연민이가 뒷걸음을 치다 넘어졌다. 화가 난 태승이는 넘어진 연민이의 복부를 무릎으로 찍었다.

일반적으로 장난을 치다가 발생한 일은 화해로 끝나는 경우가 많다. 그런데 이 사건이 판례까지 남은 것은 연민이가 입은 피해가 심상치 않았기 때문이다. 사건이 일어난 당시만 해도 연민이는 괜찮다고 했다. 그런데 다음 날까지 통증이 계속되자 그제야 1교시를 마치고 대학병원에 갔는데 진단 결과는 췌장 파열이었다. 결국 췌장을 60퍼센트나 절제하는 수술을 받아야 했다.

사건만 들어 보면 가해 학생인 태승이가 평소에도 과격한 학생일 것이라고 예단할 수도 있겠지만 그렇지는 않았다. 성적이 모든 것을 말해 주는 것은 아니지만, 태승이는 학교 성적이 매우 우수하고 생활 태도도 모범적인 학생이었다. 그런데 이 사건으로 태승이는 소년보호사건 재판까지 받게 되었다. 작은 장난이 어떻게 큰 사건으로 번지는지를 잘 보여 준 사례라고 할 수 있다.

그럼 법원은 이 사건에 대해서 D교사에게 책임을 물었을까? 학생들이 장난을 치다가 욱하는 마음에 돌발적으로 발생한 사건까지 예측 가능성이 있었다고 볼 수 있을까? 안타깝게도 법원은 교사가 보호·감독의무를 다하지 않았다고 보아서 손해배상책임을 인정했다.

일단 이 사건이 체육 시간 준비운동 중 일어난 것이기 때문에 교육 활동의 범위에 속한다는 것은 쉽게 인정할 수 있다. 그런데 법원이 이 사건에서 문제 삼은 쟁점은 사건 당시 학생들이 준비운동을 할 때 교사가 함께 뛰지도 않았고, 달리기 전 장난 등을 조심하라는 주의조차 주지 않았다는 것이다. 게다가 체육 활동에는 어떤 일이 발생할지 모르니 멀리서나마 계속 지켜보고 있어야 했는데, 당시 D교사는 학생들이 다 뛰고 온 뒤에야 오지 못한 학생이 있음을 파악했다. 또한 이 체육 활동은 담당 교사와 지도교사가 코티칭을 하는 수업이었는데, 지도교사는 앞서 말한 것처럼 준비운동 전후로 학생들을 충분히 감독하지 않았고, 담당 교사는 멀리 스탠드 그늘에서 수업을 지켜보고 있었을 뿐이었다고 하여 함께 책임이 인정되었다.

물론 평소 모범적이었던 태승이가 이런 과격한 행동을 할 것을 어떻게 예측할 수 있었겠냐고 생각할 수도 있다. 그러나 법원은 그것만으로는 위와 같은 보호·감독의무 위반의 책임을 피할 수 없다고 보았다. 다만 연민이가 욕설을 하는 등 문제의 단서를 제공한 점, 태승이의 평소 생활 태도 등이 손해배상책임의 비율을 결정하는 데 영향을 미쳤다. 실제로 이 사건에서 피해의 60퍼센트 정도만 태승의 책임으로 인정되었다.

이 사건과 관련하여 명심할 점은 크게 두 가지이다. 달리기와 같은 체육 활동 전에는 학생들에게 최소한의 주의를 당부하는 것을 잊지 말아야 한다. 또한 코티칭 수업이라고 하더라도 담당 교사가 주의를 기울여야 한다는 점도 꼭 기억하자.

(4) 체육 수업이 끝난 후 휴게 시간에 사고가 발생했다면?[27]
– 휴게 시간과 예측 가능성

학급 회장이던 시경이는 체육 수업이 끝난 후 다음 시간을 준비하고자 얼른 교실로 향했다. 그런데 교실 문은 잠겨 있었다. 고민도 잠시, 성격이 급한 시경이는 열려 있는 옆 교실의 창문을 통해 밖으로 나가서 학교 벽을 타고 교실로 들어갈 계획을 세웠다. 시경이는 옆 교실 창문으로 빠져나온 다음 발을 디딜 만한 곳을 찾으며 자신의 교실로 걸어가기 시작했다. 그런데 교실에 거의 다 왔다고 안심한 바로 그 순간, 그만 발을 헛디뎌 바닥으로 추락하고 말았다. 시경이의 보호자는 교사가 사고를 충분히 대비하지 않았다는 이유, 즉 보호·감독의무를 다하지 않았다며 학교를 상대로 손해배상청구 소송을 제기하였다.

학생들이 창문을 넘거나 벽을 타는 일, 교사라면 누구나 한 번쯤 걱정한 적이 있을 것이다. 학생의 입장에서도 매우 안타까운 사고이다. 당시 피해 학생은 6개월 정도의 치료를 요하는 요추 골절상을 입었다. 그런데 이 사건의 경우 체육 활동 중이 아니라 체육 활동 이후인 휴게 시간에 벌어진 사고인데 교사에게 책임을 묻는 것이 정당할까?

법원은 교사가 학생의 피해에 대해 일정 부분 책임이 있다는 판결을 내렸다. 그렇다면 체육 교사가 이런 것까지 주의해야 한다는 말일까? 그렇지는 않다. 법원에서 책임이 있다고 판단한 주체는 체육 교사가 아니라 해당 학급의 담임교사였다.

법원은 "인격적·정신적으로 미성숙한 학생의 교육을 책임지고 있는 중·고등학교의 교장이나 교사는 학생을 보호·감독할 의무를 지니고 있으며, 이와 관련하여 교육과정이나 교육 시간(교육 시간을 준비하는 휴식 시간을 포함한다) 중에 통상 발생할 수 있는 사고가 발생하지 아니하도록 학생들을 보호·감독하고 지도할 의무가 있다."고 하면서 "위와 같은 책임의 주체인 ○○○(교장), ○○○(담임교사) 등은 교실 문을 잠그고 다닐 경우 열쇠를 구하지 못한 학생들이 창문 등을 넘어 출입할 것을 어느 정도 예견할 수 있음에도 불구하고 학생들이 외부 창문을 넘어 출입하지 못하도록 엄중히 경고하는 등 사고 예방 대책을 제대로 시행하지 아니하여 그 주의의무를 다하지 아니한 과실이 있다."고 판단했다.

결국 평소 학생들의 성향 등을 보았을 때 예측 가능성이 충분히 있었던 사고라고 본 것이다. 또한 휴게 시간에 일어날 일들에 대해서도 충분히 조심해야 한다는 점을 강조하고 있다는 것을 알 수 있다. 만약에 담임교사가 평소에 학생들에게 이 사건과 관련된 주의나 경고를 하였고, 그 근거만 제대로 제시했다면 결과가 달라졌을 수도 있다. 안전교육은 모자라는 것보다는 넘치도록 하는 것이 좋다. 귀찮더라도 두 번, 세 번 의식적으로 챙겨야 학생도 교사도 안전할 수 있다.

핵심 정리

1. 체육 활동 전에는 충분한 준비운동을 시키고, 발생할 수 있는 사고에 대한 안내가 필요하다.
2. 준비운동이나 코티칭 수업 때도 담당 교사는 감독·보호의무가 있다.
3. 사고 발생 이후에는 신속하게 신고하고, 호흡이나 맥박을 확인하는 등 적절한 구호조치를 취해야 한다.
4. 체육 활동을 하기에 적합하지 않은 특이 체질의 학생은 없는지 미리 파악해 두는 것이 좋다.

3. 실습 중 발생한 안전사고

학교에서는 미술 수업의 만들기부터 과학 수업의 실험, 그리고 실과 수업의 요리 등 다양한 실습 활동을 한다. 그런데 이러한 실습 활동은 특성상 가끔 사고를 불러온다. 수업의 실습 과정에서 흔히 발생할 수 있는 사고에 대해서 살펴보자.

(1) 요리 실습을 하다가 교사의 실수로 화상을 입혔다면?[28]
– 손해배상액의 계산

○○초등학교 실과실은 맛있는 냄새로 가득 차 있었다. E교사가 학생들과 함께 요리를 만들고 있었는데, 요리는 감자볶음이었다. 모둠마다 요리가 순조롭게 진행되고 있었다. 이제 막 기름을 데우고 있는 찰나, E교사는 어느 한 모둠의 프라이팬 손잡이가 책상 밖으로 향해 있는 것을 보았다. 누군가와 부딪힐 수 있겠다는 생각에 얼른 프라이팬 손잡이를 잡고 돌리려 했다. 그런데 프라이팬 손잡이는 생각보다 뜨거웠고, E교사는 그만 프라이팬 손잡이를 놓쳐 옆에 있던 학생 유진이의 바지 위로 쏟고 말았다. E교사는 유진이의 바지를 서둘러 벗겨서 응급처치를 하려고 하였으나 다른 학생들이 모두 보고 있는 상황이어서 유진이는 옷 벗는 것을 거부하였다. 결국 유진이는 양쪽 다리와 손가락 등에 전치 8주의 심재성 2도 및 3도 화상[29]을 입었고, 유진이의 보호자는 교육감을 상대로 손해배상청구 소송을 제기하였다.

판단을 위해 조금 더 상세한 내용을 보자.

실과 실습 시간에 교실에서 학생 6명이 한 조를 이루어 휴대용 가스레인지 1대와 기름을 반 정도 넣은 프라이팬을 놓고 감자볶음 요리 실습을 하던 중이었다. 그런데 한 조의 프라이팬 손잡이가 책상 밖으로 향해 있어서 위험하다고 판단한 교사가 안전한 곳으로 옮기려고 했는데, 손잡이가 너무 뜨거워 그만 놓쳐 버렸다. 그 결과 옆에 서 있던 학생의 다리에 기름을 쏟았고, 학생은 전치 8주의 요양을 요하는 화상을 입었다.

이번 사건에서 피해 학생의 부상 정도가 심각한 것은 명백하고, 교사가 실수한 것도 틀림없다. 그런데 교사 입장에서 보면 고의성이 전혀 없는 행동이었기 때문에 법원은 교사의 책임이 경감될 여지가 있는지 판단해야 했다.

법원에서 본 쟁점 중의 하나는 사고를 당한 학생에게도 사고에 대한 책임이 있는지 여부였다. 만약에 사고를 당한 사람에게도 사고의 원인이나 피해에 대한 책임이 있다면 손해배상액을 결정할 때 그 책임만큼 경감하기 때문이다. 일단 프라이팬이 위험하게 놓인 상태였고, 사고 이후에 교사가 피해 학생의 바지를 즉시 벗겨서 응급처치를 하고 싶었으나 피해 학생이 이를 거절해서 양호실까지 가는 동안 응급처치가 조금 지체되었기 때문이다. 이 사안에서 학생에게도 피해에 대한 책임이 일정 부분 있다면 교사의 책임이 조금은 경감될 수 있었다. 그런데 법원은 피해 학생은 단순히 프라이팬 옆에 서 있었을 뿐이며, 사고 직후 바지를 벗지 않은 것은 여학생으로서 가질 수 있는 수치심 때문이기 때문에 납득이 된다고 보았다. 그래서 피해 학생에게 별도의 책임이 있다고 판단하지 않았다.

나머지 쟁점은 손해배상액이 얼마나 되는가 하는 점이었다. 사실 이 사례를 살펴보는 이유 중 하나는 손해배상액이 어떤 구조로 구성되는지 간단하게라도 이해하기 위해서이다.

법적으로 손해는 '소극적 손해'와 '적극적 손해'로 나뉜다. 소극적 손해는 사고로 생긴 상처나 부상으로 인해서 앞으로 이 학생이 살아가는 동안 후유증이나 장애로 인한 노동력 상실에 대해 계산해서 청구하는 것이고, 적극적 손해는 지금까지 든 치료 비용과 더불어 앞으로 완치까지 필요한 치료 비용을 포함한다. 그리고 일반적으로도 익숙한 용어인 '위자료'가 있다. 위자료는 정신적으로 입은 충격 등의 피해에 대한 것이다. 이때 주의할 점은, 피해 학생에 대한 위자료가 인정되는 것뿐만 아니라 피해 학생의 보호자에 대한 위자료도 인정한다는 점이다. 이 사건에서는 소극적 손해(이 사건 화상으로 인해 피해 학생이 앞으로 잃는 노동력의 크기를 금액으로 계산한 것)로는 1,300만 원, 적극적 손해(이 사건 화상으로 인해 피해 학생에게 들어갔거나 예정된 치료비)로는 3,000만 원, 총 위자료(이 사건으로 인해 입은 정신적 피해)는 1,500만 원으로 하여 합계 5,800만 원의 손해배상액이 결정되었다. 2006년도의 일인 점을 감안해 볼 때 적은 금액은 아니다.

이 사건에서 하나 더 기억해 둘 것이 있다면, 피해 학생의 보호자가 교사 개인이 아닌 교육감에게 손해배상청구를 했다는 점이다. 앞에서 교사의 과실에 대해서는 교육감이 손해배상책임을 지고, 고의나 중과실이 아니라면 교사 개인은 책임을 지지 않는다는 내용을 살펴본 바 있다. 이 사건은 피해 학생의 보호자가 교육감을 상대로 손해배상청구를 한 사건이라 법원에서 교사의 경과실 여부를 직접 따지지는 않았지만, 사건의 내용을 볼 때 교사에게 중과실을 인정할 여지가 있고, 그렇다면 교육청은 피해 학생에게 손해배상액을 지급하고 그 금액에 대해서 교사에게 구상했을 것으로 추측된다. 안전사고는 돈으로도 보상받을 수 없는 피해로 이어진다. 그리고 중과실이 인정되는 교사의 경우 개인이 감당하기에는 큰 금액을 배상해야 한다. 그렇기 때문에 화기 등 위험한 물건을 다루는 실습에 있어서는 매우 큰 주의를 요하는 것이다.

(2) 과학 실험을 하다가 알코올이 폭발해서 화상을 입었다면?[30]
– 안전사고의 대비

과학 시간 과학실에서 수업이 진행되었다. F교사는 화산 분출 모형 실험을 하기 위해 학생들에게 설명을 했고, 유진이는 하나라도 놓칠까 열심히 설명을 들었다. 사실 이날 과학 실험은 약간의 사연이 있었다. 원래는 인화성이 약한 석유를 이용한 화산 분출 모형 실험을 해야 했으나 사정상 다소 인화성이 강한 알코올로 실험을 진행해야 했던 것이다. 그러나 알코올이 아주 위험한 약품도 아니고, F교사는 베테랑 교사로서의 경험으로 크게 긴장하지 않고 모둠별로 실험이 진행될 수 있도록 지도했다. 바로 그 때, 유진이가 있던 모둠에서 알코올이 폭발하며 유진이는 화상을 입고 말았다. 유진이의 보호자는 이 사건에 대한 책임을 물어 F교사에게 손해배상청구 소송을 제기했다.

화산 분출 모형 실험을 할 때, 당시에는 보통 석유를 이용했다. 알코올은 인화성이 강하기 때문이다. 사건의 교사도 석유를 이용하려고 했으나 미처 준비가 되어 있지 않아서 어쩔 수 없이 알코올을 사용하다가 사고가 난 것이다. 인화성이 더 강한 물질을 부득이하게 사용해야 했다면 교사는 어떻게 해야 했을까? 더욱 조심했어야 하지 않을까? 실제로 법원은 인화성이 강한 알코올을 사용했기 때문에 석유에 비해 훨씬 더 많은 준비를 해야 했다고 판단했다.

법원은 화산 분출 모형 실험과 같이 화재 및 폭발 등의 위험이 수반되는 실험을 하는 교사는 그 위험성을 주지시키고 안전교육을 더욱 철저히 해야 한다고 보면서, 특히 알코올은 인화성이 높으므로 화재 및 폭발에 대비해서 방화벽 등을 설치했어야 했다고 판시했다. 이 사건에서 교사는 이러한 것들을 하지 않았으므로 보호·감독의무를 다하지 않은 것이고, 손해배상책임을 져야 한다고 보았다. 즉 재료에 따라서 그에 맞는 준비를 해야 보호·감독의무를 다한다고 볼 수 있으니 이를 명심하도록 하자.

(3) 실험이 끝난 후 사고로 학생이 화상을 입었다면?[31]

− 과학 실험과 예측 가능성

> 진아는 ○○중학교 2학년으로 학교 축제를 담당하게 되었다. 마침 G교사가 담당하는 과학 시간에 열기구 띄우기 실험이 있었는데, 수업이 끝난 후 G교사는 정리하고 교실로 돌아가라고 말했다. 하지만 진아는 교실로 돌아가지 않고 남은 도구를 이용해서 학교 축제 행사 준비를 위한 실험을 진행하다가 그만 화재가 발생하여 화상을 입고 말았다. 이에 진아의 보호자는 G교사에게 손해배상청구 소송을 제기하였다.

피해 학생은 학교 축제 행사 준비를 위해 과학실에서 실험을 하였고, 도중에 화재가 발생하여 화염화상 체표면적 35퍼센트와 양수지부, 하지부 등에 2~3도의 화상을 입었다. 이 사안에서는 과학 실험 도중이 아니라 수업 후 학생이 임의로 한 실험에 대해서도 교사가 책임을 지는 것인지 문제가 되었다.

법원은 당시 과학 수업 지도교사에게는 실험을 마친 후 현장에 남아 인화성이 강한 알코올 또는 알코올을 적신 솜을 수거하여 안전한 장소에 보관하도록 지도·감독함으로써 사고를 미리 막을 업무상의 주의의무가 있다고 보았다. 그럼에도 학생들에게 뒷정리를 맡기고 현장을 떠난 것은 이러한 주의의무를 게을리한 것이라고 판단하였다.

물론 교사 입장에서는 억울한 부분이 있다. 그렇기 때문에 법원에서도 과학실을 정리하지 않은 것을 무조건 문제 삼은 것이 아니라 구체적인 기준들을 고려하였다. 즉 과학 실험에 참여했던 학생들의 나이, 솜을 태우는 방식에 의한 실험 내용, 인화성 물질이 남아 있었던 상황 등을 고려한 결과 사고 발생의 구체적 위험성을 지도교사 입장에서는 충분히 예측할 수 있었다고 본 것이다. 다만 손해배상액에 대해서는 제한을 했는데, 피해 학생에게도 자신의 안전을 도모하지 않은 잘못이 있다고 보아 손해배상액을 일정 부분 감액하였다.

이 사건을 통해서 단순히 실험이 일어나는 과정에서뿐만 아니라 실험이 끝난 이후에도 학생들이 위험한 환경에 처하지 않도록 물품 등을 잘 관리하는 등의 일들이 주의의무에 포함될 수 있음을 알 수 있다. 또한 이러한 점을 게을리하였을 때 여러 가지 상황을 고려하여 사고에 대한 예측 가능성이 인정되어 손해배상책임을 질 수도 있으므로 주의해야 한다.

4. 학교 밖에서 발생한 안전사고

사고는 학교 안에서만 발생하는 게 아니다. 학교를 벗어난 곳에서 발생한 사고까지 책임을 져야 하느냐고 반문할 수도 있겠지만, 수련회와 같은 교육 활동, 그리고 학교에서 있었던 일이 원인이 된 사고의 경우에는 단순히 학교 밖에서 일어난 일이라고 쉽게 여길 수는 없다. 그럼 교실을 벗어난 곳에서의 사건에 대해서 살펴보자.

(1) 수련회 중 학생들 간의 싸움으로 상해를 입었다면?[32]
– 피해와 상당인과관계

○○중학교 1학년 수련회 첫날이었다. 담임인 H교사는 학생들에게 기본적인 안내를 하고 숙소로 이동했고, 수련회 담당 교사의 지도 아래 태승이와 연민이도 숙소로 가는 길이었다. 평소 깔끔한 성격인 태승이는 숙소로 들어서면서 연민이가 신발 정리를 제대로 하지 않자 화를 냈다. 그러나 연민이는 자기가 뭘 크게 잘못했냐고 대꾸했고, 크게 화가 난 태승이는 연민이의 얼굴을 폭행하고 목을 조르고 말았다. 이에 연민이는 치아에 큰 손상을 입었으나 태승이의 보호자와 원만하게 합의했다. 문제는 시간이 지날수록 연민이에게 루프스신염과 실명 등 여러 가지 병세가 나타난 것이다. 이에 연민이의 보호자는 이 모든 게 그날 폭행 사건의 후유증이라면서 태승이뿐만 아니라 H교사에게도 손해배상청구 소송을 제기하였다.

사실 학교 밖으로 나가면 교사들은 학교 안에 있을 때보다 더 불안한 마음이 든다. 어떤 사건이 일어날지 모르기 때문이다. 특히 숙박을 하는 행사는 더 걱정이 될 수밖에 없다.

이 사안의 내용 자체는 단순하다. 중학교 1학년 수련회 중 숙소에서 신발 정리를 하지 않는다는 이유로 가해 학생이 피해 학생의 얼굴을 때리고 목을 조르는 등의 폭행을 저질렀다. 피해 학생의 담임교사는 단체 사진을 찍으려고 숙소 밖으로 나온 피해 학생의 입에서 피가 나는 것을 발견하자마자 수련원 보건실에서 응급처치를 받게 한 후 근처 치과에 가서 치료를 받게 하였다. 피해 학생은 이 과정에서 치아정출 치료[33]를 받았다. 생각보다 폭행이 심했음을 알 수 있다. 수련회를 다녀오고 2개월 후 피해 학생과 가해 학생의 보호자는 손해배상금으로 500여만 원을 받고 더 이상 책임을 묻지 않기로 합의하였다.

그런데 문제는 그 이후에 발생했다. 사건 당시에는 치과 치료 정도로 끝났는데 이후 후유증으로 의심되는 증상이 발생한 것이다. 합의 이후 피해 학생에게 루프스신염, 급성신부전 등의 증상이 와서 계속 치료를 해야 했고, 2년 뒤에는 치과에서 추가적으로 깨진 치아를 치료하고 치아를 뽑기까지 했다. 게다가 원래 지병으로 왼쪽 눈의 시력이 거의 없는 상황에서 오른쪽 눈까지 거의 실명에 이르게 되었다.

피해 학생 측은 다음과 같이 주장했다.

폭행으로 인하여 치아에 문제가 생겨 상당 기간 음식을 제대로 섭취하지 못해 영양 결핍 상태가 되었고, 그 때문에 면역체계 이상으로 루프스신염 등의 병에 걸린 것이며, 눈 분위에 입은 상해 때문에 수술 끝에 시력을 상실했다는 것이다. 손해배상액으로 청구한 금액만 해도 무려 2억 원 가까이 되었다.

법원은 이에 관하여 어떻게 판단했을까? 교사의 손해배상책임이 인정되기 위해서는 보호·감독의무 위반의 사실이 있고, 피해 사실과의 인과관계가 있어야 한다는 사실을 앞서 확인한 바 있다. 판례에서는 주로 '상당인과관계'라는 용어를 사용한다. 법원은 병원의 사실 조회 결과 영양 결핍이 루프스신염 등에 어느 정도 영향을 미칠 수는 있으나 그것만으로는 원인으로 인정하기에 충분하지 않다고 보았고, 시력에 관한 부분도 사건 직후에는 여러 차례 병원 치료를 받으면서도 특별한 이상이 발견되지 않은 점에 비추어 상당인과관계가 있다고 보기 어렵다고 판단하였다. 즉 교사에게 손해배상책임을 묻기 어렵다고 본 것이다.

이 사례를 통해 학생이 큰 피해를 입었다고 하더라도 실제로 사건의 원인과 그 피해 사이에 충분한 인과관계가 있다는 것이 밝혀지지 않으면 교사에게 책임을 묻기 힘들다는 것을 알 수 있다.

(2) 교실에서의 장난이 발단이 되어 방과 후 싸움으로 상해를 입은 경우[34]
– 교육 활동의 범위

진아와 은진이는 평소 사이가 좋은 편이었으나 그날따라 수업 시간부터 다툼이 있었다. J교사가 수업 시간에 다른 학생들을 순회 지도하는 사이 진아가 은진이의 얼굴에 낙서를 하는 등 장난을 치는 바람에 은진이가 화가 난 것이다. 그런데 문제는 여기서 끝나지 않았다. 방과 후에도 화가 나 있었던 은진이는 집에 가는 길에 진아의 가슴을 밀치는 등 서로 시비가 붙었고, 급기야 진아의 광대뼈를 주먹으로 가격하여 골절상까지 입히고 말았다. 이에 진아의 보호자는 J교사에게 손해배상청구 소송을 제기하였다.

이 사건은 방과 후 학교 밖에서 일어난 폭력 사건이라는 점이 특이하다. 얼핏 생각하면 이 부분은 당연히 교사의 책임이 아니라고 생각할 수 있다. 일단 피해 학생 측의 주장을 보자.

이 폭행의 단서가 된 사건은 사회 수업 시간에 일어났는데, 교사가 다른 학생을 순회 지도하던 사이 자고 있던 가해 학생의 얼굴에 피해 학생이 낙서를 하는 등의 장난을 쳤다. 그러다가 집에 가는 길에 가해 학생이 피해 학생의 가슴을 밀치는 등 시비가 붙었고, 급기야 광대뼈를 주먹으로 가격하여 골절상까지 입혔다. 교사가 감독을 제대로 해서 수업 시간에 장난을 미리 막았다면 일어나지 않았을 폭행이기에 교사가 보호·감독의무를 다하지 않은 것이 아니냐고 주장한 것이다.

그런데 이러한 주장에 대해 교사들은 답답한 마음이 들 수 있다. 어떻게 수업 시간에 몰래 한 장난까지 교사가 알 수 있을 것이며, 더욱이 방과 후 집에 가는 길에 생긴 폭행 사건을 막을 수 있을까. 그런데 법원에서도 이와 유사하게 판단했다. 일단 교사의 입장에서 수업 시간에 장난이 있었는지 알기 어려운 상황이었고, 우발적으로 일어난 폭행 사건이기 때문에 예측 가능성이 없었다고 보았다.

여기에서는 한 가지 더 중요한 쟁점이 있다. 앞서 안전사고와 관련하여 교사에 대한 손해배상책임을 물을 때는 교육 활동과 관련된 일이어야 한다는 점을 언급한 바 있다. 그런데 이 사건의 경우에는 수업이 종료된 후였고, 교사가 전혀 알 수 없는 곳에서 일어난 일이므로 교사에게 책임을 묻기 어렵다고 본 것이다.

지금까지 안전사고와 손해배상책임의 이론과 사례에 대한 내용을 살펴보았다. 학교는 정말 크고 작은 사고들이 자주 일어나는데, 교사의 입장에서 어디까지 책임을 져야 하는지 알 수 없다면 막연히 불안하고 답답할 수밖에 없을 것이다. 이상의 내용이 안전사고에 대한 교사의 책임 범위를 파악하는 데 조금이라도 도움이 되기를 바란다.

핵심 정리

1. 손해배상액은 소극적 손해, 적극적 손해, 위자료로 구성된다.
2. 소극적 손해는 장애나 후유증으로 인해 장래 손실될 노동력, 적극적 손해는 치료에 들어갈 총비용까지 포함, 위자료는 정신적으로 입은 손해를 말한다.
3. 피해나 후유증이 발생했더라도 원인과의 상당인과관계가 인정되지 않는다면 책임을 물을 수 없다.
4. 사고에 대한 예측 가능성과 사고가 발생한 장소가 교육 활동과 관련된 곳이어야 책임을 물을 수 있다.

# 교사도 학교폭력이 두렵다

최근 학교 현장에서는 학교폭력이라는 말을 듣기만 해도 힘들다고 호소하는 교사들을 심심찮게 만날 수 있다. 법에 따라 절차를 진행해도 그 전과 비교해서 딱히 학교폭력이 나아지는 걸 모르겠고, 그렇다고 교육적으로 접근하다가 오히려 감사를 받았다는 이야기도 들린다. 현실이 이렇다 보니 교사들이 서로 학교폭력 업무를 맡지 않으려는 일이 생기기도 한다. 사실 학교폭력에 대해서 모두 이야기하자면 너무나도 방대하므로, 현장에서 많이 궁금해 하거나 놓치기 쉬운 부분을 다룬 판례 위주로 이야기하고자 한다.

1. 학교폭력의 정의[35]
– 형법과 학교폭력의 관계

○○중학교의 유진이는 평소 친한 친구였던 진아, 은진이와 사이가 나빠진 후 둘에게 욕설이 담긴 문자 메시지를 보냈다. 이에 대해서 진아와 은진이는 경찰에 신고를 했으나 경찰은 「형법」상 죄라고 판단하기 어렵다고 보아 무혐의 처리하였다. 이 사건을 학교폭력대책자치위원회에 올리려고 했던 K교사는 어떻게 해야 할지 고민에 빠졌다.

한창 예민한 시기의 학생들 사이에서는 다툼이 적지 않다. 그러다 보니 도대체 어디까지 학교폭력으로 봐야 하는지, 무엇이 학교폭력인지 헷갈릴 때가 많다. 친구들끼리 사소하게 욕 한마디 한 것도 학교폭력이라고 한다면 기준은 항상 모호하다. 이 사례는 그러한 측면에서 참고하기 좋다.

얼핏 보면 문자 메시지로 욕설을 보낸 것은 당연히 학교폭력으로 보인다. 그런데 그렇게 간단한 문제만은 아니다. 우리가 흔히 말하는 「학교폭력 예방 및 대책에 관한 법률」, 줄여서 「학교폭력 예방법」 제2조를 보면 학교폭력을 이렇게 정의하고 있다.

> **학교폭력 예방법** 제2조 학교폭력이란 학교 내외에서 학생을 대상으로 발생한 상해, 폭행, 감금, 협박, 약취·유인, 명예훼손·모욕, 공갈, 강요·강제적인 심부름 및 성폭력, 따돌림, 사이버 따돌림, 정보통신망을 이용한 음란·폭력 정보 등에 의하여 신체·정신 또는 재산상의 피해를 수반하는 행위를 말한다.

이 조항만 보면 욕설이 포함된 문자 메시지를 보낸 것은 학교폭력으로 볼 수 있다. 그런데 문제는 이 행위가 「형법」상으로는 죄가 되지 않을 수도 있다는 것이다. 학교 내에서의 폭력에 대한 행정적 절차를 정한 「학교폭력 예방법」보다 실제 범죄를 처벌하는 「형법」이 더 엄격하고 무겁다고 볼 수 있는데, 「형법」에서 죄가 되지 않는 행위가 과연 학교폭력으로 인정될 수 있는지가 쟁점이었다.

법원은 이 사건에 대해서 "「학교폭력 예방법」의 목적 및 위 정의 규정의 문언을 살펴볼 때, 학교폭력은 위에서 나열한 폭행, 명예훼손·모욕, 따돌림 등에 한정되지 아니하고 이와 유사하거나 동질의 행위로서 학생의 신체·정신 또는 재산상의 피해를 수반하는 모든 행위를 포함한다고 할 것이고, 위에서 말하는 명예훼손·모욕 역시 「형법」상 명예훼손죄, 모욕죄와 동일하게 보아 그 성립 요건 구비 여부에 따라 판단할 것이 아니라 학생의 보호 및 교육 측면에서 달리 해석하여야 할 필요가 있다."고 판시했다.

최근에는 학교폭력대책자치위원회, 즉 학폭위에 변호사가 직접 참석해서 엄밀하게 형법적 논리를 내세우며 가해 행위를 변호하기도 하는데, 위 판례를 보면 알겠지만 학교폭력에 있어서는 엄밀하게「형법」의 요건을 따질 것이 아니라 피해 학생의 보호 및 교육의 측면에서 학교폭력인지의 여부를 판단할 수 있다.

2. 학교폭력의 유형

학교폭력의 여러 유형과 관련하여 학교에서 많이 궁금해 하는 부분에 대해 간단히 살펴보자.

(1) 사이버 폭력(따돌림)에는 요건이 있다.

최근에는 직접적인 폭력보다는 사이버 폭력이 증가하는 추세이다. 사이버 폭력은 은밀하게 이루어지는 경우가 많아, 어떤 경우에 학교폭력으로 인정될 수 있는지 애매할 때가 많다. 법원에서는 사이버 폭력이 학교폭력으로 인정되기 위해서는 ①메신저 채팅방 등을 이용하여 피해 학생을 조롱·험담하고(따돌림 행위) ②채팅방 내용의 공개 가능성이 있고 ③이러한 행동이 다른 주변 학생들에게도 영향을 주는 등으로 인해 피해 학생이 심리적 고통을 받은 사실이 인정되어야 한다고 판결하였다. 그러므로 단순히 채팅방에서 대화를 했다는 것만으로는 사이버 폭력이 인정되기 어렵고, 피해 학생이 메신저 채팅방의 내용을 어떤 식으로 인식하였는지 살펴볼 필요가 있다.

(2) 행위 당사자만 처벌 받는 것이 아니다.

인호는 성준이가 담당 과제를 해 오지 않자 한 여학생에게 장난 고백을 하는 벌칙을 하게 했다. 그러자 성준이는 지적 장애가 있는 한 여학생에게 장난 고백을 했고, 이 과정에 인호는 직접 따라가기로 했다. 결국 이 장난 고백에 다른 학생들도 몰려들면서 일부 학생이 그 여학생을 괴롭혔다. 그런데 인호는 자신이 그 여학생에게 고백하라고 하지도 않았고, 본인은 직접 때리거나 괴롭힌 것도 아니므로 학교폭력으로 똑같이 처벌 받는 것은 부당하다고 이의를 제기했다.

유사한 사건에서 법원은 인호가 학교폭력을 유발하는 최초 원인을 제공하고, 이후 과정에도 동참한 행위가 「학교폭력 예방법」상의 학교폭력에 해당한다고 판단했다. 설사 학교폭력의 행위를 직접 하지 않았더라도, 그 계기를 제공하고 직전까지의 행동에 동참했다면 학교폭력이 인정될 수 있다.

(3) 신체에 직접 접촉하지 않아도 폭행이 된다.
학교에서 보면 직접 신체를 폭행하는 것은 아니지만 친구들이 서 있을 때 가방과 같은 물건을 치고 다니는 학생이 있다. 이런 경우에 직접 신체에 접촉하지 않았으므로 학교폭력으로 볼 수 있는지 애매할 수 있다. 법원은 "「학교폭력 예방법」 제2조 제1호상의 폭행이란 '사람의 신체에 대한 유형력의 행사'를 의미하고 반드시 피해자의 신체에 접촉함을 필요로 하지는 않는다."라고 판시한 바 있다.[36] 즉 반드시 신체에 접촉하여 폭행하지 않더라도 그러한 행위를 통해 정신상의 피해를 수반하였다면 학교폭력으로 볼 수 있다는 것이다.

(4) 쌍방 폭력 주장은 항상 받아들여질까?

학교폭력으로 인해 학교폭력대책자치위원회를 거치는 사건의 수가 많아지다 보니 소위 말하는 '쌍방 폭력'이 늘고 있다. 명백하게 가해 학생이 잘못을 했더라도 피해 학생이 반격을 했으면 가해 학생이 쌍방 폭력을 주장하는 경우가 많다. 그러다 보니 분명히 피해 학생인데도 자신도 처분을 받을까 걱정되어 적극적으로 주장을 못 하는 경우가 생긴다. 이런 경우 꼭 쌍방 폭력으로 양측을 다 처벌해야 할까?

「형법」상으로 '정당방위'라는 개념이 있다. 상대방의 공격에 소극적으로 방어하기 위해 한 행동은 위법성이 없어서 죄를 물을 수 없다는 의미이다. 학교폭력에서도 비슷한 사례들이 있는데, 여러 친구들의 괴롭힘을 못 이긴 피해 학생이 SNS에 특정 학생을 비판하는 글, 소위 '저격글'을 게시하고, 몇몇 가해 학생의 외모를 비하하는 행위를 했다. 이 경우 피해 학생의 행위를 학교폭력이라고 볼 수 있을까? 법원은 피해 학생이 그동안 가해 학생들에게 받았던 피해에 비하면 피해 학생의 행동은 소극적 방어 행위로 처벌하기 어렵다고 보아서 학교폭력에 해당하지 않는다고 판단했다. 그러니 피해자의 입장을 고려하지 않고 쌍방 폭력으로 보아 무조건 양측을 처벌하는 것은 문제가 될 수 있다.

여기서 기억할 점은, 정당방위가 무조건 성립하지는 않는다는 점이다. 상대방이 한 행위의 위법 정도, 피해 학생의 상황, 그리고 양측의 불법 정도를 모두 고려해서 판단해야 하고, 피해 학생이 반격을 했다고 해서 무조건 정당방위로 인정하는 것도 바람직한 접근은 아니다.

3. 학교폭력을 처리할 때 놓치기 쉬운 것

「학교폭력 예방법」이 본격적으로 학교에 영향을 미치기 시작하면서 학생 간 갈등에 대한 교육적 접근보다는 사법적 접근이 우선시되는 등 여러 가지 부작용이 발생했다. 그 결과 2019년 8월, 학교폭력 관련 업무의 교육지원청으로 이관과 학교장 자체 해결제 도입을 주요 내용으로 하는 「학교폭력 예방법」의 개정이 이루어졌다.

〈참조〉 2019년 8월에 개정되어 차례대로 시행되는 개정 학교폭력예방법 주요 내용

주요 개정 사항	1. 학교폭력 관련 업무 교육지원청으로 이관 (2020년 3월 시행) • 학교에는 학부모가 참여하는 전담기구만 두게 됨. • 자치위원회 구성, 소집, 진행, 결과 보고 업무가 학교에서 사라질 것으로 예상(자치위원회는 심의위원회로 명칭 변경) • 학교 대상의 재심, 소송이 대폭 감소할 것으로 예상
	2. 교육적 해결(학교 자체 해결제) 도입 (2019년 9월 시행) • 학교의 교육적 해결 재량권 생김. • 화해와 조정을 통한 교육적 해결 가능성 열림.
	3. 1, 2, 3호 생활기록부 기재 1회 유보 (2020년 3월 시행) • 무분별한 갈등 조장과 재심 행정소송 감소 예상

개정된 법령에 따라서 학교 내에서는 교감, 책임교사, 보건교사, 전문상담교사, 학부모(1/3)로 구성되는 학교폭력 전담기구가 운영되고, 기존의 학교폭력 사안을 최종 심의·결정하던 학교폭력대책자치위원회는 학교폭력대책심의위원회로 변경되어 교육지원청에서 운영된다. 이로 인하여 학교 내 부담이 많이 줄어든 것은 사실이나, 여전히 학교는 학교폭력 전담기구를 운영해야 하는 부담이 있다. 학교폭력 전담기구는 접수된 학교폭력 사안을 조사하고 학교장 자체 해결 여부를 심의하여 이를 교육지원청에 보고해야 하고, 또한 가해 학생 졸업 전 조치사항을 학교생활기록부에서 삭제할지 여부도 심의해야 한다. 즉 교육지원청 학교폭력대책심의위원회에서 최종 결정을 한다고 하더라도, 학교에서 학교폭력을 전담하는 담당자가 챙겨야 할 일들이 많다. 이과정에서 쉽게 놓칠 수 있는 부분에 대해서 간략히 알아보자.

(1) 학교폭력을 조사할 때

학교폭력 사안을 조사하다 보면 '나는 과연 교사인가, 형사인가' 하는 자괴감이 들 때가 많다. 부담 가질 필요는 없다. 교사이다 보니 사안을 조사하는 데 있어 행정기관이 감사를 하거나 형사들이 조사하는 것처럼 완벽할 수 없는 것은 당연하다. 그렇더라도 학교폭력이 법정 분쟁으로 확대되는 일이 많은 때이니 도대체 어느 정도까지 해야 문제가 되지 않는지 고민할 수밖에 없다.

실제로 학교폭력 사안 조사에서 보호자가 동석하지 않고, 상담 내용이 녹화 또는 녹취되지 않았으므로 절차가 위법하다고 다툰 사건이 있었다. 이에 대해 법원에서는 "학교폭력을 조사하는 과정에서 반드시 준수해야 하는 특별한 절차적 규정이 없는 한 「행정절차법」과 「형사소송법」 등에서 규정한 엄격한 절차가 반드시 요구된다고 할 수 없다."고 판단했다. 따라서 기본적으로 관련 학생들을 불러서 사실관계를 조사하되, 마치 수사기관처럼 완벽하게 조사해야겠다는 부담감을 가질 필요는 없다.

한편 어떤 학교에서는 조사를 하다 보니 너무 명확한 사건이라 피해 학생과 가해 학생의 진술서만 받고 절차를 진행했다. 그런데 가해 학생 측에서 목격자의 진술을 별도로 받지 않아 공정하지 않다면서 처분을 취소해 달라는 주장을 한 것이다. 사실 목격자가 있다면 목격자의 진술을 받아 두는 게 가장 좋다. 공정성과 객관성을 담보하려면 제삼자의 진술을 받아 두는 게 가장 편한 방법이기 때문이다.

그런데 목격자 진술이 없다고 해서 무조건 문제가 되는 것은 아니다. 실제로 법원은 위와 유사한 사례에서 "(학생이) 자유로운 의견 진술을 하지 못하였다거나, 의사결정에 방해를 받은 것으로 보이지 아니하므로 목격한 학생들의 의견을 추가적으로 청취하지 않더라도 구체적인 사실관계를 파악하는 데 큰 어려움이 없었던 것으로 보인다."고 판시했다.

최근에는 상급학교로 진학하기 전에 발생한 학교폭력 사안을 상급학교에서 처리해야 하느냐를 놓고 갈등이 있기도 하다. 예를 들어 한 학생이 중학교로 진급했는데, 초등학교 재학 중 했던 학교폭력으로 신고가 된 것이다. 이 경우 현재 재학 중인 중학교에서 학교폭력 조사 및 절차를 진행해야 할까? 법에서는 명확하지 않다 보니 고민하게 되는 문제인데, 다음의 판결을 참고해 볼 수는 있다.

고등학교 입학 전 중학교에서 있었던 학교폭력을 고등학교에서 조치할 수 있는지에 대한 사례였는데, "학교폭력이 중학교 재학 중에 발생한 경우에도 당해 가해 학생이 소속된 고등학교장은 가해 학생에 대하여 「학교폭력 예방법」 제17조 소정의 조치를 할 수 있다."고 판시한 바 있다. 그러므로 원칙적으로 상급학교에서 다룰 수 있는 것으로 보아야 한다.

(2) 학부모 위원을 구성할 때

학교폭력 전담기구를 구성할 때 학부모 위원이 1/3 이상이 되어야 하는 게 현재 「학교폭력 예방법」의 내용이다. 반면 과거 학교폭력대책자치위원회를 학교에서 운영할 때는 위원의 과반이 학부모 위원이어야 했다. 이때 학부모 위원 구성에서의 실수로 어이없게 학교폭력 처분이 취소되는 경우가 꽤 많았다. 잘못 구성된 위원회가 내린 처분은 무효이기 때문이다. 일단 위원의 구성이 잘못되어서 처분 취소가 되면 다시 학부모 위원을 구성한 다음 다시 처분을 내려야 하는 등 너무나도 먼 길을 다시 돌아서 가야 하기 때문에 처음 기구를 구성할 때 제대로 하는 것이 가장 중요하다.

학교폭력 전담기구를 구성할 때도 충분히 참고할 수 있는 대표적인 학교폭력대책자치위원회의 사례들을 살펴보자. 먼저, 학부모 위원은 '학급별 대표로 구성된 학부모대표회의'에서 선출이 되어야 함에도 불구하고 학급별 대표가 학년별로만 모여서 한 회의에서 선출된 학부모 위원은 위법하다고 판단한 사례가 있다.

또한 운 좋게도 서로 위원을 하려고 나서는 학교도 있지만, 많은 학교들이 위원에 입후보하려는 학부모 자체를 구하기 힘들다 보니 선출할 위원 수와 입후보한 학부모 수가 동일하면 무투표로 선출하는 경우가 있는데, 이때 주의해야 할 점이 몇 가지 있다. 만약 선거로 선출하겠다고 사전에 공지를 했다면 반드시 선거를 치뤄야 한다. 최소한

찬반 투표라도 진행해야 한다는 의미이다. 그리고 소견 발표를 하지 않고 너무 형식적인 찬반 투표만 한 경우에 그것을 문제 삼은 사례도 있으니 참고해야 한다.

사실 학교에 따라서는 간신히 위원을 구하는 경우도 많은데, 법원이 학교 사정을 너무 몰라 주는 것 아닌가 하는 생각이 들기도 할 것이다. 그런데 법원도 그렇게 꽉 막힌 것만은 아니다. 투표를 하지 않았어도 학부모 위원 선출을 적법하게 본 사례도 있다. 그래도 입후보자의 소개와 소견 발표는 필요하고, 무투표 선출을 하는 경우에도 최소한 그에 대한 이의신청을 받는 등의 절차를 마련해 두어야 한다.

핵심 정리

1. 「학교폭력 예방법」상의 학교폭력의 범위는 「형법」의 동일한 죄목들보다 포괄적이므로 「형법」상으로 문제가 안 된다고 하더라도 학교폭력으로 인정될 수 있다.
2. 학부모 위원을 구성할 때 선출할 위원과 입후보자의 수가 동일하더라도 입후보자의 소개와 소견 발표를 한 후 찬반 투표를 실시해야 하고, 혹 무투표 선출을 하는 경우에도 최소한 그에 대한 이의 신청을 받는 등의 절차를 마련해 두어야 한다.
3. 기구의 결정이 위원 구성 등 절차적 하자로 취소되는 경우, 위원을 다시 구성한 뒤 기구를 다시 열어 재차 조치를 취하는 것이 가장 안전한 방법이다.

4. 학교폭력과 보호 · 감독의무

그럼 학교폭력과 관련하여 학교나 교사는 어떤 책임을 질까? 최근 교사를 상대로 소송을 제기하여 직접 책임을 추궁하는 경우가 늘다 보니 교사의 입장에서는 이런 부분에 관심이 늘어날 수밖에 없다.

학교폭력과 관련하여 소송을 당했다고 하면 주로 어떤 것을 말할까? 물론 교사가 학교폭력과 관련하여 해야 할 일을 하지 않았다면 「형법」상 직무유기죄가 될 수도 있겠지만, 보통 문제가 되는 것은 학교폭력으로 인해 피해를 받은 학생이 민사상 손해배상을 청구하는 경우이다. 그렇다고 해서 학교폭력만의 특별한 민사상 법리가 별도로 있는 것은 아니고, 앞에서 이야기했던 교사의 학생에 대한 보호 · 감독의무 위반 여부로 판단하게 된다.

그러면 학교폭력과 관련해서 보호 · 감독의무를 지킨다는 것은 구체적으로 무엇인지 사례를 통해 알아보자.

(1) 보호 · 감독의무 위반을 부정한 사례[37]

태승이는 다른 반을 지나가다 우연히 연민이가 체육복을 갈아입는 것을 보고 장난기가 발동해서 그 교실에 들어가서 팬티를 벗기려고 했다. 그런데 연민이가 짜증을 내자 태승이는 화를 참지 못하고 연민을 구타하여 상해를 입히고 말았다.

평범한 사례처럼 보이지만, 이 사안을 자세히 살펴보면 당시 학교가 학교폭력 예방을 위해서 취했던 여러 가지 활동과 관련한 내용을 확인할 수 있다. 그것이 교사의 보호·감독의무, 즉 주의의무 위반 여부를 판단할 때에 중요한 역할을 한 것이다.

일단 이 사건이 발생한 중학교에서는 학교폭력 예방 및 생활지도를 위해서 순회 교사를 지정하여 휴식 시간에 학교 순회를 하고 있었다. 그럼에도 교사가 인지하지 못할 만큼 이 사건은 아주 우발적으로 발생했다고 판단했다. 그리고 이 중학교에서는 학기 초에 학생들을 대상으로 학교폭력 예방교육을 실시하였고, 학교폭력 예방 가정통신문도 발송하였으며, 관내 경찰서의 협조로 꾸준히 학교폭력 예방교육에 힘쓰고 있었던 점을 고려했을 때 보호·감독의무를 위반한 것은 아니라고 보았다.

물론 판례에서 언급한 모든 것들을 지켰다고 해서 무조건 교사가 보호·감독의무를 다했다고 인정되는 것은 아니다. 그러한 여건임에도 불구하고 이 사건은 교사로서 도저히 예측할 수 없었다는 점이 인정된 것이다. 이와 같이 최소한의 조치라고 여겨지는 것들이라 할지라도 소송에서는 매우 유리한 정황으로 인정되기도 한다. 따라서 지금 학교에서 무심결에 하고 있는 예방교육, 가정통신문, 교내 순회 등을 다시 한번 눈여겨보자.

(2) 보호 · 감독의무 위반을 인정한 사례[38]

시경이는 평소 자신의 친구인 유진이가 다른 학생들, 특히 은진이로부터 괴롭힘을 당하는 것을 보면서 얌전한 유진이 대신에 복수를 해 줘야겠다는 생각을 하고 있었다. 그리고 드디어 생각했던 날이 왔고, 시경이는 수업 시간에 당시 담당 교사에게 배가 아파서 보건실에 다녀오겠다고 말을 하고는 집에 가서 흉기를 가져왔다. 그리고 평소 유진이를 괴롭히던 은진이를 흉기로 찔러 사망에 이르게 하였다.

매우 비극적인 사건이다. 학교에서 쉽게 일어나는 사안이라고 볼 수도 없다. 그러나 해당 판례에서는 교장과 교사의 보호 · 감독의무 위반이 모두 인정되었다. 어떠한 측면에서 그렇게 판단한 것일까?

법원은 이 사건의 가해 학생이 평소에도 감정 조절이 힘들 정도로 분노를 표출했음에도 이에 대한 별다른 교육이 이뤄지지 않은 점, 피해 학생이 평소 다른 학생의 금품을 빼앗거나 폭력을 행사했는데 이에 대해서 사고 방지 조치가 미흡했던 점, 그리고 당일 가해 학생이 보건실에 간다 하고 집으로 가는 중 교장을 만났으나 특별히 제지하지 않은 점 등을 종합적으로 고려해 보았을 때 보호 · 감독의무 위반을 인정한 것이다.

이렇게 판례 내용을 구체적으로 듣고 나면 사건의 결론만 알 때보다 훨씬 더 이해가 잘되고, 금방 납득되는 경우가 많다. 더 큰 학교폭력이 예견될 수 있는 상황이라면 그에 맞는 조치를 취해야 보호·감독의무를 위반하지 않는 것이라는 점을 이 사례를 통해서 잘 알 수 있다. 단순히 사건이 이렇게 커질 줄 몰랐다는 것만으로는 보호·감독의무를 다했다고 할 수 없다는 점도 알 수 있다.

5. 학교폭력과 교사의 민사 책임

최근에는 학교폭력으로 인해 학생이 극단적인 선택을 하는 경우가 종종 발생한다. 통계청과 여성가족부가 발표한 「2018 청소년 통계」를 보면 우리나라 청소년(9~24세)의 사망 원인 1위는 자살로 밝혀졌다. 2016년 기준으로 교통사고로 죽은 청소년이 인구 10만 명당 3.8명인 반면 자살한 청소년은 7.8명이나 됐다. 우울감과 절망감을 느꼈다는 청소년도 4명 중 한 명꼴이었다.

과도한 입시 경쟁, 지나친 사교육으로 인한 휴식 부족, 맞벌이 가정의 증가와 육아 인프라 부족으로 인한 정서적 돌봄의 부재 등 다양한 요인들이 맞물려 우리 학생들을 힘들게 하고 있다. 학교라는 공간이 이러한 학생들에게 힘이 될 때도 있지만, 때론 그 반대가 될 때도 있다. 그러나 현실적으로 교사가 학생들의 모든 정신적 징후를 파악하는 것은 너무 힘든 일이다. 그러므로 판례에서는 유사한 사건에서 어떻게 판단했는지 살펴볼 필요가 있다.

일단 판례에서는 왕따, 정확하게는 집단 따돌림에 대해서 "학교 또는 학급 등 집단에서 복수의 학생들이 한 명 또는 소수의 학생들을 대상으로 의도와 적극성을 가지고, 지속적이면서도 반복적으로 관계에서 소외시키거나 괴롭히는 현상"이라고 정의했다. 학급에서 이러한 징후가 분명하게 보이는데도 교사가 방치하였다면 큰 문제가 된다. 그렇다면 집단 따돌림으로 인한 정신적 피해 등에 대한 책임을 져야 할 수도 있다.

그런데 만약 학생이 자살이라는 극단적 선택을 한 경우 교사의 책임은 어떻게 될까? 피해 학생이 자살이라는 극단적인 선택을 했을 경우 거기까지 이르게 된 과정은 너무나도 다를 수밖에 없다. 다음은 교사에게 학생의 자살에 대한 손해배상책임을 청구했던 사례들이다.

(1) 교사의 고의·중과실을 인정한 사례[39]

유진이는 ○○초등학교 6학년이었는데 7개월간 같은 반 친구들로부터 괴롭힘을 당해 왔다. 이로 인해 우울증이 있어서 담임교사와 상담을 하기도 했다. 그리고 정신과 의사의 진료 결과 불안심리가 높아서 반을 옮기는 것이 좋다는 결과가 나왔고, 실제로 유진이의 보호자는 학급을 교체해 달라는 요구를 하였다. 그러나 학교나 담임교사의 입장에서는 학급을 교체하는 일이 여간 힘든 일이 아니었다. 그러는 사이 유진이의 우울증은 더 심해졌고, 결국 집에서 투신을 하고 말았다. 이에 대하여 유진이의 보호자는 담임교사에게 손해배상청구 소송을 제기하였다.

이 사건에 대한 법원의 판단에는 크게 세 가지 시사점이 있다.

먼저 법원은 피해 학생에 대한 폭행 등 괴롭힘이 주로 교실이나 학교 내 화장실에서 이루어져 학교에서의 교육 활동 및 이와 밀접 불가분한 생활관계에 있고, 폭행 등 괴롭힘이 수개월 동안 지속적으로 이루어졌다고 인정했다. 또한 학교폭력이 사회적으로 문제가 되고 있는 것까지 감안해 본다면 담임교사로서 좀 더 주의를 기울여 보호·감독하였다면 이 사건을 미리 방지할 수 있었다고 보았다.

그리고 당시 가해 학생들은 초등학교 6학년으로 법원은 이 학생들에게 책임능력이 없다고 보았다. 책임능력이 없는 경우에는 「민법」 제755조 감독자의 책임에 의해서 학부모나 교사가 가해 학생에 대해 감독을 게을리한 것은 아니었는지 입증해야 할 책임이 있다. 하지만 그것을 입증하는 것이 쉽지 않았다. 그로 인해서 가해 학생과 학부모, 교사가 모두 연대해서 손해배상책임을 져야 했다.

마지막으로 법원은 이 사건에서 학교폭력으로 인한 자살 사건의 경우 자살에 다른 요인이 일부 개입되었더라도 인정될 수 있다고 보았다. 즉 학교에서 발생한 폭행 등 괴롭힘이 오랜 기간 계속될 경우에는 그에 따른 정신적 장애로 피해자가 자살에 이를 수 있다는 것이 어느 정도 예견 가능하다고 보았고, 특히 다른 원인이 자살에 일부 작용하였더라도 폭행 등 괴롭힘에 의한 정신적 장애가 주된 원인이라면 그 상당인과관계를 인정할 수 있다고 판시했다. 결국 교사의 고의·중과실이 인정되었고, 민사 책임을 피할 수 없었다.

(2) 교사의 고의·중과실을 부정한 사례[40]

P교사는 큰 문제 없이 학급을 이끌어 오고 있다고 생각했다. 학생들의 장난이 다소 심하기는 했지만, 중학생은 다들 비슷하다고 생각했다. 최근에는 학교폭력에 연루되어 학교를 옮긴 은진이가 전학을 와서 반이 좀 어수선하기도 했고, 평소 친하게 지내던 학생 무리들이 깨지고 다시 합쳐지는 등 사소한 일들이 있었다. 그중에서도 P교사는 진아가 신경 쓰였다. 걱정이 되는 은진이와 가장 먼저 친해진 것도 진아인 데다가, 친하게 지내던 여학생 무리와도 잘 지내지 못하는 것 같아서 수시로 말을 건넸다. 진아는 그럴 때마다 성적에 관한 이야기만 꺼낼 뿐 그 외 별다른 일은 없다고 말했지만 표정이 밝아 보이지는 않았다. 그러던 어느 날 진아는 집에서 투신이라는 극단적인 선택을 하고 말았다. 당장 언론은 P교사를 학생에게 신경도 쓰지 않은 무책임한 교사로 보도했고, 진아의 보호자는 P교사를 상대로 진아의 죽음에 대한 손해배상청구 소송을 진행했다.

가해 학생들과 피해 학생은 같은 반 친구들로, 학기 초부터 배타적으로 어울리는 작은 집단을 형성하였다. 문제는 그 집단에서 영향력이 있는 가해 학생이 피해 학생을 그 집단에서 배척했다가 다시 끼워 주는 행동을 되풀이하였고, 여름방학 이후에는 피해 학생이 말을 걸어도 대답을 하지 않는 등 무시를 한 것이다. 그러다가 피해 학생이 자신의 필통이 없어지자 그 무리의 학생들이 숨긴 것으로 오해해서 따지고, 이를 다시 사과하는 일이 발생하였다. 그러나 가해 학생들은 그 사과를 받아들이지 않았고, 결국 피해 학생과의 관계는 더욱 악화되었다.

이 정도 갈등이라면 담임교사가 눈치 채지 않을 수 없었을 것이다. 실제로 담임교사는 이러한 갈등을 알고 있었지만, 학창 시절 으레 겪는 갈등 정도로 생각해서 별다른 조치를 취하지 않았다. 담임교사가 피해 학생과 자주 상담을 했음에도 피해 학생이 학업 문제만 이야기했을 뿐 교우관계의 어려움에 대해서는 이야기하지 않았기 때문이다.

그러던 중 가해 학생들이 점심시간에 다른 학생들에게 피해 학생의 성격이 이상하다고 떠들며 같이 놀지 말라고 해서 피해 학생이 혼자 방치되는 등 괴롭힘은 심해졌고, 그날 어머니에게 전화해 자신은 왕따이니 전학시켜 달라, 죽을 것 같다는 말을 하기도 했다. 결국 집으로 돌아간 피해 학생은 자신이 살던 아파트에서 투신하고 말았다.

사건의 형태만 보면 앞 사건과 크게 다르지 않은 것 같으니 역시 교사가 책임을 져야 하지 않을까 하는 생각이 들 수도 있다. 그런데 이 사건에 대해서 법원은 교사의 책임을 인정하지 않았다. 법원의 논리는 다음과 같다.

"사회 통념상 허용될 수 없는 악질, 중대한 집단 따돌림이 계속되고,

그 결과 피해 학생이 육체적·정신적으로 궁지에 몰린 상황이 있었음을 예견하였거나 예견할 수 있었던 경우에는 피해 학생이 자살에 이른 상황에 대한 예견 가능성도 있는 것으로 볼 수 있을 것이나, 집단 따돌림의 내용이 이와 같은 정도에까지 이르지 않은 경우에는 교사 등이 집단 따돌림을 예견하였거나 예견할 수 있었다고 하더라도 이것만으로는 피해 학생의 자살에 대한 예견이 가능하였던 것으로 볼 수 없다."

좀 더 쉽게 설명하면, 집단 따돌림이 있었다고 하더라도 그 괴롭힘이 학생이 자살에 이를 정도였다고 볼 수 없다면 적어도 자살에 대한 예측 가능성은 없다고 본다는 것이다. 게다가 피해 학생의 담임교사는 평소에 피해 학생에 대해 지속적으로 상담을 실시했음에도 학생이 교우관계에 대한 별다른 어려움을 호소하지 않았기 때문에 고의나 중과실이 있다고 보지 않았다. 앞 사례와 가장 다른 점이라고 할 수 있다.

그런데 따돌림에 의하여 극단적인 선택을 한 피해 학생이나 그 보호자의 입장이라면 너무 억울하다는 생각이 들지 않을까? 그러면 피해 학생의 입장에서 배상 받을 수 있는 방법이 전혀 없는 것일까? 결론적으로 말하면 그렇지는 않았다. 이 사건에서는 학생들 사이의 갈등은 알고 있었지만 크게 대처하지 않은 담임교사의 경과실은 인정했다. 교사의 경과실이 인정되면 국가나 지방자치단체, 즉 교육감이 배상해야한다. 따라서 이 사건에도 지방자치단체가 손해배상책임을 졌다. 다만이 경우에는 교사에게 별도로 구상할 수는 없으니 이 점을 잘 기억해 두자.

국가배상법 제2조(배상책임) ① 국가나 지방자치단체는 공무원 또는 공무를 위탁받은 사인(이하 "공무원"이라 한다)이 직무를 집행하면서 고의 또는 과실로 법령을 위반하여 타인에게 손해를 입히거나, 「자동차 손해배상 보장법」에 따라 손해배상의 책임이 있을 때에는 이 법에 따라 그 손해를 배상하여야 한다. 다만, 군인·군무원·경찰공무원 또는 예비군대원이 전투·훈련 등 직무 집행과 관련하여 전사(戰死)·순직(殉職)하거나 공상(公傷)을 입은 경우에 본인이나 그 유족이 다른 법령에 따라 재해보상금·유족연금·상이연금 등의 보상을 지급받을 수 있을 때에는 이 법 및 「민법」에 따른 손해배상을 청구할 수 없다.

② 제1항 본문의 경우에 공무원에게 고의 또는 중대한 과실이 있으면 국가나 지방자치단체는 그 공무원에게 구상(求償)할 수 있다.

민법 제750조(불법행위의 내용) 고의 또는 과실로 인한 위법행위로 타인에게 손해를 가한 자는 그 손해를 배상할 책임이 있다.

⚖️ 핵심 정리

1. 학교폭력에 대해서도 학교나 교사가 보호·감독의무를 다해야 하는데, 이 것이 인정되기 위해서는 학교폭력 예방교육, 가정통신문 발송, 휴식 시간 순회 등이 도움이 된다.

2. 담임교사는 학생들 간의 집단 따돌림이나 괴롭힘을 파악하기 위해서 정기 적인 상담을 하는 등 노력을 기울여야 사고가 발생한 경우에도 고의·중과 실이 인정되지 않는다.

3. 학생이 학교폭력으로 극단적인 선택을 한 경우, 학교폭력과 다른 원인이 그 선택에 일부 작용하였더라도 폭행 등 괴롭힘에 의한 정신장애가 주된 원인 이라면 그 상당인과관계가 인정되어 손해배상책임을 지게 된다.

4. 학생이 학교 밖에서 극단적인 선택을 하였더라도, 그 원인이 학교 안의 활 동(가령 집단 따돌림 등)에 있다면 교사에게 책임을 물을 수 있다.

5. 평소 지속적인 상담을 통해 학생들의 교우관계와 상황을 잘 파악해야 하고, 이를 기록으로 남겨 두는 것이 좋다. 특히 수차례 상담을 했음에도 당사자 나 친한 친구가 아무런 어려움을 호소하지 않았다면 교사에게 예측 가능성 이 있었다고 보기 어렵다.

6. 특히 학부모와 학생의 상황에 대해 소통하고, 학생의 이상징후가 있다면 언 제든지 알려 달라고 학부모에게도 미리 요청해 두어야 한다. 가정에서도 학 생의 상황을 파악하기 어려웠다는 것은 교사에게도 동등한 논리가 적용된 다.

7. 주의해야 할 것은, 교사에게 학생이 극단적인 선택을 한 결과에 대한 과실 이 인정되지는 않는다고 하더라도 집단 따돌림이나 폭력 등 그 원인을 소홀 히 방치한 것에 대해서는 과실이 인정될 수 있다. 이때 고의나 중과실이 인 정되면 교육청이 학생의 보호자 등에게 배상한 금액을 다시 교사에게 청구 할 수 있다.

📚 알쏭달쏭 학생 지도

교사에게 있어 수업의 전문성만큼이나 중요한 것이 학생 지도에 대한 전문성이다. 요즘에는 '생활교육'이라는 말로 자주 쓰이곤 한다. 그런데 이 학생 지도가 여간 어려운 일이 아니다. 특히 최근에는 학생 인권을 고려해야 하고, 징계에 있어서도 법적 다툼을 고민하지 않을 수 없다. 따라서 학생 지도와 관련한 학생 인권, 징계, 나아가 사법적 조치에 대한 내용을 살펴보고자 한다.

1. 학생 인권과 생활교육

'학생 인권'이라는 말을 들으면 어떤 이미지가 떠오르는가? 시대의 흐름이다 보니 학생 인권에 대해 반대하는 목소리는 거의 사라졌지만 피로를 호소하는 경우는 꽤 많은 것 같다. 사실 '인권'에 대한 갈등은 교사와 학생만의 문제는 아니다. 과거 교직 문화만 보더라도 상급자에 의한 인권 침해가 문제가 되는 경우가 많았다. 학교 현장뿐만 아니라 우리 사회 전체가 좀 더 민주적이고 인권 친화적으로 변화해 가는 과정에서 과도기적 문제로 인한 여러 가지 고민이 있을 것이다. 그렇다면 학생 생활교육 영역에 있어 교사는 어떻게 학생 인권을 보장할 수 있을까?

(1) 학생 인권의 근거

인권에 대해 이야기하다 보면 "요즘은 자기 인권이나 권리만 챙기고 책임은 다하지 않는다."는 말을 많이 한다. 권리와 책임은 동전의 양면인데도 권리만 주장하고 책임은 지지 않는 세태를 비꼬는 말일 것이다. 그러나 이러한 인식에는 약간의 오해가 있는 것도 사실이다.

우리는 수많은 권리와 책임 속에서 살아간다. 평소에 학교에서 공문을 기안할 때 오타를 내는 등 일이 좀 서툰 교사가 있다고 생각해 보자. 교사에게는 공무원으로서 기본적인 공문서를 작성할 성실의무 등이 있다. 그런데 이러한 공문 작성의 실수 등을 이유로 학교장이 교사가 반드시 가야 할 출장이나 조퇴를 제한한다면 그것은 정당할까? 아마도 대부분의 사람들이 정당하지 않다고 여길 것이다.

물론 사람인 이상 기계적으로 완벽하게 권리와 의무의 고리들을 각

각 떼어서 분류할 수는 없겠지만, 학생들이 주장하는 권리와 다하지 못하고 있는 책임이 정말 같은 뿌리에서 온 권리와 의무인지 고민해 볼 필요가 있다. 가령 숙제를 잘 안 하는 학생이 밉다고 해서 화장실을 못 가게 하는 것은 정당한지 고민해 보아야 한다.

그러면 학생 인권의 근거는 무엇일까?

교육기본법 제12조(학습자) ① 학생을 포함한 학습자의 기본적 인권은 학교교육 또는 사회교육의 과정에서 존중되고 보호된다.

② 교육 내용·교육 방법·교재 및 교육 시설은 학습자의 인격을 존중하고 개성을 중시하여 학습자의 능력이 최대한으로 발휘될 수 있도록 마련되어야 한다.

초·중등교육법 제18조의4(학생의 인권 보장) 학교의 설립자·경영자와 학교의 장은 「헌법」과 「국제인권조약」에 명시된 학생의 인권을 보장하여야 한다.

먼저 기본적인 조항인데, 「교육기본법」에서는 학습자의 기본적 인권은 존중되고 보호되어야 한다고 말한다. 좀 더 구체적으로 「초·중등교육법」 제18조의4에서는 「헌법」과 「국제인권조약」에 명시된 학생의 인권을 보장하라고 이야기하고 있다.

헌법 제6조 ① 헌법에 의하여 체결·공포된 조약과 일반적으로 승인된 국제법규는 국내법과 같은 효력을 가진다.

제10조 모든 국민은 인간으로서의 존엄과 가치를 가지며, 행복을 추구할 권리를 가진다. 국가는 개인이 가지는 불가침의 기본적 인권을 확인하고 이를 보장할 의무를 진다.

앞에서 「헌법」을 이야기할 때 살펴보았던 내용을 다시 떠올려 보자. 「헌법」은 국민의 인권을 보장하기 위한 가장 최상위의 법이다. 「헌법」 제10조는 국가의 인권 보장 의무를 분명하게 명시한 규정이다. 이에 따라 대한민국 국민인 아동도 인간으로서의 존엄과 가치를 보장 받는다. 또한 제6조에서 체결·공포된 조약은 국내법과 똑같은 효력을 가진다고 말하고 있는데, 학생과 관련해서 우리가 체결한 조약은 「유엔아동권리협약」이 있다. 그래서 「유엔아동권리협약」은 일반 다른 법령과 똑같은 효력을 지닌다.

그런데 국제협약을 맺으면 협약의 내용을 잘 지키고 있는지 5년마다 유엔에 보고서를 제출해야 한다. 우리나라는 1991년에 이 협약을 비준하였는데, 체벌 금지 등 잘 지켜지지 않는 부분이 많아서 수차례 권고를 받았다. 그런데도 여전히 잘 지켜지지 않자 각 시·도의 자치 규범으로 만들어진 것이 「학생인권조례」이다.

여기서 「유엔아동권리협약」에 관한 기본적인 내용을 살펴보자.

「유엔아동권리협약」의 근본 취지는 성인이든 아동이든 관계없이 인권을 보장 받아야 한다는 것인데, 이를 아동 인권의 속성 중 '보편성'이라고 한다. 그런데 아동은 신체적·정신적으로 과도기 단계에 있기 때문에 아동만이 지니는 특수한 상황을 고려해야 하고, 이를 아동 인권의 속성 중 '특수성'이라고 한다. 즉 우리가 학생들의 인권을 고려할 때는 보편성과 특수성을 모두 고려해야 한다는 것이다. 인간으로서 존중하면서도, 때로는 그 과정에서 필요한 부분은 보호해야 하는데, 문제는 이 과정에서 성인과 아동 사이에 많은 갈등이 발생한다는 것이다. 도대체 어디까지가 존중이고 보호인지 모호하기 때문이다. 이에 대한 고민은 뒤에서 좀 더 구체적으로 풀어 보자.

(2) 학생 인권의 의미

학생 인권을 단순히 당위로서가 아니라 교사가 왜 고민해야 하고, 어떤 방법으로 접근해야 하는지 조금 더 살펴보자.

갑자기 생뚱맞은 소리 같지만 교육의 목적이 무엇이라고 생각하는가? 만약에 학생이 갑자기 학교를 그만두겠다고 한다면 뭐라고 하면서 설득하겠는가? 이에 대한 답을 찾기 위해 다음의 법을 한번 살펴보자.

교육기본법 제2조 교육은 홍익인간(弘益人間)의 이념 아래 모든 국민으로 하여금 인격을 도야(陶冶)하고 자주적 생활능력과 민주 시민으로서 필요한 자질을 갖추게 함으로써 인간다운 삶을 영위하게 하고 민주 국가의 발전과 인류공영(人類共榮)의 이상을 실현하는 데에 이바지하게 함을 목적으로 한다.

「교육기본법」 제2조에는 우리나라 교육의 목적이 잘 드러나 있다. 일단 학생이 자주적 생활능력을 키울 수 있도록 해 주어야 하는 측면이 있다. 한편으로는 민주 시민으로서 필요한 자질을 갖추게 하는 것도 교육의 목적 중 하나로 명시되어 있다. 이 두 가지 자질이 있어야 인간다운 삶을 살 수 있다는 것이다.

자주적 생활능력은 교과적 내용 등을 습득하여 사회에서 혼자 살아갈 수 있는 능력을 길러 줘야 한다는 의미일 것이다. 민주 시민으로서 필요한 자질은 뭘까? 서로 다른 존재가 어울려 지내는 민주주의 사회에서 살아갈 수 있는 힘인데, 민주 시민의 자질은 단순히 학습을 통해서 익힐 수 있는 게 아니라 실제로 인권이 존중되고 참여를 통해 자신의 목소리를 낼 수 있는 공간에서 키워 나갈 수 있다. 그래서 학교 내에서 민주적이고 인권적인 문화를 만드는 것이 필요하고, 교사의 역할이 중요하다. 학생들이 인권을 다른 개념으로 오용해서 남용하거나, 혹은 오용해서 말할 때 교사가 제대로 된 인권의 개념을 가르치고, 공동체 모두의 인권이 보장될 수 있도록 학생들이 고민하게 해야 한다.

학생 인권을 보장하는 것은 단순히 학생들이 하고 싶은 대로, 편하게만 하라는 것이 아니라, 학생들이 스스로 인권에 대해 고민하고 그 경계를 만들어 갈 수 있도록 이끄는 것에 가깝다. 물론 그 전제는 가장 기본적인 인권이 보장되는 환경일 것이다.

(3) 학생 인권의 쟁점과 사례

다음은 학생 인권과 관련하여 국가인권위원회가 학교에 대하여 내린 권고들이다.

① 학교생활에서의 학생 인권 증진을 위한 정책 개선 권고[41]

이 권고는 어느 특정한 사건에 대한 권고라기보다는 학교에서 학생 인권을 보장할 때 어떤 원칙들을 지켜야 하는지에 대해 종합적인 권고를 한 것이다. 국가인권위원회가 전국에 있는 학교의 학교 규칙을 받아서 분석한 후 학생 인권 보장을 위해 보완해야 할 부분을 직접적으로 언급한 권고이기 때문에 학교에서 학칙 개정 등을 고민할 때 참고하면 좋을 것이다. 결정문 전문은 매우 길기 때문에 학칙 권고에 대한 핵심적인 부분만 간추렸다.

　가. 학칙의 목적 조항에 학교생활에서 학생들도 민주 사회의 구성원으로서 기본권이 보장되어야 한다는 원칙이 명시되거나, 별도의 조항을 통하여 학생 기본권 보장 선언 또는 원칙을 명시할 필요가 있다.

나. 학생들이 학교생활에서 합리적 이유 없이 성별, 성적 등의 사유로 차별 받지 않으며, 성적 지향, 다문화 가정 등의 소수 학생들이 부당한 차별을 받지 않는다는 '차별 받지 않을 권리' 조항을 학칙에 명시하여야 하고, 기존의 학칙에도 성적, 성별 등에 따른 차별적 조항이 있는지 검토하여, 학칙을 통하여 학생의 평등권이 보장되어야 할 것이다.

다. 개성을 실현할 권리와 사생활의 비밀과 자유도 학생의 기본권임을 명시하고, 그 제한과 단속은 학생의 안전이나 타인의 권리 보호 등을 위해 불가피하거나 교육의 목적상 필요한 최소한의 범위 내에서 이루어지도록 할 것이며, 절차나 방법에서도 사전에 학생의 의견 수렴이나 동의 등의 절차를 거치도록 명시하여야 할 것이다.

라. 학칙을 통하여 학교생활과 관련한 개인적 표현이나 집회 등의 활동을 통한 집단적 의사 표현이 단지 교육·지도의 필요성이나 학교 내 질서 유지 등을 이유로 제한되지 않도록 유의하여야 하고, 제한이 불가피할 경우에는 타인의 권리 존중, 공공질서, 안전을 위해 필요한 최소한의 범위 내에서 제한하여야 할 것이다.

마. 학칙에 학생의 사상, 양심 및 종교의 자유에 대한 권리 보장이 명시되어야 하고, 양심에 반하는 내용의 반성이나 서약 등을 강요하는 것을 금지하여야 하며, 특정 종교 행사 참여 강요나 대체 과목 없는 종교 과목 수강 금지 등의 구체적인 사안을 명시하여, 학생의 기본권으로서 양

심과 종교의 자유에 대한 실현을 구체화시켜야 할 것이다.

바. 학칙에는 「초·중등교육법」에서 금지하고 있는 도구, 신체 등을 이용한 직접 체벌뿐만 아니라, 신체적 고통을 수반하는 간접 체벌이나 모욕 등의 언어폭력 등도 금지되어야 한다는 조항이 명시적으로 포함되어야 할 것이다. 다만 체벌 없이도 학교 현장에서 교사의 학생에 대한 훈육이 원활하게 이루어지는 인권 친화적인 학생 지도 대안 모색 및 방안 제시가 필요한데, 이는 교육부 및 시·도 교육청에서 학생·학부모의 상시적인 이해를 선결 조건으로 하여 교사가 학교 현장에서 즉시 적용할 수 있는 별도의 긍정적 훈육 방안을 지속적으로 개발할 필요가 있을 것이다.

사. 학칙에는 충분한 상담 지원 및 적정한 보건 지원 등을 위한 상담실 및 탈의실 등의 복지시설을 마련하고 학생들이 이를 자유롭게 이용할 권리를 명시하고, 과중한 학습 부담에서 벗어나 적절한 휴식을 누릴 권리 및 정규 교육과정 이외의 교육 활동에 대한 선택의 자유를 명시할 필요가 있다.

아. 학칙 제·개정 시 학생의 의견이 실질적으로 반영되도록 구체적인 의견 수렴의 방법 및 반영 절차 등을 학칙에 규정할 필요가 있고, 이와 더불어 학칙의 최종안을 확정하는 중요한 의사결정기구인 '학교운영위원회'에 학생대표가 반드시 회의에 참석하여 의견을 제시할 수 있도록 하는 내용이 학칙에 반영되어야 할 것이다.

자. 학칙을 적용하여 해석함에 있어 주관적이고 자의적인 해석으로 학생들에게 불이익을 줄 수 있는 등 오히려 학생들에게 기본권 침해의 소지가 있으므로 명확하고 구체적인 용어로 수정하여야 할 것이다.

바.의 내용을 좀 더 살펴보자.

사실 학교에서 생활지도를 할 때에 단순히 체벌이나 폭언을 하지 않는 것을 넘어서 인권적으로 학생을 지도한다는 게 쉽지는 않다. 존중하는 방식으로 대하면서, 자의적인 생각이나 규정으로 학생을 지도하기보다는 함께 만든 인권 친화적 학칙에 의해 서로 가치를 만들어 가는 게 중요한데, 이 경우에도 도저히 지도에 따르지 않는 학생들이 있는 것도 현실이다. 이 부분에 대한 고민은 학교 현장에서뿐만 아니라 교육청에서 대안을 제시해야 하는 측면도 있다는 점을 지적한 부분이다. 그리고 교육청에만 답을 바라기에 앞서 교사들 간에도 많은 대화를 통해 접점을 찾아가야 할 부분이다. 무엇이 인권적인 생활지도인지에 대한 모범 답안은 없다.

② 현장실습 참여 학생들에 대한 서약서 작성 요구 등 인권 침해[42]

요즘 특성화고나 마이스터고를 보면 학생들의 취업률과 취업 현황을 교내외에 게시하는 경우가 많다. 그 과정에서 취업 관련 현수막에 취업한 학생들의 얼굴, 이름, 취업한 회사 등을 기재하여 개인정보가 불특정 다수에게 노출되고 있다.

그것뿐만이 아니라 특성화고는 현장실습이 있는데, 학생들에게 실제 현장을 경험케 하기 위한 것이다. 그런데 현장실습을 나가는 학생과 그 학부모에게 '현장실습 기간 중 학교의 명예를 손상시키지 않을 것', '소속 회사의 사규를 성실히 준수할 것' 등을 내용으로 하는 서약서를 쓰지 않으면 현장실습을 나가지 못하게 하고 있었다.

국가인권위원회는 이에 대해서 "취업과 관련한 홍보물 게시 행위는 아직 취업을 하지 못한 학생이나, 상대적으로 이름이 덜 알려진 중소기업 등에 취업한 학생에게는 소외감을 줄 수 있으며, 어떠한 기업에 취업했느냐에 따라 학생에 대한 평가가 달라질 수 있어 차별적 문화를 조성할 수 있다."고 판단해서 시정할 것을 권고했다.

또 "서약서는 내용에 대한 개인의 판단과는 상관없이 서약서에 기재된 내용을 따르겠음을 외부적으로 표현하도록 강제한다는 점에서 양심의 자유를 제약함에도 법률적 근거가 없고, 학교나 교사의 지도하에 있는 학생의 입장에서 이를 거부하기가 어려워 서약서 작성이 사실상 강제되고 있으며, 또한 실습생의 의무사항은 학생들에 대한 충분한 정보 제공 및 교육 등 다른 방법을 통해 그 목적을 달성할 수 있다. 따라서 서약서를 받는 행위는 「헌법」 제10조에서 보장되는 일반적 행동자유권 및 제19조 양심의 자유를 침해한다."고 판단했다. 권고의 내용은 다음의 세 가지이다.

가. 전국 시·도 교육감에게, 관할 지역 내 특성화고등학교와 마이스터 고등학교가 취업 관련 홍보물을 게시함에 있어 「교육 관련 기관의 정보공개에 관한 특례법」에 따른 취업률 외의 사항이 포함되지 않도록 하고, 기타 취업 관련 홍보 시 학생의 개인정보가 노출되지 않도록 지도·감독할 필요가 있다는 의견을 표명.

나. 교육부 장관에게, 「현장실습 매뉴얼」의 현장실습 동의서 및 서약서 작성에 대한 내용을 삭제할 것.

다. 14개 시·도 교육감에게, 현장실습 동의 및 서약서 작성에 대한 사항을 규정한 「교육청 현장실습 운영지침」을 개정하고, 관할 지역 내 특성화고등학교와 마이스터고등학교에서 실시 중인 현장실습 서약서 작성을 중단 및 폐지할 것.

위 권고와 관련해서 추가적으로 고민해 볼 내용이 있다. 가령 학교에서 학생들의 성적이나 석차 등을 공개로 게시하는 경우를 생각해 볼 수 있다. 민감한 정보들을 교육적 목적이라는 이유로 너무 쉽게 게시하거나 공개하고 있는 것은 아닌지 고민해 보아야 할 것이다. 또한 학생이 잘못을 했을 때 사실을 확인하거나 스스로를 돌아보게 하는 글 정도는 작성하면서 상담할 수 있지만, 강제적인 서약서 등의 방식은 고민해 보는 게 좋다.

③ 교내 흡연 단속 시 소변 채취로 인한 인권 침해[43]

다음은 한 고등학교에서 흡연 단속을 함에 있어 교사가 지켜보는 앞에서 소변을 받도록 하여 소변 검사기로 흡연 여부를 확인한 사건이다. 학교는 왜 그렇게까지 해야 했던 것일까? 당시 학교의 학칙은 다음과 같았다.

제15조(소지품 검사 규정)
① 소지품 검사에는 다음의 목적을 둔다(도박, 담배, 약물류, 유해물질, 무기류, 음란물, 전자기기 등).
② 소지품 검사는 필요한 경우 교육 목적상으로 한다.
③ 소지품 검사는 담임교사와 학생부장으로 제한한다.

학교는 위 학칙 규정을 근거로 학생들의 흡연 단속을 위한 소변 검사를 실시했는데, 담배를 피웠다고 의심되는 학생이 흡연 사실을 부인하면 그의 동의를 얻어 교직원 화장실에서 소변을 받도록 하여 소변 검사기로 흡연 여부를 검사하는 방식이었다. 소변을 채취할 때에는 물을 섞는 등의 행위를 방지한다는 이유로 화장실 문을 열어 둔 채 학생지도부 교사가 지켜보았다.

이러한 학교의 주장에 대해서 국가인권위원회는 "흡연 단속이나 금연 지도의 방법에 있어서 학생의 인권 보호 측면은 마땅히 고려되어야 할 것이나, ○○고등학교에서 소변 검사를 강제적으로 하는 것이 아니라 학생의 동의를 받고 하는 것이라 해도, 교사와 학생이라는 지위에 비추어 순수하게 자발적 의사로 동의한 것이라고 보기는 어려워, 흡연 단속 시 소변 검사는 학교 내 질서 유지를 위한 것이라 하더라도 방법에 있어 정도가 지나쳐 「헌법」 제10조에서 보장하는 인격권을 침해한다."고 판단했다.

학칙에 의해 금지되는 행동이더라도 인권을 과도하게 침해하는 방식은 허용되지 않는다는 뜻이다. 학생에 대한 생활교육은 꼭 필요하지만, 학교에서 과도한 소지품 검사 등 학생의 인권을 과도하게 침해하는 방식으로 지도하고 있는 것은 아닌지 고민해 봐야 한다.

그런데 과도한지의 여부를 어떻게 알 수 있을까? 「헌법」에 대해 이야기할 때 접했던 '과잉금지원칙'을 사용해 보면 좋다(131쪽 참조). 법률이 지나치게 개인의 자유를 제한하면 위헌이라고 판단할 수 있다. 국가인권위원회에서 과도하게 학생의 자유를 제한하여 인권 침해에 이르는지 판단할 때도 이 원칙이 사용된다. 무조건 무엇이 인권적이다 혹은 아니다 하고 선이 그어져 있는 것이 아니기 때문에 학칙이나 학생들에 대한 지도 방법이 과잉금지원칙에 위배되지 않는지 고민해 보는 것만으로도 의미 있을 것이다. 교사 간 토론을 하거나 수업 시간에 학생들과 함께 논의할 때도 매우 유용한 도구이다.

④ 중학교의 과도한 휴대전화 사용 제한[44]
학생들의 휴대전화 사용에 관한 문제는 최근 학교에서 가장 고민하는

주제이기도 하다. 이 사안의 진정인은 중학교에 재학 중인 학생이었고, 해당 학생이 재학 중인 학교는 오전 9시경 조례시간에 모든 학생들의 휴대전화를 일괄 수거하여 오후 4시경 종례시간에 돌려주며 학교 일과 중 휴대전화 휴대 및 사용을 일체 금지하고 있었다. 학교의 실제 학칙은 다음과 같았다.

「학교생활인권규정」 제4장 '정보통신규정'

제3조 ① 휴대전화는 조례시간에 보관함에 담아 담임교사에게 제출 후 종례시간에 돌려받는다.

대부분의 학교가 이와 유사한 조항을 가지고 있을 것이다. 그런데 국가인권위원회는 이 조항에 대하여 "「헌법」 제18조에서 통신의 자유를 기본권으로 규정하고 있고, 학생들의 통신의 자유를 제한하는 경우 수업 시간 중 사용을 제한하는 등 제한의 정도를 최소화할 수 있는 방안을 모색해야 한다. 따라서 교육기관은 휴대전화로 인한 부정적 측면을 보고 전면적으로 금지하기보다 교육 공동체 안에서 토론을 통해 규칙을 정하고, 이를 서로 지킴으로써 스스로 해결하는 역량을 기를 수 있도록 교육하는 것이 바람직하다."고 판단했다. 그리고 권고 내용은 다음과 같다.

가. 피진정인에게, 학생들의 통신의 자유가 과도하게 제한되지 않도록, 학교 일과 시간 동안 휴대전화 소지·사용을 금지하고 있는 「학교생활인권규정」상 관련 규정을 개정할 것.

나. 경기도교육감에게, 학생들의 통신의 자유가 과도하게 제한되지 않도록, 도내 모든 초·중·고등학교의 관련 규정을 점검하여 실질적으로 휴대전화 소지·사용을 전면 제한하는 규정을 개정하도록 지도할 것.

다시 정리하자면 수업 시간에는 사용을 금지할 수 있지만, 전면 사용 금지는 하지 말고 학생들과 토론을 통해서 인권 침해 여지를 최소화하면서도 수업권을 보장하는 방법을 찾으라는 것이다. 즉 휴대전화의 사용 시간이나 장소 등을 학생들과의 토론을 통해서 함께 정하는 것이 학생 스스로 선을 고민하게 만드는 민주시민교육에 부합한다는 취지인 것이다.

그런데 가끔 이런 질문을 받는다. 프랑스와 같은 인권 선진국에서도 학교에서 휴대전화 사용을 금지한다는 뉴스를 보았는데, 이건 어떻게 바라보아야 하는지 애매하다는 것이다. 그러나 사실 프랑스의 사례는 자세히 살펴보면 전혀 다른 쟁점을 발견하게 된다.

프랑스의 초·중등학교에서 휴대전화 사용 제한은 대통령 공약이었다. 「헌법」에 대해 이야기할 때 다루었지만 국민의 기본권은 법률에 의해서만 제한할 수 있다. 그래서 프랑스에서는 학교에서의 휴대전화 사용에 관한 부분을 법으로 만든 것이다. 학교나 교사의 임의적 재량에 맡겨 놓은 우리나라와는 전제가 다르다고 할 수 있다.

학생을 대상으로 하는 것이라고 해서 쉽게 접근할 것이 아니라 이렇게 차근차근 고민하는 과정을 밟는 것 자체가 학생 인권의 시작이라고 할 수 있다. 조금 오래 걸리겠지만, 공론화 과정을 통해 학생들과 함께 만든 학교 규칙으로 생활교육을 시작해 보면 어떨까.

핵심 정리

1. 학생 인권은 「헌법」, 「교육기본법」, 「초·중등교육법」, 「학생인권조례」에 의하여 보장된다. 특히 「유엔아동권리협약」은 1991년부터 비준되어 국내법적 효력을 지녔고, 유엔에서는 대한민국 학생들의 인권에 대해 수차례 권고한 바 있다.
2. 학생 인권의 보장은 민주시민교육이라는 공교육의 목적을 달성하기 위해서도 중요한 요소이다.
3. 학칙 제·개정 시 학생의 의견이 실질적으로 반영되도록 구체적인 의견 수렴의 방법 및 반영 절차 등을 학칙에 규정할 필요가 있고, 이와 더불어 학칙의 최종안을 확정하는 중요한 의사결정기구인 학교운영위원회에 학생대표가 반드시 회의에 참석하여 의견을 제시할 수 있도록 하는 내용이 학칙에 반영되는 것이 바람직하다.

2. 학생 징계의 이해

(1) 학생 징계의 개념과 근거

표준국어대사전에서는 '징계'를 다음과 같이 정의하고 있다.

1. 허물이나 잘못을 뉘우치도록 나무라며 경계함. ≒징즙.
2. 부정이나 부당한 행위에 대하여 제재를 가함. ≒징려.
3. 『행정』 공무원의 복무 의무 위반 행위에 대하여 국가나 공공단체가 사용자로서의 지위에서 제재를 가하는 일.

일반적으로 학교에서 말하는 징계는 1과 2의 의미를 합친 것으로 볼 수 있다. 즉 학생이 어떤 잘못이나 부당한 행위를 했을 때 그 잘못을 뉘우치도록 하기 위해서 제재를 가하는 것이다.

그런데 교사에 대한 불이익한 처분인 징계가 법령에 규정되어 있는 것처럼 학생에 대한 징계도 그 근거와 종류가 법에 명확하게 나와 있다는 사실을 알고 있는가? 의외로 이러한 내용을 잘 모르고 무작정 학교에서 정한 학칙에 의해서 학생의 징계를 정하면 되는 줄 아는 경우도 많다.

초·중등교육법 제18조(학생의 징계) ① 학교의 장은 교육상 필요한 경우에는 법령과 학칙으로 정하는 바에 따라 학생을 징계하거나 그 밖의 방법으로 지도할 수 있다. 다만, 의무교육을 받고 있는 학생은 퇴학시킬 수 없다.

「초·중등교육법」 제18조 제1항을 보면 학생에 대한 징계권자는 "학교의 장"인 것을 알 수 있다. 그리고 목적은 "교육상 필요한 경우"로 제한하고 있다. 방법적인 측면에서는 "법령"과 "학칙"으로 정하는 바에 따라야 하고, "징계와 "지도"로 구분하고 있다. 의무교육인 초·중등교육에서 퇴학은 시킬 수 없음도 규정하고 있다.

조항 하나하나를 뜯어 보면 가벼운 내용이 아니다. 일단 학교에서 학생을 징계할 때 교육상 필요한 경우인지를 면밀하게 따져 보아야 함을 알 수 있다. 교육상 반드시 필요 없는 학칙도 있는데, 그것을 어겼다는 이유만으로 징계하는 것은 옳지 않을 수도 있다는 말이다.

또한 법령과 학칙에 따른다는 것은 법령에 있는 내용에 위배되면 안된다는 것이고, 학칙에도 학교 내 징계에 대한 근거가 있어야 한다는 뜻이다.

초·중등교육법 시행령 제31조(학생의 징계 등) ① 법 제18조 제1항 본문의 규정에 의하여 학교의 장은 교육상 필요하다고 인정할 때에는 학생에 대하여 다음 각 호의 어느 하나에 해당하는 징계를 할 수 있다.

1. 학교 내의 봉사

2. 사회봉사

3. 특별교육 이수

4. 1회 10일 이내, 연간 30일 이내의 출석 정지

5. 퇴학 처분

「초·중등교육법 시행령」 제31조 제1항에서는 학교에서 징계할 수 있는 종류를 나열하고 있다. 여기서 많은 교사들이 간과하는 부분이 있다. 법령에 따라 징계를 해야 하기 때문에 학칙에도 위 조항에 나온 징계만 둘 수 있고, 따라서 일반적인 징계로 전학을 처분할 수는 없다. 만약에 전반이나 전학 처분을 했다면 선도위원회를 거친 일반적인 징계가 아니라 학교폭력에 연루되어 학교폭력대책자치위원회에서 받은 처분일 것이다. 「학교폭력 예방법」에서는 강제 전학을 조치로서 가능하도록 하고 있기 때문이다.

그리고 또 기억해 둬야 할 점은, 출석 정지는 한 번에는 10일, 그리고 연간 30일까지만 가능하다는 것이다. 기한의 제한이 있다는 점을 명심하자.

(2) 학생 징계의 절차

대개 학교의 학생 징계는 다음과 유사한 절차를 따른다. 학칙에 학생의 징계 사유가 있고, 학생이 그 사유에 해당하는 행위를 하면 '학생선도위원회'라는 기구를 통해서 징계를 하게 된다. 좀 가벼운 사안일 때는 소선도위원회를 열고, 무거운 사안일 때는 대선도위원회를 연다. 두 위원회의 차이는 위원의 규모나 실제 내릴 수 있는 징계의 수준에 차등을 둔다.

그런데 법령에는 학교에 선도위원회를 설치하라거나 어떤 절차를 따르라는 말이 없다. 학칙으로 그 절차를 정하라고 하고 있기 때문에 학교마다 조금씩 다를 수 있는 것이다. 「초·중등교육법 시행령」 제9조 제1항 제7호에서도 징계 방법을 학칙에 두어야 한다고만 규정하고 있다. 즉 반드시 선도위원회라는 명칭을 사용하지 않아도 된다.

그렇다면 선도위원회의 개최 및 진행을 학교 임의대로 해도 될까? 앞에서 보았듯이 '법령'과 '학칙'에 따라서 해야 하기 때문에 법령에서 구체적으로 정해 놓은 부분은 반드시 따라야 한다. 그 부분을 지키지 않으면 징계가 위법이 된다. 어떤 법령이 있을까?

초·중등교육법 제18조 ②학교의 장은 학생을 징계하려면 그 학생이나 보호자에게 의견을 진술할 기회를 주는 등 적정한 절차를 거쳐야 한다.

학교의 장은 학생을 징계하기 전에 반드시 당사자의 의견을 진술할 기회를 보장해야 한다. 이것을 지키지 않으면 절차적으로 문제가 있는 위법한 징계가 될 수 있다. 여기서 반드시 진술을 해야만 하는 것은 아니고, 진술할 기회를 보장하기만 하면 된다. 그런 기회를 보장했음에도 당사자가 진술하지 않을 수도 있기 때문이다. 또 다른 조항을 보자.

초·중등교육법 제31조(학생의 징계 등) ② 학교의 장은 제1항의 규정에 의한 징계를 할 때에는 학생의 인격이 존중되는 교육적인 방법으로 하여야 하며, 그 사유의 경중에 따라 징계의 종류를 단계별로 적용하여 학생에게 개전의 기회를 주어야 한다.

③ 학교의 장은 제1항에 따른 징계를 할 때에는 학생의 보호자와 학생의 지도에 관하여 상담을 할 수 있다.

④ 교육감은 제1항 제3호 및 제4호의 특별교육 이수 및 출석 정지의 징계를 받은 학생을 교육하는 데 필요한 교육 방법을 마련·운영하고, 이에 따른 교원 및 시설·설비의 확보 등 필요한 조치를 하여야 한다.

⑤ 제1항 제5호의 퇴학 처분은 의무교육과정에 있는 학생 외의 자로서 다음 각 호의 어느 하나에 해당하는 자에 한하여 행하여야 한다.

1. 품행이 불량하여 개전의 가망이 없다고 인정된 자

2. 정당한 이유 없이 결석이 잦은 자

3. 기타 학칙에 위반한 자

⑥ 학교의 장은 퇴학 처분을 하기 전에 일정 기간 동안 가정학습을 하게 할 수 있다.

ⓐ학교의 장은 퇴학 처분을 할 때에는 당해 학생 및 보호자와 진로상
담을 하여야 하며, 지역사회와 협력하여 다른 학교 또는 직업교육훈련
기관 등을 알선하는 데 노력하여야 한다.

생각보다 조항이 많은 것을 알 수 있다. 이 부분들을 다 지켜야 위법
한 징계가 되지 않는다. 얼핏 보기에 지켜야 하는 내용이 많아 보이지
만 핵심적인 내용은 크게 어렵지 않다. 일단 징계를 하더라도 학생의
인격을 존중하는 방법으로 해야 한다. 선도위원회에서도 무조건 망신
주기나 폭언 등을 가해서는 안 된다. 그리고 징계는 단계별로 적용되
어야지, 괘씸하다고 처음부터 중징계를 하는 것은 위법할 수도 있다는
것이다.

또 퇴학 처분의 경우 사유를 별도로 두고 있다. 물론 초·중학교의
경우 퇴학 자체가 불가능하지만, 고등학교도 수차례 지도나 징계를 했
음에도 나아질 가능성이 없거나, 결석이 잦은 경우 등 법령상 사유가
있는 경우에만 퇴학 징계를 할 수 있다. 퇴학 처분을 했다고 해서 학교
의 책임이 모두 끝나는 것은 아니고, 진로상담을 하면서 다른 학교나
직업교육훈련기관 등을 알선해 주기 위해 노력해야 한다.

그런데 만약 학생이나 학생의 보호자가 징계 결과에 대해 불만을 품
으면 어떻게 될까? 꼭 학생이 아니더라도 불이익을 주는 모든 절차에
서 불복 절차는 매우 중요한 요소이다. 그런데 법령에는 퇴학에 관해

서만 불복 방법을 정하고 있다.

초·중등교육법 제18조의2(재심 청구) ① 제18조 제1항에 따른 징계 처분 중 퇴학 조치에 대하여 이의가 있는 학생 또는 그 보호자는 퇴학 조치를 받은 날부터 15일 이내 또는 그 조치가 있음을 알게 된 날부터 10일 이내에 제18조의3에 따른 시·도학생징계조정위원회에 재심을 청구할 수 있다.

② 제18조의3에 따른 시·도학생징계조정위원회는 제1항에 따른 재심 청구를 받으면 30일 이내에 심사·결정하여 청구인에게 통보하여야 한다.

③ 제2항의 심사 결정에 이의가 있는 청구인은 통보를 받은 날부터 60 일 이내에 행정심판을 제기할 수 있다.

④ 제1항에 따른 재심 청구, 제2항에 따른 심사 절차와 결정 통보 등에 필요한 사항은 대통령령으로 정한다.

퇴학 조치를 받은 경우에는 교육청에 있는 징계조정위원회에 재심을 청구할 수 있다. 그리고 그 재심 절차에도 만족하지 못하는 경우에는 행정심판을 할 수 있다.

그럼 출석 정지 등의 다른 조치에 대해서는 법령에 별도로 명시되어 있지 않으므로 불복할 방법이 없을까? 그건 아니다. 학교마다 다르지만, 보통 학교 내에서도 재심 절차를 학칙에 둔 경우도 꽤 많다. 즉 징계 처분을 받은 날로부터 일정 기간 내에 학교에 이의 신청을 하면 다시 선도위원회를 열어서 재차 판단하는 것이다. 그런데 이건 법령에서 강제하고 있는 부분은 아니다.

그러면 왜 학교에서는 번거로운 재심 절차를 두는지 의문이 들 수도 있다. 장점이 있기 때문이다. 학생에 대한 선도위원회의 조치에 대해서는 원칙적으로 행정심판 또는 행정소송을 제기하여 다툴 수 있고, 최근에는 이러한 법적 분쟁이 늘고 있는 추세이다. 그렇게 되면 학교나 학생 그리고 보호자 입장에서는 모두 힘들고 긴 싸움이 될 수 있다. 그렇다 보니 학교 내에서 아예 1차적인 재심 절차를 두는 경우 긴 분쟁을 방지할 수 있는 효과가 있는 것이다.

(3) 학생 징계 사례와 유의점

대학교 내에서의 학생 징계에 비하여 초·중등교육에서의 학생 징계에 대해서 법원까지 다툼을 하여 판례가 남은 경우는 많지 않다. 그래도 워낙 유명한 사건이 하나 있다. 이 사례를 보면 학교의 징계가 단순히 취소 사유를 넘어서 학생에 대한 불법행위까지 될 수도 있다는 것을 알 수 있기 때문에 잘 알아 두어야 한다.

이 사건의 내용을 보면 원고는 고등학생이고, 피고는 기독교 정신을 건학 이념으로 하여 고등학교를 설립·운영하는 사립학교 재단이었다. 미션스쿨이다 보니 매일 아침 담임교사의 입회 아래 5분 정도 찬송과

기도 등을 실시하는 경건회 시간을 가졌고, 매주 수요일 정규 교과 시간에 강당 등에서 1시간가량 찬송과 목사의 설교, 기도 등을 하는 수요예배를 진행했다. 그리고 학생들에게 매년 3박 4일에 걸쳐 합숙하면서 기도와 성경 읽기 등을 하는 생활관 교육을 받게 하였고, 부활절에는 정규 교과 시간에 부활절 예배를 진행하였으며, 그로부터 3일간 정규 수업 시간 일부에 심령수양회라는 시간을 편성하여 설교 및 기도 등을 진행했다. 또한 매년 반별 성가대회를 개최하였고, 추수감사절에도 정규 수업 대신 감사예배를 진행하였으며, 성탄절에는 학생들을 교회에 출석하도록 했다.

원고는 매번 이 행사에 참석해 왔다. 참석하지 않은 경우에는 불이익이 있었기 때문이다. 학생들에게 자율적 참여를 보장하지 않고, 동의도 구하지 않은 채 학생들이 경건회 시간에 참석하지 않으면 지각으로 처리하고 주의를 주기도 하였으며, 수요예배가 있을 때에는 교사들이 학급을 돌아다니며 참석하지 않는 학생이 있는지 확인하여 참석하지 않는 학생들에게는 청소를 시키는 등 불이익을 주고, 성탄절에 교회에 출석하였는지 여부를 확인하기도 했다.

원고는 이러한 일들이 자신의 종교의 자유를 침해한다고 생각했고, 실제로 학생회 부회장 선거에 출마하면서 '교회에 1년 이상 다녀야 한다.'는 학생회 회칙상의 자격 요건을 시정하여 줄 것을 교목교사에게 건의한 적도 있다. 교목 및 담임교사에게 예배 참가에 대한 거부감까지 표시하였으나 교사들로부터 자중하고 학교 방침에 따르라는 취지의 답변을 들었을 뿐이고, 학교의 정책에는 아무런 변화가 없었다.

그 이후 원고는 아침 시간 방송실에서 "우리 학교는 학생들에게 매주 수요일마다 예배를 강요하는데, 이는 잘못된 것이다. 나는 수요예배를 거부하겠다. 내가 학교를 떠나게 되는 상황이 되더라도 내가 할 수 있는 일은 무엇이든지 할 것이다."라는 취지의 교내 방송을 했다. 그 후 담임교사가 원고에게 방송실을 무단으로 사용한 것에 대하여 잘못을 시인하고 학교 측에 사과하라고 권유하자, 원고는 담임교사 앞에서 주먹으로 벽을 치면서 "나는 잘못이 없고, 잘못이 있다면 방송실 관리를 소홀히 한 학교 측에 책임이 있다. 전학을 가든 퇴학을 당하든 상관이 없고, 학교가 변화될 때까지 싸우겠다."는 취지로 말했다. 거기서 그치지 않고 원고는 같은 날 학교를 마친 후 18:00경부터 약 1시간 동안 교육청 앞에서 학생의 종교의 자유가 인정되지 않는다는 내용의 피켓을 목에 걸고 1인 시위를 하기도 했다.

원고는 그다음 날 점심시간 무렵 교무실로 찾아가 담임교사에게 자퇴에 필요한 서류가 무엇인지 등을 문의하였고, 담임교사로부터 학생선도위원회 개최가 예정되어 있으니 학교에 부모님을 모시고 오라는 말을 들었다. 그러자 원고는 "나는 아무런 잘못도 저지르지 않았는데, 왜 부모님이 죄인처럼 학교에 와야 하느냐!"고 큰 소리로 항의하고, 같은 날 방과 후에도 서울특별시교육청 앞에서 1인 시위를 했다.

그 후 담임교사가 원고에게 학교에 적대적인 모든 대외활동을 중단하고 학교에 사과할 것을 권유하였으나 원고는 "내가 진행하는 일을 그만둘 수 없다."고 대답했고, 같은 날 교감, 교목실장, 생활지도교사 등이 참석한 학생선도위원회를 개최하여 앞서의 징계 사유를 들어 먼저 원고에게 전학을 권유하여 이를 승낙하면 다른 학교로 전학을 보내고, 이를 거부하면 퇴학 처분을 내리는 내용의 징계 결의를 하여 결국 퇴학 처분을 내리게 된 것이다.

이 학생에 대한 징계 사유가 적합하다고 생각하는가, 아니면 과도한 징계라고 생각되는가? 법원의 판단을 보자.[45]

학생에 대한 징계가 징계 대상자의 소행, 평소의 학업 태도, 개전의 정 등을 참작하여 학칙에 정한 징계 절차에 따라서 징계위원들이나 징계권자의 자율적인 판단에 따라 행하여진 것이고, 실제로 인정되는 징계 사유에 비추어 그 정도의 징계를 하는 것도 무리가 아니라고 인정되는 경우라면, 비록 그 징계양정이 결과적으로 재량권을 일탈한 것으로 인정된다고 하더라도 이는 특별한 사정이 없는 한 법률 전문가가 아닌 징계위원들이나 징계권자가 징계의 경중에 관한 법령의 해석을 잘못한 데 기인하는 것이라고 보아야 하므로, 이러한 경우에는 징계의 양정을 잘못한 것을 이유로 불법행위책임을 물을 수 있는 과실이 없다. 그러나 학교가 그 징계의 이유로 된 사실이 퇴학 등의 징계 처분의 사유에 해당한다고 볼 수 없음이 객관적으로 명백하고, 조금만 주의를 기울이면 이와 같은 사정을 쉽게 알아볼 수 있는데도 징계에 나아간

경우와 같이 징계권의 행사가 우리의 건전한 사회 통념이나 사회상규에 비추어 용인될 수 없음이 분명한 경우에 그 징계는 그 효력이 부정됨에 그치지 아니하고 위법하게 상대방에게 정신적 고통을 가하는 것이 되어 그 학생에 대한 관계에서 불법 행위를 구성하게 된다.

법원의 논리는 다음과 같이 정리할 수 있다.

첫째, 학생에 대한 징계는 징계권자의 재량이기 때문에 징계를 잘못했다고 해서 손해배상책임을 물을 수 없는 것이 원칙이다.

둘째, 그러나 객관적으로 징계 사유가 아니고, 특히 조금만 주의를 기울였다면 이를 알 수 있었던 경우(중과실)라면 징계가 위법할 뿐만 아니라 정신적 손해배상 등의 책임도 질 수 있다.

결국 이 사건에서도 위 사유에 해당한다고 보아서, 징계권의 행사가 우리의 건전한 사회 통념이나 사회상규에 비추어 용인될 수 없다고 판단했다. 그래서 결국 불법 행위에까지 이른 것이고, 이에 대한 손해배상을 학교가 학생에게 져야 한다고 본 것이다. 물론 퇴학 조치는 재심 등의 절차를 통해서 취소되었다. 단순히 징계가 취소된 것이 아니라 위자료 등의 손해배상까지 인정된 것이므로 징계권자의 재량이라고 하더라도 학생에 대한 징계를 너무 쉽게 생각하면 안 된다는 것을 잘 보여 준 사례라고 할 수 있다.

1. 「교원지위법」이나 「학교폭력 예방법」이 아닌 순수한 선도위원회의 징계는 「초·중등교육법」에서 정해져 있다. 강제 전학은 징계에 없으며, 출석 정지도 10일씩 최대 30일까지만 가능하며, 퇴학의 경우 엄밀한 요건을 따른다.
2. 징계는 원칙적으로 선도위원회의 결정에 따라 징계권자인 학교장의 재량이지만, 그 재량권이 남용되면 징계가 위법하여 취소될 수 있고, 심지어 손해배상책임을 지게 될 수도 있다.
3. 「초·중등교육법」상 징계에 대한 불복은 퇴학에 대해서만 교육청에서 재심 절차를 밟을 수 있도록 정하고 있으나, 학생이 기본적인 행정 불복으로 행정심판이나 행정소송으로도 다툴 수 있다. 그렇기 때문에 학칙 내에 학교 안에서의 재심 절차도 마련해 두어 큰 분쟁을 사전에 방지하는 것도 도움이 된다.

3. 사법적 조치 : 소년법, 통고제

앞서 살펴본 학생에 대한 학교의 징계를 '교육적 조치'라고 부른다면, 지금부터 살펴볼 내용은 학생에 대한 '사법적 조치'에 관한 내용이다. 최근 '소년 사건은 엄벌해야 한다' 또는 '소년법을 폐지해야 한다'는 여론이 확산되고 있는데, 이는 실제 소년 사건의 현황 및 추이를 살펴보지 않은 채 일부 심각한 범죄를 기준으로 소년 사건을 판단하는 것이어서 상당히 우려되는 인식이다.

학교에서조차 학생에 대한 사법적 조치는 학교 밖의 일이라고 생각한다. 그러나 사법적 조치를 받게 되는 학생들, 「소년법」상 처분을 받은 아이들이라고 해서 전혀 다른 세계에 속하는 것은 아니다. 우리가 교실에서 만나는 학생들과 다르지 않은 나이와 눈높이를 가지고 있다. 그렇기 때문에 교사로서 학생에 대한 사법적 조치란 무엇인지, 또 도움이 될 수 있는 부분은 어떤 것이 있을지 관심과 고민이 필요하다.

(1) 소년법의 의의

「소년법」은 19세 미만인 자의 형사 처분에 관한 특별조치이다. 죄를 범한 19세 미만의 소년이거나, 「형법」에 저촉되는 범죄 행위를 한 10세 이상 14세 미만의 소년, 그 외 '우범소년'에 해당하는 자를 「소년법」이 적용되는 대상으로 보고 있다. 「형법」상 14세가 되지 않은 자의 행위는 벌하지 아니한다는 것이 형사미성년자에 관한 규정인데, 「소년법」에 따르면 형사미성년자의 경우에도 10세 이상인 경우 「소년법」상 보호사건으로 심리할 수 있다고 규정하고 있다. 따라서 초등 저학년을 제외하면, 초·중·고 학생들은 대부분 「소년법」이 적용된다.

기본적으로 소년 범죄에 관하여 접근할 때는 성인을 대상으로 하는 형벌과는 다른 인식을 기본으로 하고 있다. 즉, '아직 완전히 성장하지 않은 자'의 책임능력에 대한 고려가 우선된다는 것이다. 「소년법」은 단순히 어린 연령에 해당하는 사람을 처벌하고자 하는 법이 아니다. 「소년법」 제1조에서는 '소년의 건전한 성장'을 돕는 것을 목적으로 한다고 명시적으로 밝히고 있기도 하다. 따라서 단호한 조치와 동시에 이들을 잘 보살펴 사회로 복귀시키는 것에 초점이 있다.

(2) 소년법상 보호처분

일반적으로 소년범에게 내려지는 처분은 소년원에 가는 것이라고 생각하는데, 소년보호사건의 보호처분은 다양한 형태로 이루어진다.

소년법상 보호처분의 종류와 기간

구분	보호처분의 종류	기간의 제한	대상 연령
1호	보호자 또는 보호자를 대신하여 소년을 보호할 수 있는 자에게 감호 위탁	6개월(6개월 연장 가능)	10세 이상
2호	수강명령	100시간 이내	12세 이상
3호	사회봉사명령	200시간 이내	14세 이상
4호	보호관찰관의 단기 보호관찰	1년	10세 이상
5호	보호관찰관의 장기 보호관찰	2년(1년 연장 가능)	10세 이상
6호	「아동복지법」상의 아동복지시설이나 그 밖의 소년보호시설에 감호 위탁	6개월(6개월 연장 가능)	10세 이상
7호	병원, 요양소 또는 「보호소년 등의 처우에 관한 법률」상의 소년의료보호시설에 위탁	6개월(6개월 연장 가능)	10세 이상
8호	1개월 이내의 소년원 송치	1개월 이내	10세 이상
9호	단기 소년원 송치	6개월 이내	10세 이상
10호	장기 소년원 송치	2년 이내	12세 이상

보호자 또는 보호자를 대신하여 소년을 보호할 수 있는 자에게 감호위탁하거나, 일정한 시간을 지정하여 수강명령 또는 사회봉사명령을 내리기도 한다. 그 외에 보호관찰관이 단기 또는 장기의 보호관찰을 하기도 하고, 소년원이 아닌 아동복지시설, 소년보호시설, 소년의료보호시설 등에 위탁하는 처분이 있다. 무거운 처분에 해당하는 소년원 송치 처분 또한 기간별로 지정되어 있다.

「소년법」상의 보호처분의 종류를 살펴보면, 단순히 처벌만을 위한 처분이 아닌 것을 알 수 있다. 특히 아동복지시설이나 병원, 요양소 등에 위탁하는 것은 소년범의 환경이나 특성에 따라 행동 개선의 여지가 있어 실효적인 방법이 될 수 있다. 그렇기 때문에 소년범에 관한 보호처분을 할 때에는 단순히 범행의 죄질만 따지는 것이 아니라, 소년의 품행과 환경 등의 조사가 면밀히 이루어진다.

(3) 학교장 통고제

3년차 중학교 교사 K는 요즘 담임을 맡고 있는 학생 희준이 때문에 걱정이 많다. 결석을 밥 먹듯이 하는 희준이는, 최근에는 인근 학교의 친구들과 어울려 다니면서 각종 비행을 일삼는다는 소문도 들려온다. 결석을 할 때마다 어르고 달래 보기도 하고, 징계를 주기도 하였지만 아무 소용이 없었다. 희준이의 부모님께 연락하기 위해서 여러 번 시도해 보았지만 연락이 닿지 않아 답답한 마음만 커져 간다. 1학년 때는 이렇게 심하지 않았다는데, 희준이를 위해서 할 수 있는 일이 어떤 것이 있을까 K교사의 고민은 깊어진다.

징계로도 교육적 효과를 기대할 수 없고, 학부모의 협조도 이루어지지 않는 학생을 위하여 담임교사는 어떤 방법을 생각해 볼 수 있을까?

학교는 학생의 가정환경에 관하여 적극적으로 조사할 권한과 인력이 부족하다. 또한 가정환경에 문제가 있을 경우 즉시 위탁할 수 있는 기관이 학교 내에 설치되어 있는 것도 아니다. 그러나 학생을 이대로 둘 수는 없다. 학생의 비행이 더욱 심각해지기 전에 무언가 조치가 필요하다. 이럴 때 K교사와 학교는 '학교장 통고제'라는 제도를 활용할 수 있다. 정확히 어떤 제도일까?

「소년법」에서는 소년보호사건의 대상을 발견한 보호자, 학교, 사회복지시설, 보호관찰소의 장은 관할 소년부에 통고할 수 있게 하는 제도를 마련하고 있다. 학교의 경우 학교장이 직접 소년사건을 관할 법원에 접수하여 소년부 보호사건으로 처리할 수 있게 하고 있으며, 이것이 학교장 통고제이다.

"학교장이 학생을 신고하는 것인가요?"

일반적으로 신고라고 하면 사건을 수사기관에 접수시키는 것으로 이해할 수 있는데, 학교장 통고제는 이와는 조금 성격이 다르다. 경찰이나 검찰에 사건을 접수하는 것이 아니라 관할 법원의 소년부 보호사건으로 진행되는 것이다. 소년부 보호사건으로 진행되는 경우 일반 형사 절차와는 달리 수사 기록이 남지 않는다는 점, 「소년법」상 조사와 심리 등의 절차로 이루어진다는 점 등이 문제 해결에 도움이 되는 특징이다. 다만, 교육적 조치가 가능한 학생들까지 모두 대상으로 하는 것은 아니다. 앞서 살펴보았듯이 소년보호사건의 대상이 되는 일정한 요건에 해당하는 학생의 경우, 학교의 징계 외에도 좀 더 단호한 조치가 필요하다고 생각되면 활용할 수 있다.

그런데 학교 현장에서는 실제로 학교장 통고제가 많이 활용되고 있지 않다. 학생을 법원으로 직접 보낸다는 것에 대한 심리적 거부감 내지는 부담감이 크기 때문이다. 실제로 2002년부터 2011년까지 전국 법원에 접수된 통고는 179건에 불과하다.

그러나 학교장 통고제가 시기적절하게 사용될 경우 오히려 해당 학생에게는 장기적으로 도움이 될 수 있다. 학교의 교육적 조치로는 더 이상의 개선이 어려운 상황일 때, 또 보호자의 협조나 도움을 기대할 수 없는 상황일 때 적절한 처분이나 환경 변화는 긍정적인 효과를 가져올 수 있다. 법원에서도 이러한 점을 강조하고 있다. 가정이나 학교에서 문제를 해결하기 어려울 경우 법원이 심층적인 조사를 통하여 전문가에게 상담을 받게 하거나, 치료나 예방을 위한 조치를 취하여 소년의 성행이나 환경을 교정할 수 있다는 것이다. 따라서 학교장 통고제는 단호한 조치인 동시에 솔루션이 되기도 하며, 통고에 따른 심리나 처분은 수사나 처벌이 아니라 오히려 교육의 연장이 될 수 있다.

학교장 통고제의 절차 또한 복잡하지 않다. 학교장이 서면으로 작성한 통고서를 법원에 접수하는 형태로 진행이 되는데, 통고 시 소년의 인적사항이나 통고 사유 등을 상세히 기재하여 접수한다. 사건이 접수되면 우선 법원의 조사를 통하여 소년의 평소 품행과 현재의 심리 상태, 가정환경 등을 면밀히 확인하고, 이후 적절한 처분을 통한 품행 개선이 이루어지게 한다.

소년 사건의 대부분은 절도 등의 비교적 가벼운 범죄가 많으며, 범행의 동기 또한 계획적이기보다는 우발적이거나 호기심에 의한 경우가 많다. 특히 또래집단의 영향을 많이 받는 연령의 특성상 자신도 모르는 사이에 휩쓸려 범죄를 저지르기도 한다. 따라서 아이들의 비행을 바라볼 때에는 극히 일부의 흉악 범죄를 소년 사건의 기준점으로 삼기보다는, 학교와 사회에서 이들의 올바른 성장을 위하여 어떠한 조치를 할 수 있는지에 관하여 좀 더 관심이 필요한 시점이라고 생각된다. 아울러 학생들의 비행에 있어 교육적 조치는 충분히 하되, 사법적 조치가 가능한 사안에 있어서는 단호한 결정을 통하여 좀 더 적극적인 대처를 하는 것이 더욱 바람직할 것이다.

핵심 정리

1. 「소년법」은 19세 미만인 자를 대상으로 하는 형사 처분에 관한 특별조치로서, 소년의 환경 조정과 품행 교정을 위한 보호처분 등의 필요한 조치를 통하여 소년이 건전하게 성장하도록 돕고자 하는 취지의 법이다.
2. 「소년법」상 보호처분에는 보호자 감호위탁, 수강명령, 사회봉사명령, 보호관찰, 보호시설위탁, 의료보호시설 위탁, 소년원 송치 등 총 10가지의 처분이 있다.
3. 학교장 통고제는 소년보호사건의 대상을 발견한 학교장이 관할 소년부에 직접 소년사건을 접수하는 제도로, 학교의 교육적 조치만으로는 개선이 어려울 때, 보호자의 협조를 기대할 수 없는 상황일 때 활용할 수 있다.

아슬아슬 아동 학대

예전에는 '아동 학대'라고 하면 부모가 자식을 대상으로 행하는 폭력으로만 여겨졌다. 그런데 언젠가부터 아동 학대 이슈가 학교 현장에서 발생하기 시작했다. 아동 학대를 이유로 학부모 또는 학생으로부터 고소당하는 교사가 많아진 것이다. 그중 심각한 아동 학대에 해당하는 행위에 대하여 법적 절차가 진행되는 것에는 논란의 여지가 없다. 그러나 실제로 아동 학대에 해당되는 행위를 하지 않았음에도 절차에 제대로 대처하지 못하여 다소 억울한 상황에 놓이는 교사 또한 증가하고 있는데, 이를 방지하기 위해서는 제대로 알고 대응하는 것이 중요하다.

1. 아동복지법 이해하기

아동 학대에 관하여 정확하게 이해하기 위해서는 이를 규정하고 있는 「아동복지법」을 살펴보아야 한다. 「아동복지법」은 아동이 건강하게 출생하여 행복하고 안전하게 자랄 수 있도록 아동의 복지를 보장하고자 마련된 법이다.

이 법에서 말하는 아동은 몇 살까지일까? 「아동복지법」은 아동을 '18세 미만인 사람'으로 정의하고 있다. 따라서 유치원, 초·중·고등학교에 재학 중인 학생은 대부분 「아동복지법」 및 「아동학대처벌법」의 적용 대상이 된다.

그렇다면 교사가 이 법의 대상이 되는 이유는 무엇일까? 아동 학대 범죄는 '보호자'에 의한 아동 학대를 일컫는데, 「아동복지법」에서의 '보호자'란 친권자, 후견인, 아동을 보호·양육·교육하거나 그러한 의무가 있는 자 또는 업무·고용 등의 관계로 사실상 아동을 보호·감독하는 자를 말한다. 따라서 보육기관 및 학교에서 근무하는 교사들은 '보호자'에 해당한다.

(1) 아동 학대란

아동복지법 제3조 제7호 "아동 학대"란 보호자를 포함한 성인이 아동의 건강 또는 복지를 해치거나 정상적 발달을 저해할 수 있는 신체적·정

신적·성적 폭력이나 가혹행위를 하는 것과 아동의 보호자가 아동을
유기하거나 방임하는 것을 말한다.
7의2. "아동 학대 관련 범죄"란 다음 각 목의 어느 하나에 해당하는 죄
를 말한다.
가. 「아동학대범죄의 처벌 등에 관한 특례법」 제2조 제4호에 따른 아
동 학대 범죄
나. 「아동에 대한 형법」 제2편 제24장 살인의 죄 중 제250조부터 제
255조까지의 죄

아동 학대라고 말하면 흔히 신체적인 학대만을 연상하기 쉽다. 그러나
아동 학대의 정의를 살펴보면, 신체적·정신적·성적 폭력, 가혹 행위,
유기, 방임 등의 유형을 모두 포함하고 있는 것을 확인할 수 있다. 여
기에서 특히 주의해야 할 점은 바로 정서적 학대 행위에 관한 것이다.

정서적 학대는 행위의 유형이 매우 다양하다. 중앙아동보호전문기
관은 정서적 학대에 관하여 "언어적 모욕, 정서적 위협, 감금이나 억
제, 기타 가학적인 행위를 말하며 언어적·정신적·심리적 학대"라고
표현하고 있다. 법원에서 판단하는 정서적 학대의 기준 또한 비슷하
다. 법원은 「아동복지법」상 아동 학대는 「형법」상 학대의 개념보다 넓
게 해석해야 한다고 하면서, "아동의 정신건강 및 발달에 해를 끼치
는 정서적 학대 행위란 현실적으로 아동의 정신건강과 정상적인 발달
을 저해한 경우뿐만 아니라 그러한 결과를 초래할 위험 또는 가능성

이 발생한 경우도 포함된다."고 설명하고 있다. 이러한 입장에 따라 경멸적인 언어 표현, 잠을 재우지 않거나 밥을 억지로 먹이는 행위, 과도하게 벌을 세우는 행위 등 정서적 학대의 유형은 매우 다양하게 나타날 수 있다. 기존에 '훈육'이라는 명목으로 이루어지던 것들이 상당 부분 아동 학대에 해당하는 행위인 것이다. 교육 활동 시 무엇보다 유의해야 할 지점이다.

(2) 취업제한규정

기존의 법률에서는 아동 학대 관련 범죄로 형 또는 치료감호를 선고받아 확정된 사람의 경우 무조건적으로 10년간 아동 관련 기관에 취업 또는 노무를 제공할 수 없다는 내용의 취업제한규정이 적용되었다. 심각한 아동 학대 행위에 관하여 일정한 취업 제한이 필요하다는 점에는 모두 공감할 것이다. 그러나 학대 행위의 양상, 범행의 경중에 따라 형은 다르게 선고될 수 있으며, 가령 벌금 50만 원이 선고된 사안과 징역 3년이 선고된 사안은 현저한 차이점이 있을 것이다. 그러나 기존의 규정에 의하면 두 행위 모두 동일한 제한 규정, 즉 10년의 취업제한규정이 적용된다(벌금 또한 '형'에 해당하기 때문이다). 이에 관하여 현장에서는 억울함을 호소하는 사례가 발생하기도 하였고, 아동 학대 관련 사안에 관하여 막연한 불안감이 증폭되었다.

그런데 최근 해당 규정이 헌법재판소의 위헌 판단으로 개정되었다. 폭행죄로 벌금 50만 원의 약식명령이 확정되어 초등학교에서 근무할 수 없게 된 초등 교사를 포함한 청구인들은 해당 조항이 자신의 공무담임권 등을 침해한다고 주장하면서 헌법소원심판을 청구한 것이다.

헌법재판소는 해당 조항은 아동 학대를 예방하기 위한 법이며, 이러한 입법 목적을 달성할 수 있는 수단이기는 하나 재범의 위험성과 상관없이 예외 없는 제한을 하는 것은 기본권을 과도하게 제한하는 것이라고 설명하면서 해당 조항이 위헌이라고 판단하였다.[46] 즉, 취업제한규정 자체는 정당하다고 볼 수 있으나, 범죄 행위의 유형이나 개별 사안의 경중, 재범의 위험성 등을 구체적으로 고려하지 않고 모두에게 일률적인 취업 제한 기간(10년)을 두는 것은 그 제한의 정도가 지나치다고 본 것이다. 이후 개정된 규정의 내용은 다음과 같다.

아동복지법 제29조의3(아동 관련 기관의 취업제한 등) 아동 학대 관련 범죄로 형 또는 치료감호를 선고하는 경우에는 판결(약식명령을 포함한다. 이하 같다)로 그 형 또는 치료감호의 전부 또는 일부의 집행을 종료하거나 집행이 유예·면제된 날(벌금형을 선고 받은 경우에는 그 형이 확정된 날을 말한다)부터 일정 기간(이하 "취업제한기간"이라 한다) 동안 다음 각 호에 따른 시설 또는 기관(이하 "아동 관련 기관"이라 한다)을 운영하거나 아동 관련 기관에 취업 또는 사실상 노무를 제공할 수 없도록 하는 명령(이하 "취업제한명령"이라 한다)을 아동 학대 관련 범죄 사건의 판결과 동시에 선고(약식명령의 경우에는 고지를 말한다)하여야 한다. 다만, 재범의 위험성이 현저히 낮은 경우나 그 밖에 취업을 제한하여서

는 아니되는 특별한 사정이 있다고 판단하는 경우에는 그러하지 아니하다.

개정법은 형 또는 치료감호를 선고 받아 확정된 경우에 일괄적으로 취업 제한을 적용하는 것이 아니라, 취업 제한이 적용되기 위해서는 법원이 아동 학대 범죄의 형 또는 치료감호에 관한 판결 시 별도로 취업제한명령을 선고하여야 하며, 재범의 위험성이나 구체적 사정을 고려하여 이를 선고하지 않을 수도 있다는 단서 규정을 두었다. 즉, 형사적 처벌과는 별도의 불이익인 10년의 취업 제한에 관하여 사안의 경중, 개별 사정을 검토할 수 있는 여지가 생긴 것이다. 또한 부칙으로 불복 절차도 규정함으로써, 취업제한명령을 받았더라도 이것이 부당하다거나 과중하다고 판단되는 경우 불복하는 절차가 신설되었다.

2. 아동 학대 사안 대처 시 유의점

그렇다면 실제로 교육 활동을 할 때 어떠한 점에 유의해야 할까? 교사의 교육 활동의 형태는 한 사람이 다수를 지도하는 구도이다. 따라서 끊임없이 제약하고 혼을 내는 등의 상황이 발생하게 되는데, 이는 자칫하면 정서적 학대로 여겨질 수 있는 위험성을 안고 있다. 이를 예방하기 위해서는 어떻게 하는 것이 좋을까?

첫째, 미리 정해진 규칙이나 방법을 이용한다.

학기 초에 학생들과 미리 학급의 규칙을 정하는 것이다. 일정하게 예상되는 행위에 관하여 어떠한 잘못에는 어떠한 제재가 가해지는지를 미리 논의하고 공유한다. 물론 학교에서 발생하는 모든 종류의 돌발 상황을 예상하여 일일이 규정할 수는 없다. 그러나 몇 가지 대표적인 유형이나 반복되는 유형(수업 방해, 지각, 숙제를 하지 않는 행위 등)만이라도 미리 정해 놓은 규칙을 이용하도록 규정해 놓는다면, 교사가 순간적으로 과도하게 대응하거나 다소 위험한 형태의 제재를 하는 것을 방지할 수 있다.

둘째, 감정적 대응은 지양한다.

교사도 사람이기 때문에 순간적으로 화가 날 수 있다. 그러나 본인을 지키기 위해서라도 감정적 대응은 최대한 자제해야 한다. 잘못을 지적하는 것과 화를 내는 것은 분명히 다르다. 순간적인 감정으로 인하여 과도한 표현 내지는 방법을 사용하는 것에 유의해야 한다.

셋째, 일률적 기준 적용은 위험하다.

교사가 교육 활동을 하는 데 일정한 목표를 정하고 아이들을 끌고 나가는 것은 당연하다. 그러나 자칫 위험할 수도 있는 상황은, 모든 아이들에게 일률적 기준을 적용하는 것이다. 당연한 이야기지만, 아이들마다 신체적·정서적인 능력 또는 수인한도가 다르다. 따라서 교육 활동 또는 지도 시 개별 학생이 불편함을 호소한다거나 어려움을 느끼는 것을 인지하는 경우에도 목표 도달을 일방적으로 강요하는 것은 위험한 형태의 지도가 될 수 있다.

(1) 초기 대응의 중요성

"변호사님, 제가 아동 학대를 했다고 고소당해서 경찰서에 다녀왔는데요……."

어느 유치원 교사의 전화였다. 첫 대목부터 마음이 급해진다. 앞서 형사 절차를 다루면서 이야기했지만 수사기관의 조사를 다녀오고 난 후에 비로소 법률 상담을 하는 순서는 매우 위험하다. 이 교사 또한 조사를 다녀오기 전에 전화를 주었더라면 얼마나 좋았을까 하는 아쉬움이 내내 남았다.

"저는 유치원에서 근무하고 있는 교사예요. 저는 아이를 때린 적도, 강하게 대한 적도 없는데 제가 아이를 학대했다고 학부모가 저를 고소했습니다."

"선생님, 경찰 조사 당시 어떤 부분을 주로 물어보던가요? 어떤 날의 어떤 사건에 관하여 질의하던가요?"

"저는 잘 기억이 나지 않는 날인데, CCTV 화면을 보여 주었어요."

"네, 화면 속 어떤 장면이었나요?"

"제가 아이와 있다가 같이 화면 밖으로 사라지는 장면이었어요. 아마 그 이후 장면은 CCTV 사각지대여서 잡히지 않았던 것 같아요."

"네, 그 장면을 보여 주면서 어떤 질문이 이어졌나요?"

"수사관님이 그 장면에서 멈추시더니 '선생님, 저기 가서 뭐 하셨어요? 일부러 사각지대로 아이를 데리고 가서 때리거나 강압적으로 대한 것은 아닌가요?'라고 질문하셨어요."

"선생님, 그 질문에 어떻게 대답하셨나요?"

"저는 한참을 생각해 봐도 그날이 기억나지 않고, 화면 밖으로 사라진 이후에 어떻게 되었는지 저도 잘 모르겠어서 그냥 '몰라요…… 모르겠어요……'라고 대답했습니다."

교사가 그렇게 대답한 이유와 상황이 너무나 이해가 되지만 참으로 안타까운 순간이었다. 교사가 실제로 정당한 교육 활동에 해당되는 행위를 했음에도 아동 학대를 하였다는 이유로 고소를 당한 경우에는 초기 대응이 매우 중요하다. 예로 들면, 학생이 심한 장난을 친다거나, 책상 위로 올라가는 등의 위험한 행동을 하는 상황에서 교사가 학생의 안전을 확보하기 위해 학생의 몸을 잡고 끌어내리거나 또는 당기는 상황이 종종 발생하는데, 이런 경우 학생의 일방적인 진술만 듣고 학부모가 교사를 아동 학대로 고소하는 사안 등이 대표적이다.

이런 경우에 아동보호기관 또는 수사기관의 조사 절차가 시작되면, 최대한 빨리 법률 전문가의 도움을 받아서 대응 방향을 잡아야 한다. 사실관계에 있어 다르게 파악된 점이나, 교육 활동의 정당성 등을 정확하고 단호하게 답변할 수 있도록 준비해야 한다. 그런데 '별일 아니겠지'라는 생각으로 허술하게 진술한다거나, 제대로 답변하지 못하는 경우가 생각보다 많다. 일상의 대화와 수사기관에서의 대화는 매우 다르다. 나의 행위가 정당한 행위에 해당한다는 점을 입증하기 위하여 어떤 것을 주장해야 하는지, 어떤 점에 유의하여 진술해야 하는지는 법적 검토가 반드시 필요한 것이다. 이와 관련하여 몇 년 전 춘천에서 일어난 사건을 참조해 볼 수 있다.

  어린이집 보육교사가 낮잠을 자기 위해 누워 있던 세 살 원아에게 휴대전화로 무서운 영상을 틀어 주었고, 이를 시청한 아이가 극도의 공포심을 느껴 울음을 터뜨렸다. 1심 법원[47]에서는 보육교사인 피고인이 원아에게 무서운 영상을 보여 준 행위가 「아동복지법」상 정서적 학대에 해당한다고 판단하였다. 판결문에서 해당 영상은 피고인의 휴대전화에 저장된 '도깨비 애플리케이션'과 그 영상이라고 하였는데, 이에 관하여 피고인이 자신은 보여 준 적이 없다고 주장하였으나 받아들여지지 않았다.
  그런데 항소심에서는 판단이 뒤집혔다. 항소심 재판부는 '무서운 영상을 보여 주는 행위'가 정서적 학대에 해당되지 않는다고 보았던 것일까? 그렇지 않다. 항소심 재판부에서 중점적으로 판단된 사항은 피고인이 아동에게 실제로 영상을 보여 준 행위가 있었는지 여부였는데, "피고인의 휴대전화에 애플리케이션이 설치되어 있었다는 점만으로는 피해 아동에게 극도의 공포심을 느끼게 할 정도로 무서운 영상을 보게 했다고 인정하기에 부족하다. 녹화 영상과 증언 등을 종합하여 보아도 이를 시청하게 하였다고 인정할 증거가 부족하다."고 하면서 무죄를 선고하였다. 즉, 검사가 제출한 증거만으로는 공소사실을 인정하기에 부족하다고 판단한 것이다. 이 사건의 시사점은 두 가지이다.

첫째, 정서적 학대의 유형은 굉장히 다양하다는 점을 다시 확인할 수 있다. 문제가 된 '도깨비 애플리케이션'은 학부모들 또한 사용하는 것이었다고 한다. 그렇다고 하더라도 이를 이용하여 아이에게 정서적 불안을 가중시킬 수 있는 행위는 정서적 학대에 해당될 수도 있다고 판단한 것이다. 이를 미루어 볼 때, 법원에서 인정하는 정서적 학대의 유형과 범위는 사안에 따라, 또는 피해 아동의 특성에 따라 다양한 양상을 보일 수 있다는 것이다.

둘째, 아동 학대 사안에 대처할 때 정확한 법적 대응, 치밀한 주장 등이 얼마나 중요한지 확인할 수 있다. 이 사건의 피고인인 보육교사는 실제 그러한 행위를 하지 않았으므로 공소사실 자체를 부인하는 입장에서 방어했다. 그러한 경우에는 제시된 정황 증거 및 주요 사실들을 치밀하게 반박하고, 법률적 검토를 통한 체계적 대응을 하는 것이 중요하다.

그럼 앞서 언급한 유치원 교사는 어떻게 답변해야 했을까? 우선, 행위 여부에 관한 정확한 답변이 필요하다. 아동 학대에 해당되는 행위를 한 바 없으므로 "아이를 데리고 가서 때리거나 강압적인 행위를 한 바 없습니다."라고 정확하게 진술해야 한다. 또한 나의 행위 의도를 다르게 해석하고 있으므로 "일부러 사각지대라고 생각해서 데리고 간 것이 아니며, 사각지대 여부에 관해서는 전혀 알지 못합니다."라고 진술해야 할 것이다. 해당 사안의 경우 (당연하지만) 학대 행위에 관한 직접 증거가 전혀 없었으므로 정확하게 답변했다면 1회 정도의 조사에 그쳤을 사안임에도 조사가 다소 길게 진행되었던 것으로 기억한다.

학교 현장에서는 아동 학대와 관련한 내용에 관하여 막연하게 걱정하거나, 혹은 나에게는 일어나지 않을 일이라고 생각한다. 하지만 관련 내용을 꼼꼼히 확인하고 제대로 대처한다면 무조건 억울한 일은 최대한 줄일 수 있다.

⚖️ 핵심 정리

1. 「아동복지법」은 '18세 미만인 자'인 아동에 관한 복지를 보장하고, 건전한 성장을 돕기 위하여 마련된 법이다. 「초·중등교육법」상 학교에 근무하는 교원은 「아동복지법」상 보호자에 해당한다.
2. 「아동복지법」상 아동 학대 행위는 신체적 폭력뿐만 아니라 정서적·성적 폭력까지 모두 포함하는 개념이며, 상당히 다양한 유형의 행위를 정의하고 있다.
3. 「아동복지법」상 아동 학대 관련 범죄 전력자에 해당하는 경우, 일정 조건하에 아동 관련 기관에 취업이 제한될 수 있다.
4. 정당한 지도 행위임에도 불구하고 아동 학대 혐의로 수사기관 및 아동보호 전문기관에 고소, 신고 등이 접수된 경우 법률 전문가의 도움을 받아 초기 대응하는 것이 바람직하다.

📖 이럴 땐 무슨 죄?

「교원지위법」에서는 교육 활동 침해 행위를 예시하면서 「형법」상 범죄에 해당하는 죄명을 열거하고 있다. 하지만 현장에서 죄명 또는 해당 죄에 관한 「형법」 규정만 확인하는 것으로는 어떤 행위가 어디에 해당하는지의 여부를 정확히 알기 어렵다. 따라서 각 죄의 성립 요건, 구체적 사례들을 살펴본다면 대략적으로 어떠한 행위가 어느 죄에 해당하는지 판단하는 데 도움이 될 것이다.

본격적으로 내용을 확인하기 전에 꼭 기억해야 할 것은, 앞서 판례 읽는 법에서 언급한 바와 같이 '결론'만 확인하지 않도록 주의해야 한다는 점이다. 일반적인 성립 요건을 기억하되, 개별 사안의 사실관계에 따라 판단은 달라질 수 있으므로 단순히 '이런 유형의 사안은 모두 이러이러한 결론일 것이다'라고 단편적으로 이해하지 않도록 하자.

1. 상해와 폭행

> **형법** 제257조(상해, 존속상해) ①사람의 신체를 상해한 자는 7년 이하의 징역, 10년 이하의 자격 정지 또는 1천만 원 이하의 벌금에 처한다.
>
> 제260조(폭행, 존속폭행) ①사람의 신체에 대하여 폭행을 가한 자는 2년 이하의 징역, 500만 원 이하의 벌금, 구류 또는 과료에 처한다.

'상해'와 '폭행'이라는 용어는 흔히 사용되지만 「형법」상 범죄의 성립에 관해서는 정확히 알기 어렵다. 우선, 두 죄의 공통점을 먼저 찾아보자. 조문에서 공통적으로 '사람의 신체'라는 용어를 사용하고 있는 것을 확인할 수 있다. 즉 「형법」상 상해와 폭행의 죄는 사람의 신체에 대한 침해를 내용으로 하는 범죄라고 할 수 있다. 따라서 '물건'에 대한 것은 폭행이나 상해라고 할 수 없다. 예를 들어서 바닥에 무언가를 던진다거나, 문을 발로 차는 행위 등에 대해서는 폭행이나 상해죄라고 판단하지 않는다.

일반적으로 폭행이라 함은 '사람의 신체에 대하여 유형력을 행사하는 것'을 가리키며, 상해는 '신체의 완전성을 훼손하거나 생리적 기능에 장애를 초래하는 것'을 말한다. 폭행의 경우 사람의 생리적 기능을 훼손하거나 건강을 해할 정도에 이르는 것을 요건으로 하지 않기 때문에 단순히 잡아당기거나 미는 것은 물론, 머리를 자르거나 수염을 자르는 행위 등도 모두 폭행에 해당할 수 있다. 반면에 상해의 경우는 외상이 발생한다거나 기능성 장애가 발생하는 등의 일정한 요건이 필요하다.

폭행죄에서 말하는 폭행이란 사람의 신체에 대하여 육체적·정신적으로 고통을 주는 유형력을 행사하는 것으로, 반드시 피해자의 신체에 접촉해야 하는 것은 아니고, 그 불법성은 행위의 목적과 의도, 행위 당시의 정황, 행위의 태양과 종류, 피해자에게 주는 고통의 유무와 정도 등을 종합하여 판단하여야 한다.[48]

따라서 자신의 차를 가로막는 피해자와 부딪친 것은 아니더라도 피해자와 부딪칠 듯이 차를 조금씩 전진시키는 것을 반복하는 행위 역시 피해자에 대해 위법한 유형력을 행사한 것이라고 보아야 한다.[49] 그 외에도 다양한 유형의 행위가 폭행죄로 포섭될 수 있다.

한편 일반적으로 '상해 진단서'만 제출하면 상해가 인정된다고 알고 있는 경우가 많은데, 이는 정확하지 않은 내용이다. 병원에서 발급 받은 상해 진단서를 제출하였다는 것만으로 상해 여부가 판단되는 것은 아니다. 법원은 실제 상해가 발생했는지 여부를 판단하기 위해서 상해 진단서의 발급 또는 제출된 시기, 경위, 정황, 실제 치료 여부 등을 종합적으로 고려하여 증거 능력을 확인하고 상해 여부를 판단한다.[50]

원심이 적법하게 채택하여 조사한 증거들에 의하여 인정되는 다음과 같은 사정들, 즉 ① 피해자가 이 사건 당일 17:54경 경찰에서 조사 받을 당시 피고인으로부터 폭행을 당하여 입술에 상처가 발생했다는 취지로 진술하면서도 경찰의 "상해 진단서를 제출할 것인가요?"라는 물음에 대하여는 "병원에 가 보고 생각해 보겠습니다."라고 대답한 점 ② 이 사건의 발생 시각은 2012. 2. 8. 15:30경이고, 검사가 증거로 제출한 피해 부위 사진은 피해자에 대한 경찰 조사가 이루어진 같은 날 17:54경 촬영된 것으로 보이는 바, 일반적으로 입술 부위의 상처 색깔은 발생 당시에는 붉은색이고, 그로부터 3시간이 지나기도 전에 위 사진처럼 하얀색으로 변하지는 않는 점 ③ 피해자는 이 사건 다음 날 병원을 방문하여 '14일간의 치료를 요하는 입술 및 구강의 표재성 손상, 박리, 찰과상, 요추의 염좌 및 긴장'의 진단을 받았으나 별다른 치료를 받지 않은 것으로 보이는 점 ④ 피고인의 위 공사 현장 인부에 대한 폭행 사건이 발생한 후인 2012. 2. 15.에야 비로소 피해자가 상해 진단서를 경찰에 제출한 점 등을 종합해 보면, 위 진단서상의 상해가 피고인의 폭행에 의하여 발생하였다는 점에 부합하는 피해자의 진술은 믿기 어렵고, 상해 진단서 및 피해 부위 사진만으로는 이를 인정하기에 부족하며, 달리 이를 인정할 만한 증거가 없다. 따라서 상해죄의 공소사실에 대하여 무죄를 선고한 원심은 정당하고, 거기에 사실을 오인하여 판결 결과에 영향을 미친 위법이 없으므로, 이 사건 주위적 공소사실에 관한 검사의 항소 이유는 받아들이지 아니한다.

그런데 상해와 폭행을 구분해야 하는 이유는 무엇일까?

기본적으로 두 죄의 양형, 즉 징역과 벌금의 상한이 다르다. 당연히 상해의 죄를 훨씬 무겁게 처벌하고 있다. 또 한 가지 중요한 점은, 폭행죄는 '반의사불벌죄'에 해당한다는 것이다. 반의사불벌죄란, 피해자의 의사에 반하여 공소를 제기할 수 없다는 것이다. 쉽게 말해서 피해자가 가해자의 처벌을 희망하지 않는다는 의사 표시를 한다거나, 그러한 의사를 철회한 경우에는 공소를 제기할 수 없다는 뜻이다. 따라서 폭행의 경우 합의하여 처벌불원의 의사를 표시한 경우 공소를 제기할 수 없고, 만약 공소가 제기되었더라도 공소 기각의 판결을 내려야 한다. 상해의 경우에는 합의를 해도 이는 양형에 고려되는 요소일 뿐 공소 제기 자체에 영향을 미치지는 않는다.

2. 협박과 공갈

「형법」 제30장의 협박의 죄도 「교원지위법」상 규정된 교육 활동 침해 행위 유형 중 하나이다.

형법 제283조(협박, 존속협박) ①사람을 협박한 자는 3년 이하의 징역, 500만 원 이하의 벌금, 구류 또는 과료에 처한다.

「형법」 제283조에서는 사람을 협박함으로써 성립하는 범죄를 규정하고 있는데, 여기서 협박이란 '해악을 고지하여 상대방에게 공포심을 일으키는 것'을 말한다. 폭언은 협박이라고 볼 수 없다. 객관적으로 행위자가 해악을 실현할 의사가 있다는 인상을 준다거나, 또는 상대방이 사실상 그러한 해악이 발생할 가능성이 있다고 인식해야 하는 것이다.

그런데 꼭 나에 대한 협박이어야 할까? 그렇지 않다. 이 죄의 성립에 있어서는 행위자의 협박이 꼭 상대방 본인에 대한 해악일 것으로 제한되지 않는다. 제삼자에 대한 해악이라도 가능하지만, 다만 '공포심을 일으키는 것'이라는 요건이 있기 때문에 본인과 밀접한 관계가 있는 제삼자에 대한 해악이어야 할 것이다.

간혹 학생 또는 학부모가 교사에 대하여 '~한 행동을 하면(또는 하지 않으면) 고소하겠다'는 발언을 하기도 하는데, 이러한 발언은 사안에 따라서 협박죄 성립이 가능하다. '형사 고소를 하겠다', '신문에 공개하겠다'는 식의 발언도 상대방의 중대한 가치 침해 또는 상실이 될 수 있는 경우 공포심을 일으킬 수 있는 정도의 협박이라고 판단한다. 하지만 정당한 권리 행사라고 볼 수 있을 때에는 해당하지 않는다.

협박의 개념과 연관지어 살펴볼 수 있는 죄명이 바로 공갈죄이다. 「교원지위법」상 규정된 교육 활동 침해 행위의 유형은 아니지만, 일반적으로 공갈죄의 성립 요건을 정확하게 확인하기 어렵기 때문에 간단히 내용을 살펴보고자 한다.

> **형법** 제350조(공갈) ① 사람을 공갈하여 재물의 교부를 받거나 재산상
> 의 이익을 취득한 자는 10년 이하의 징역 또는 2천만 원 이하의 벌금
> 에 처한다.

「형법」상 공갈죄는 사람을 공갈하여 타인의 재물 또는 재산상의 이익을 취득함으로써 성립하는데, 이때 '공갈'이란 폭행 또는 협박의 수단을 사용하는 것을 말한다. 즉, 앞서 살펴본 협박의 의미와 마찬가지로, 사람의 의사결정의 자유를 제한하거나 방해할 정도로 겁을 먹게 할 만한 해악을 고지하는 것을 말한다. 간혹 학교에서 안전사고가 발생하는 경우, 학부모 또는 제삼자가 교사에 대하여 안전공제회 등의 절차 외에 별도로 합의를 요구하면서 위협적인 태도를 보이는 경우가 있다. 만약 학부모 등이 요구하는 내용과 형식을 살펴보았을 때, 과도한 금원을 요구한다거나, 자신이 요구하는 돈을 지급하지 않으면 신고하겠다, 언론에 제보하겠다는 등의 협박을 하는 경우 공갈죄가 성립할 수 있다.

타인의 재물 등을 교부 받는다는 것이 사기죄와 비슷하지만, 사기죄는 '기망', 즉 속여서 처분하게 한 것이고, 공갈죄는 폭행 또는 협박의 행위로 처분하게 한 것이라는 점이 다른 요소이다.

3. 모욕과 명예훼손

모욕과 명예훼손의 경우, 학부모 등에 의한 교육 활동 침해 행위 유형 중 다수를 차지하는 유형이다. 학교에 찾아와서 욕설을 한다거나, 교사에 관한 유언비어나 근거 없는 소문을 유포하는 경우에 떠올릴 수 있는 「형법」상 범죄이자 「교원지위법」상 교육 활동 침해 행위 유형이다.

「형법」 제33장에서 명예훼손, 모욕 등을 규정하면서 보호하고자 하는 가치, 즉 '명예'라는 것은 일반적으로 사람이 사회생활에서 갖는 가치를 말한다고 설명할 수 있다. 사회 구성원으로서 인정받는 가치 또는 평가 등을 보호법익으로 하고 있으며, 이를 훼손하는 행위를 처벌하고 있는 것이다.

형법 제307조(명예훼손) ① 공연히 사실을 적시하여 사람의 명예를 훼손한 자는 2년 이하의 징역이나 금고 또는 500만 원 이하의 벌금에 처한다.

② 공연히 허위의 사실을 적시하여 사람의 명예를 훼손한 자는 5년 이하의 징역, 10년 이하의 자격 정지 또는 1천만 원 이하의 벌금에 처한다.

제311조(모욕) 공연히 사람을 모욕한 자는 1년 이하의 징역이나 금고 또는 200만 원 이하의 벌금에 처한다.

모욕과 명예훼손의 두 죄도 폭행과 상해의 관계처럼 공통점이 있다. 조문에서 '공연히'라는 용어가 공통적으로 등장하는 것을 확인할 수 있는데, 이는 둘 다 '공연성'을 요건으로 하기 때문이다. 모욕과 명예훼손의 성립에 있어 이 '공연성'이라는 요건은 매우 중요하다.[51]

명예훼손죄의 구성 요건인 공연성은 불특정 또는 다수인이 인식할 수 있는 상태를 말한다. 비록 개별적으로 한 사람에 대하여 사실을 유포하였더라도 그로부터 불특정 또는 다수인에게 전파될 가능성이 있다면 공연성의 요건을 충족하지만, 이와 달리 전파될 가능성이 없다면 특정한 한 사람에 대한 사실의 유포는 공연성이 없다고 할 것이다. 한편 위와 같이 전파 가능성을 이유로 명예훼손죄의 공연성을 인정하는 경우에는 적어도 범죄 구성 요건의 주관적 요소로서 미필적 고의가 필요하므로 전파 가능성에 대한 인식이 있음은 물론, 나아가 그 위험을 용인하는 내심의 의사가 있어야 한다. 행위자가 전파 가능성을 용인하고 있었는지 여부는 외부에 나타난 행위의 형태와 상황 등 구체적인 사정을 기초로 일반인이라면 그 전파 가능성을 어떻게 평가할 것인가를 고려하면서 행위자의 입장에서 그 심리 상태를 추인하여야 한다.

한마디로 설명하자면, '불특정 또는 다수인이 인식할 수 있는 상태'를 말하는 것이다. 그런데 이를 단순히 어떤 내용을 들은 사람의 수로만 해석하는 것은 아니다. 판례에서도 밝히고 있는 것처럼 특정한

한 사람에게만 어떤 내용을 전달했더라도 그 말을 들은 사람이 불특정 또는 다수인에게 전파할 가능성이 있다면 공연성의 요건을 충족한다고 본다. 이것을 '전파성 이론'이라고 하는데, 특정한 한 사람이라고 하여도 비밀이 보장되거나 전파될 가능성이 없는 경우에만 공연성을 부정하게 된다.

그렇다면 비슷해 보이는 두 죄, 모욕죄와 명예훼손죄를 구분하는 기준은 무엇일까? 모욕죄와 명예훼손죄를 구분할 때에는 '사실의 적시' 여부를 확인해야 한다. 여기에서 '사실'이라는 것은 일반적인 용어로서 '진실' 등의 의미가 아니라, '현실적으로 발생하고 증명할 수 있는 과거와 현재의 상태'라고 설명한다. 쉽게 말해서 '팩트 체크'를 할 수 있는 내용이면 명예훼손, 그것이 아니라 가치판단적인 요소를 가지고 있는 추상적 표현이라면 모욕으로 구분할 수 있다.

예를 들어서 '○○○ 교사가 학부모로부터 촌지를 수수하였다.'는 발언과 '○○○ 교사는 너무 이상하게 가르친다.'라는 발언을 비교해 보자. 전자는 진위 여부가 증명되는 사실 적시 발언이므로 명예훼손죄에 해당할 수 있을 것이고, 후자는 가치판단적 요소가 대부분인 내용이므로 모욕죄에 해당할 수 있을 것이다.

명예훼손과 관련해서는 추가적으로 확인할 내용이 있다. 바로 사실 적시 명예훼손죄의 위법성 조각 사유이다.

형법 제310조(위법성의 조각) 제307조 제1항의 행위가 진실한 사실로서 오로지 공공의 이익에 관한 때에는 처벌하지 아니한다.

명예훼손죄는 「형법」 제307조 제1항의 사실적시 명예훼손과 「형법」 제307조 제2항의 허위사실적시 명예훼손으로 구분할 수 있다. 그런데 「형법」에서는 사실적시 명예훼손의 경우 예외적으로 '위법성 조각 사유'라는 조항을 두고 있다. 이는 원칙적으로 위법한 행위이지만 일정한 요건에 해당하는 경우 위법성이 소멸된다고 보는 것이다.

만약 사실적시 명예훼손에 관하여 처벌하는 규정만 있다고 가정해보자. 그러한 경우 모든 종류의 비판은 일체 불가능한 상태에 놓이게 될 것이다. 진실한 사실임에도 명예를 훼손할 수 있는 내용은 무수히 많고, 이를 모두 처벌한다면 언론의 자유도 의미가 없어진다. 그렇기 때문에 「형법」은 '진실한 사실로서 오로지 공공의 이익에 관한 때'에는 처벌하지 않는 규정을 두고 있다.

원심은 제1심 판결 이유를 원용하여, 이 사건 글이 독자들에게 망 공소외 1 교장이 여성인 기간제 교사에게 차 준비나 차 접대를 채용과 계약 유지의 조건으로 내세우고 이를 거부하자 부당한 대우를 하여 사직하도록 하였다는 인상을 줌으로써 위 공소외 1 교장의 명예를 훼손한 사실은 인정되지만, 한편 여성 교원의 차 접대와 관련하여 이 사건 발생 3년 전부터 교육·여성 관련 행정기관에서 이를 금지하는 지침이

내려왔던 점, 교육 현장에서의 남녀평등은 중요한 헌법적 가치이고, 교육 문제는 교육 관련자들만의 문제가 아니라 학부모와 학생 등 국가·사회·일반의 관심사항이며, 교육 문제에 관하여 정보가 공개되고 공론의 장이 마련될 필요가 있는 점, 이 사건 글이 게재된 이후 교사 업무분장의 잘못과 부적절한 관행에 대하여 시정 조치가 이루어진 점 등을 종합하여 보면, 이 사건 글을 게재한 주요 동기 내지 목적은 공공의 이익에 관한 것이라고 볼 수 있다고 판단하여, 위 피고인의 행위가 「형법」 제310조에 의하여 위법성이 조각되어 죄가 되지 않는다는 제1심의 판단을 유지하였다. 앞서 본 법리와 기록에 비추어 살펴보면, 원심의 위와 같은 판단은 정당하고, 거기에 상고 이유로 주장하는 「형법」 제310조의 위법성 조각 사유에 관한 법리 오해 등의 위법이 없다.

위 판례[52]와 같이 공익상의 목적, 즉 교육 현장에서 부당한 대우가 있어 이를 시정할 목적으로 진실한 사실이 발언된 경우 공연성이 있고, 명예를 훼손하는 내용이라고 해도 처벌하지 않는 것이다.

4. 공무집행방해와 업무방해

「교원지위법」에서 '교원의 교육 활동을 부당하게 간섭하거나 제한하는 행위'를 고시로 규정하게 하였고, 교육부 고시에서 그중 하나의 유형으로 「형법」 제8장의 공무방해에 관한 죄, 또 제34장 제314조의 업무방해죄를 들고 있다.

우선 교사의 근무 형태에 따라 두 죄의 적용 범위가 다르다. 국공립학교의 교육공무원인 교원에 대한 침해의 경우 공무집행방해죄가, 그 외 사립학교 교원의 경우 업무방해죄가 적용된다.

형법 제136조(공무집행방해) ① 직무를 집행하는 공무원에 대하여 폭행 또는 협박한 자는 5년 이하의 징역 또는 1천만 원 이하의 벌금에 처한다. 〈개정 1995. 12. 29.〉

② 공무원에 대하여 그 직무상의 행위를 강요 또는 조치하거나 그 직을 사퇴하게 할 목적으로 폭행 또는 협박한 자도 전항의 형과 같다.

「형법」은 직무를 집행하는 공무원에 대하여 폭행 또는 협박한 자에 대한 처벌 규정을 두고 있는데, 일반적인 폭행과 협박이 각각 2년과 3년의 법정형 상한선을 두고 있는 것에 비하여 공무집행방해는 5년의 상한으로 더욱 중하게 처벌하고 있는 것을 확인할 수 있다. 따라서 교육 활동 중인 교원에 대하여 폭행 또는 협박을 한 경우 폭행과 협박죄가 아니라 공무집행방해죄가 성립되어 더욱 엄격하게 처벌할 수 있다.

이 죄를 규정한 취지는 단순히 공무원을 보호하기 위해서라기보다는, '공무원에 의하여 집행되는 공무' 자체를 보호하기 위해서이다. 따라서 추가적인 요건으로 해당 직무집행이 적법할 것을 요하기도 한다.

예를 들어 경찰관의 체포 과정이 적법하다고 보기 어려운 경우, 이러한 체포를 면하기 위하여 반항하는 과정에서 발생한 폭행 등의 행위는 공무집행방해로 처벌할 수 없다고 판단하는 사례가 대표적이다. 이를 교육 활동에 빗대어서 생각해 보면, 교사의 교육 활동이 적법하고 정당한 것이어야 한다는 뜻이다. 한편, 공무집행방해죄가 성립하게 되면 폭행죄나 협박죄가 별도로 성립하지는 않는다. 그러나 폭행을 넘어서서 상해죄를 구성하는 행위의 경우에는 별도의 죄가 된다.

형법 제314조(업무방해) ① 제313조의 방법 또는 위력으로써 사람의 업무를 방해한 자는 5년 이하의 징역 또는 1,500만 원 이하의 벌금에 처한다. 〈개정 1995. 12. 29.〉

② 컴퓨터 등 정보처리장치 또는 전자기록 등 특수매체기록을 손괴하거나 정보처리장치에 허위의 정보 또는 부정한 명령을 입력하거나 기타 방법으로 정보처리에 장애를 발생하게 하여 사람의 업무를 방해한 자도 제1항의 형과 같다.

「형법」상 업무방해죄는 허위 사실을 유포하거나 위계 또는 위력으로 사람의 업무를 방해할 때 성립하는데, 여기서 위계 또는 위력이란 폭행, 협박을 포함해서 사회적 지위나 권세를 이용하여 압박하는 것도 포함된다.

업무방해죄와 관련하여 한 가지 흥미로운 판결이 있었는데, 피고인이 한 초등학교의 교실로 찾아와 교사와 학생들에게 욕설을 하여 수업을 할 수 없게 한 사안에 관하여 원심은 업무방해죄의 '업무'에는 학생들이 수업을 듣는 것도 포함되는 것을 전제로 업무방해죄 성립을 인정했다. 하지만 상고심에서는 다른 판단을 하였다.[53]

「형법」상 업무방해죄의 보호 대상이 되는 '업무'라 함은 직업 기타 사회생활상의 지위에 기하여 계속적으로 종사하는 사무 또는 사업을 말하는 것인데(대법원 2004. 10. 28. 선고, 2004도1256 판결 등 참조), 초등학생이 학교에 등교하여 교실에서 수업을 듣는 것은 「헌법」 제31조가 정하고 있는 무상으로 초등교육을 받을 권리 및 「초·중등교육법」 제12조, 제13조가 정하고 있는 국가의 의무교육 실시의무와 부모들의 취학의무 등에 기하여 학생들 본인의 권리를 행사하는 것이거나 국가 내지 부모들의 의무를 이행하는 것에 불과할 뿐 그것이 '직업 기타 사회생활상의 지위에 기하여 계속적으로 종사하는 사무 또는 사업'에 해당한다고 할 수 없으므로, 피고인이 원심 판시와 같은 행위를 하였다고 하더라도 학생들의 권리 행사나 국가 내지 부모들의 의무이행을 방해한 것에 해당하는지 여부는 별론으로 하고, 학생들의 업무를 방해하였다고 볼 수는 없다.

대법원은 학생들이 학교에 등교하여 수업을 듣는 것이 「형법」상 업무방해죄의 보호 대상은 아니라고 판단하였다. '직업 기타 사회생활상

의 지위에 기하여 계속적으로 종사하는 사무 또는 사업'에 해당하지는
않는다고 본 것이다.

지금까지 「교원지위법」상 교육 활동 침해 행위로 예시된 「형법」상
범죄의 각 성립 요건과 구체적 사례를 살펴보았다. 사실 어떤 범죄가 성
립하는지 여부에 관하여 당사자가 엄밀히 법적 판단을 해야 하는 것은
아니다. 그러나 교권보호위원회 및 추가적 사법 절차 진행에 있어 범죄
의 일반적 성립 요건과 사례들은 유용한 도움이 될 수 있을 것이다.

핵심 정리

1. 「형법」상 폭행죄의 '폭행'은 '사람의 신체에 대하여 유형력을 행사하는 것'을 가리키며, 상해죄의 '상해'는 '신체의 완전성을 훼손하거나 생리적 기능에 장애를 초래하는 것'을 말한다.

2. 「형법」상 협박죄의 '협박'이란, '해악을 고지하여 상대방에게 공포심을 일으키는 것'을 말하며, 꼭 상대방 본인에 대한 해악일 것으로 제한되지 않으나, 본인과 밀접한 관계가 있는(본인에게 공포심을 일으킬 수 있어야 하므로) 제삼자에 대한 해악일 것을 요한다.

3. 「형법」상 공갈죄는 사람을 공갈하여 타인의 재물 또는 재산상의 이익을 취득함으로써 성립하는데, 이때 '공갈'이란 폭행 또는 협박의 수단을 사용하는 것을 말한다.

4. 「형법」상 모욕과 명예훼손의 성립에 있어 '공연성' 요건이란, '불특정 또는 다수인이 인식할 수 있는 상태'를 말한다.

5. 모욕죄와 명예훼손죄를 구분하는 기준은 바로 '사실의 적시' 여부이다. 여기서 '사실'이란 '현실적으로 발생하고 증명할 수 있는 과거와 현재의 상태'를 가리키며, 그 외 가치판단적인 요소를 가지고 있는 추상적 표현일 경우 모욕에 해당한다.

6. 공무집행방해죄란 직무를 집행하는 공무원에 대하여 폭행 또는 협박한 자에 대하여 성립하는 범죄이며, 업무방해죄란 허위의 사실을 유포하거나 위계 또는 위력으로 사람의 업무를 방해할 때 성립하는 범죄이다.

교원 복무의 특수성 이해하기

밖에서 학교를 지켜보는 많은 사람들이 간과하기 쉬운 것이 한 가지 있다. 그것은 교사 또한 '직장인'이라는 점이다. 물론 교사의 가장 큰 역할은 학생들과의 교육 활동이지만, 다른 측면에서는 교사 또한 그러한 업무를 담당하는 한 사람의 직장인이다. 교사, 특히 정규직 교원의 경우 다른 직업군과 비교해 보았을 때 상당히 안정적인 신분 보장 및 복지가 주어진다. 그러나 '가르치는 사람' 또는 '안정적 직장'이라는 직업적 특성 때문에 직장인으로서 교사가 겪고 있는 불편함이나 어려움은 가벼이 여겨지는 것도 현실이다. 따라서 우리는 교원의 복무를 이야기할 때 '안정적 신분이 보장된 직업인'으로서의 모습과 교육 활동을 하는 주체로서 요구되는 것, 그로 인한 부담 등을 함께 살펴보아야 할 필요가 있다.

교원의 복무 또는 지위에 관한 내용은 어디에서 출발할까? 해당 내용이 규정되어 있는 법을 찾아보면, 흔히 「교육공무원법」이나 「교원지위법」을 떠올린다. 그러나 교원의 지위에 관한 내용은 놀랍게도 「헌법」에서부터 시작한다. 여러 직업군과 비교해 볼 것도 없이 「헌법」에서 특정 직업의 지위를 보장하고 원칙을 천명하는 것은 매우 이례적인 일이다. 이는 교원의 역할이 「헌법」에서 규정한 다른 내용, 즉 모든 국민의 교육을 받을 권리와 직접적인 관련이 있기 때문이다. "교원의 지위에 관한 기본적인 사항은 법률로 정한다."는 것은 교원의 '교육활동'이라는 직무상 특성을 보호하기 위한 장치이다. 이에 관하여 헌법재판소는 다음과 같이 설명한다.[54]

「헌법」 제31조 제1항은 "모든 국민은 능력에 따라 균등하게 교육을 받을 권리를 가진다."라고 규정하여 국민의 균등한 교육을 받을 권리를 보장하는 한편, 제31조 제6항은 "학교교육 및 평생교육을 포함한 교육제도와 …… 교원의 지위에 관한 기본적인 사항은 법률로 정한다."라고 규정하여 교육제도 · 교원 지위 법정주의를 교육에 관한 기본원칙으로 선언하고 있다. 이때 교원의 지위에 관한 '기본적인 사항'이라 함은 다른 직종의 종사자들의 지위에 비하여 특별히 교원의 지위를 법률로 정하도록 한 「헌법」 규정의 취지나 교원이 수행하는 교육이라는 직무상의 특성에 비추어 볼 때, 교원이 자주적 · 전문적 · 중립적으로 학생을 교육하기 위하여 필요한 중요한 사항이라고 보아야 하므로 입법자가 법률로 정하여야 할 기본적인 사항에는 무엇보다도 교원의 신분

이 부당하게 박탈되지 않도록 하는 최소한의 보호의무에 관한 사항이 포함된다. 교원으로서의 신분이 교육행정청, 학교법인 등 임면권자의 자의적인 처분에 노출되는 경우에는 교원이 피교육자인 학생을 교육함에 있어서 임면권자의 영향을 물리치기 어려울 것이며, 그렇게 되면 교육이 외부 세력의 정치적 영향에서 벗어나 교육자 내지 교육 전문가에 의하여 주도되고 관할되어야 한다는 교육의 자주성·전문성·정치적 중립성의 요청에도 반하는 결과가 초래될 수 있기 때문이다.

교원의 지위에 관한 내용은 자의적·임의적으로 규정될 수 없으며, 이는 자주적·전문적·중립적인 교육을 위한 일종의 전제조건이 되는 것이다. 우리가 교원의 복무를 이야기할 때 '교육 활동'이라는 직무상 특성을 빼놓을 수 없는 것도 바로 이 때문이다.

1. 교원의 복무에 관한 법령

다음에 열거하는 법령들은 「헌법」상의 원칙에 따라 교원의 복무에 관하여 구체적으로 규정하고 있는 법들이다. 교원의 의무와 권리를 규정하고 있는 「국가공무원법」 및 「교육공무원법」, 교원소청심사 및 교권 침해에 관한 내용을 규정하고 있는 「교원의 지위 향상 및 교육 활동 보호에 관한 특별법」이 대표적이다.

(1) 국가공무원법

각급 기관의 모든 국가 공무원에게 적용할 인사행정의 근본 기준을 확립하는 법이다. 특히 교육공무원인 교원에게도 적용되는 성실 의무, 복종 의무, 직장 이탈 금지, 친절·공정의 의무, 종교 중립의 의무, 비밀 엄수의 의무, 청렴의 의무, 품위 유지의 의무, 영리업무 및 겸직 금지, 정치활동 금지 등 복무상의 의무를 규정한 부분이 중요하다. 바꾸어 말하면, 이를 어기는 행위는 징계 사유가 될 수 있다는 뜻이다.

(2) 교육공무원법

교육공무원의 직무와 책임의 특수성에 비추어 그 자격, 임용, 보수, 연수, 신분 보장 등에 관하여 「국가공무원법」에 대한 특례를 규정하고 있다. 교권 존중과 신분 보장의 원칙을 규정한 부분을 주목하자.

교육공무원법 제43조(교권의 존중과 신분 보장) ① 교권(教權)은 존중되어야 하며, 교원은 그 전문적 지위나 신분에 영향을 미치는 부당한 간섭을 받지 아니한다.

② 교육공무원은 형의 선고나 징계 처분 또는 이 법에서 정하는 사유에 의하지 아니하고는 본인의 의사에 반하여 강임·휴직 또는 면직을 당하지 아니한다.

③ 교육공무원은 권고에 의하여 사직을 당하지 아니한다.

---

(3) 교원의 지위 향상 및 교육 활동 보호에 관한 특별법

줄여서 '교원지위법'이라고 부를 수 있다. 교원에 대한 예우와 처우 개선, 신분 보장, 교육 활동 보호에 관한 내용을 규정하고 있는 특별법이다. 교원소청심사위원회의 설치와 구성, 교육 활동 보호 및 교육 활동 침해 행위에 대한 조치 등을 규정하고 있다. 교권 침해 사안의 처리와 관련한 내용은 이 법에서 규정한 내용을 바탕으로 하고 있다. 또한 교육 활동 침해 행위의 유형, 교권보호위원회의 설치와 운영에 관한 내용도 확인할 수 있다.

2. 교원 복무의 특수성

(1) 교원의 출산휴가와 육아휴직

둘째 출산을 앞둔 중학교 교사 K는 고민이 많다. K는 첫째 자녀의 양육으로 2년의 육아휴직을 청원한 상태였다. 그런데 둘째 출산을 앞두고 출산휴가를 사용하려고 하니, 육아휴직 중 출산휴가를 사용하기 위해서는 일단 육아휴직을 종료하고 복직해야 한다는 것을 알게 되었다. K는 둘째 출산휴가를 신청하기 위하여 다시 복직하고 싶다는 내용으로 교육청에 문의하였다. 그러나 교육청은 관련 매뉴얼을 이유로 들어, 둘째 자녀 출산이 첫째 자녀에 대한 육아휴직 소멸 사유로 볼 수 없고, 복직은 학사일정의 효율적 운영, 학년말 담임 교체로 인한 혼란 예방 등의 사유로 학기 단위로 하는 것이 원칙이므로 불가능하다는 답변을 하였다. K는 이를 받아들일 수 없었다. 그리하여 교육청에 육아휴직 복직원을 제출하였고, 같은 달 교육청은 K의 복직 신청을 반려하는 처분을 하였다.

이후 K는 교원소청심사위원회에 위 처분의 취소를 구하였으나 기각되었다. 이어진 행정소송 1심과 2심에서도 법원은 K의 바람과 다른 결론을 제시하였다. 그러나 흥미롭게도 대법원은 K의 손을 들어주었다.

해당 사안에서 문제가 된 주요 쟁점은 ① 위 처분의 근거가 된 육아휴직 처리 지침과 업무 매뉴얼의 적법성 ② 육아휴직 중 출산휴가 사용을 위한 복직의 정당성이다. ②에 관한 판단을 중심으로 자세히 살펴보면, 원심은 학기 중 교사 교체로 인한 교육의 일관성 및 학생의 학습권 침해, 교육행정의 공백 등 교육 현장의 공익상의 필요를 이유로 들었다.

그러나 대법원은 판단을 달리하였다. 우선, 복직을 반려한 처분의 근거가 된 육아휴직 처리 지침과 업무 매뉴얼은 「교육공무원법」상 근거가 없다고 보았는데, 「교육공무원법」에서는 "자녀를 양육하기 위하여 필요하거나 임신 또는 출산하게 된 때에는 본인이 원하는 경우 휴직을 명하여야 한다."고 규정할 뿐 휴직 사유가 소멸한 경우의 복직을 제한할 수 있는 권한을 부여하지 않는다고 본 것이다. 또 업무 매뉴얼은 관련 행정 절차를 안내하기 위한 업무 지침일 뿐 복직을 제한할 수 있는 근거가 될 수 없다고 판단하였다.

다음 쟁점은 육아휴직과 출산휴가에 관한 내용이다. 육아휴직은 육아휴직 급여가 정해져 있고, 최초 1년만 승진 소요 연수 기간에 포함된다. 하지만 출산휴가의 경우 일종의 특별휴가이므로 급여가 제한되지 않고 직무 기간 연수를 산정하는 것에 영향을 미치지 않는다. 이는 모성보호를 위한 특별한 권리 보장의 성격이기 때문이다. 문제는 「국가공무원법」이나 「교육공무원법」에서 육아휴직 중인 여성이 출산하게 되는 경우 복직하여 출산휴가를 받을 수 있는지에 관한 규정이 없다는 것이다.

대법원은 그렇다 하더라도 법이 아닌 업무 매뉴얼에서 이를 제한하고 있는 것은 법령에 의한 권리를 과도하게 침해하는 것이라고 판단하였다. 즉 「헌법」상 모성보호의 원칙과 출산휴가를 규정한 입법 취지 등을 고려해 볼 때 출산 전후에 모성보호를 위해 부여된 휴가를 사용할 권리를 실질적으로 보장할 필요성은 교육공무원이라고 해서 달리 볼 합리적인 이유가 없다고 본 것이다. 결론적으로 대법원은 자녀 양육을 위한 육아휴직 기간 중 다른 자녀를 출산하거나, 또는 출산이 예정되어 있어 출산휴가 요건을 갖춘 경우에는 휴직 사유가 소멸되었다고 판단하여 복직 신청을 할 수 있고, 따라서 임면권자는 복직 명령과 동시에 출산휴가를 허가하여야 한다고 판단했다.

이 판례는 단순히 결론보다는 그 결론으로 나아가는 근거, 즉 교원의 복무와 관련한 권리에 있어 우선하는 요소가 있을 수 있으나, 어떠한 근거를 가지고 있어야 되는지, 또한 그럼에도 불구하고 제한할 수 없는 권리라고 보는 것에는 어떤 이유가 있는 것인지를 확인하는 측면에서 의미가 있다. 일반적으로 교사 개인의 복무와 관련된 권리 행사에 대해서는 학생의 학습권 침해 가능성을 고려하여 비교적 높은 수준의 제한이 전제된다는 것을 알고 있다. 그러나 K교사의 사례를 통해서 그러한 특수성을 무조건적으로 적용하는 것이 아니라는 것 또한 함께 확인할 수 있다.

(2) 교원의 연가와 병가

아이를 키우는 워킹맘이자 5년차 부장교사인 P는 점점 친구들과의 모임이 불편하다.

"교사는 방학이 있잖아."

"퇴근도 빠르면서 무슨 엄살이야."

"너희는 휴직 3년까지 되지? 나는 3개월도 못 쉬었어."

다 맞는 말이다. 그래서 P는 아무런 답을 하지 못한다. 그러나 가끔 방학의 한 달보다 평일의 하루가 더 절실할 때가 있다고 생각한다. 매년 자신이 가르치는 학생들의 졸업식에 참석하지만 내 아이의 졸업식에는 한 번도 참석해 보지 못하였다는 P의 하소연은 그저 배부른 불평일 뿐이라고 여겨질 테니, 오늘도 그저 침묵한다. P는 궁금해졌다. 직장인으로서의 교사는 어떤 점이 다를까? 나의 복무는 무조건적으로 '교육 활동'이 우선시 되어야 하는 것일까?

학교에서 근무하는 대부분의 교사들은 학기 중 연가는 당연히 불가능하다고 생각할 뿐, 그러한 제한이 어디에 근거하는지, 또 예외 사유에는 어떤 것이 있는지에 관해서는 확인할 기회가 많지 않다.

교원의 연가나 병가 등을 포함한 교원 휴가에 관한 전반적인 내용은 교육부 예규로 규정되어 있다. 휴가 실시의 원칙 또한 여기에 규정되어 있는데, 기본적으로 휴가 승인권자인 학교장은 소속 교원이 원하는 시기에 법정휴가일수를 사용할 수 있도록 보장하되, 연가의 경우 수업 및 교육 활동을 고려해서 특별한 사유가 없는 한 수업일을 제외하여 실시하도록 하는 원칙을 두고 있다.

교원 휴가에 대한 예규 제4조(휴가실시의 원칙) ① 학교의 장은 휴가를 승인함에 있어 소속 교원이 원하는 시기에 법정휴가일수를 사용할 수 있도록 보장하되, 연가는 수업 및 교육 활동 등을 고려하여 특별한 사유가 없는 한 수업일을 제외하여 실시하도록 한다.

제5조(연가) ① 학교의 장은 다음 각 호의 어느 하나에 해당한다고 판단할 경우에는 수업일 중 소속 교원의 연가를 승인한다.
1. 본인 또는 배우자 직계존속의 생신·기일, 본인 또는 배우자 직계존비속 또는 형제·자매의 질병, 부상 등으로 일시적인 간호 또는 위로가 필요하다고 인정되는 경우
2. 병가를 모두 사용한 후에도 직무를 수행할 수 없거나 계속 요양을 할 필요가 있는 경우

4. 기타 상당한 이유가 있다고 소속 학교의 장이 인정하는 경우

교원의 근무, 휴가, 휴직, 징계 등 복무 전반을 관통하는 키워드는 '교육 활동'이라고 할 수 있다. 그러나 판례와 관련 예규 등을 살펴보면, 교원의 모든 권리를 제한하거나 희생할 것을 요건으로 하지는 않는다는 것 또한 확인할 수 있을 것이다. 사실 교원의 복무라고 하면 답답하고 제약이 많은 것, 불편한 것이라는 생각이 먼저 들 수 있지만 다른 측면에서 생각해 본다면 교육 활동이라는 직무상 특성으로 인하여 법이나 제도로 단단하게 보장되고 있는 권리 또한 많다는 점을 알 수 있다.

핵심 정리

1. 교원의 휴가에 관한 규정은 교육부의 「교원 휴가에 관한 예규」이며, 교원의 휴가는 연가, 병가, 공가, 특별휴가 등으로 구분할 수 있다.
2. 학교의 장은 휴가를 승인함에 있어 소속 교원이 원하는 시기에 법정휴가일수를 사용할 수 있도록 보장하되, 연가는 수업 및 교육 활동 등을 고려하여 특별한 사유가 없는 한 수업일을 제외하여 실시하도록 한다.
3. 교원의 복무는 학사일정 등의 교육 환경의 특수성을 감안하여 일정 부분 제한될 수 있으나, 법상 근거 없는 지나친 제한은 허용되지 않는다.

📚 교원 징계 이해하기

교원의 징계는 일어나지 않아야 할 일 중 하나이지만, 어쩌면 나에게도 일어날 수 있는 일이기도 하다. 징계에 해당되는 사안을 사전에 예방하기 위해서, 또는 만에 하나 징계 절차가 개시되는 상황에 잘 대처하기 위해서라도 교원의 징계가 어떤 절차로 이루어지는지, 어떤 사안이 징계 사유에 해당하는지에 관하여 기본적인 내용은 알아 두는 것이 좋다.

1. 징계의 의의 및 절차

교원에 대한 징계란 교원이 법령을 위반하거나, 직무상 의무를 위반하는 등의 경우에 국가(지방자치단체) 또는 학교 법인이 사용자로서의 지위에서 가하는 행정상 제재를 말한다. 교원 징계에 관한 내용은 법령에 규정되어 있는데, 다소 복잡하게 구성되어 있다.

우선 국공립 교원의 경우 「교육공무원법」에서 '「국가공무원법」이나 「지방공무원법」상 규정된 징계 사유'에 해당할 경우 소속 교원의 징계 의결을 요구해야 한다고 규정하고 있다. 사립학교 교원의 경우에는 「사립학교법」에서 일정한 징계 사유 및 종류를 열거하고 있으며, 해당 사유 또한 「국가공무원법」상 징계 사유와 거의 유사한 내용이다.

징계는 크게 중징계와 경징계로 구분할 수 있는데, 「교육공무원 징계령」에 따르면 중징계에 속하는 것이 파면·해임·강등·정직이며, 경징계에 속하는 것이 감봉·견책이다. 중징계 중에서도 파면·해임은 신분을 완전히 배제하는 것을 내용으로 하는 '배제징계'라고 하기도 한다. 사실 징계의 종류만 보아서는 해당 징계 처분을 받은 교원에게 정확히 어떤 불이익이 있는지 예상하기 어렵다. 각 징계의 효과에 관한 내용을 간단히 살펴보자.

(1) 징계의 효과
파면·해임은 직으로부터 배제하는 성격은 동일하지만 공직 재임용 제한 기간, 퇴직급여액 감액의 정도, 퇴직수당 감액의 정도가 일정 부분 각각 차이가 있다. 사립학교의 경우에도 마찬가지다.

강등은 1계급을 내리고 3개월간 직무에 종사하지 못하며, 그 기간 중 보수는 전액을 감한다. 정직은 1개월에서 3개월간 신분은 보유하나 직무에 종사하지 못하며, 국공립학교 교원의 경우 정직 기간 동안 보수 전부를 감하며, 사립학교의 경우 2/3를 감하는 조치이다.

감봉은 1개월 이상 3개월 이하 기간 동안 보수의 3분의 1을 감하는 조치이다. 마지막으로 견책은 전과에 대하여 훈계하고 회개하게 하는 조치라고 설명할 수 있다.

그 밖에 징계에는 속하지 않지만, 그와 같은 성격을 가진 '불문경고' 또한 함께 확인할 필요가 있다. 불문경고란, 견책으로 인정되는 징계 양정을 감경하여 '불문으로 의결한다, 다만 경고할 것을 권고한다' 등의 형식으로 의결하는 것을 뜻하는데, 법률상의 징계 처분은 아니지만 차후 다른 징계 처분이나 경고를 받게 되었을 경우에 징계 감경 사유로 사용될 수 있는 표창공적의 사용 가능성을 소멸시키거나, 인사카드에 등재됨으로써 그사이 표장 대상자에서 제외되는 등의 불이익이 있는 처분이다. 따라서 국공립학교 교원의 경우 불문경고는 사실상 징계에 준하는 불이익이 따르는 행정처분에 해당한다고 구분하지만, 사립학교 교원의 경우 불리한 행정 처분으로 인정하지는 않는다.

형사 처벌을 받게 되는 경우, 형사 처벌로써 책임을 다하였다고 생각하기 쉽다. 그러나 형사 처벌과 징계 처분은 그 성격이 다른 제재이므로 동일한 행위에 대하여 징계 처분과 형사 처벌이 모두 부과될 수 있으며, 이는 일사부재리 원칙에 저촉되지 않는다.

한편 징계 요구된 사건이 형사 입건되어서 재판 중이거나, 수사 중이라고 할 때에는 예외적으로 징계 절차를 중지할 수 있는데, 이는 임의적 성격의 규정일 뿐이므로 형사사건의 진행 여부와 상관없이 징계 처분은 진행될 수도 있다.

(2) 징계의 절차

징계 사유가 발생하면 교육기관 등의 장이 교원징계위원회에 징계의 결을 요구하게 되는데, 징계 사유가 발생한 것은 주로 감사원이나 수사기관, 자체 조사 등으로 인하여 징계 혐의자의 비위 사실이 발견된 경우이다. 이때 중요한 요소가 징계 시효와 관련된 내용이다.

징계 시효란 징계 사유가 발생한 때로부터 일정 시간이 경과한 경우 해당 징계 사유가 인정되더라도 징계 의결을 요구할 수 없는 제도이다. 법적 안정성을 위하여 마련된 것이라고 볼 수 있다. 기본적으로 교원의 경우 3년의 징계 시효가 적용된다. 다만, 일정 사유에 해당할 경우 5년, 10년의 시효가 적용되는데 ①금품, 향응 수수 등에 해당하는 경우 ②공금 횡령, 유용에 해당하는 경우에는 5년이며 ③성폭력 범죄 행위나 아동청소년 대상 성범죄, 성매매, 성희롱 등의 사안에 있어서는 10년으로 시효가 연장된다. 징계 시효에 따라 징계 의결을 할 수 있는지의 여부가 결정되므로, 징계 의결 요구 단계에서 징계 사유가 되는 행위의 유형에 따라 시효를 확인하는 것은 매우 중요하다.

징계 의결 요구권자는 징계 의결 요구와 동시에 징계 의결 요구 사유를 징계 혐의자에게 송부한다. 징계 의결이 요구되었다는 것을 당사자가 인지하는 시점이라고 할 수 있다. 당사자로 하여금 어떠한 사유로 징계 의결되었는지 사전에 알게 함으로써 그에 대한 방어를 준비하게 하는 것이다. 징계 의결 요구서 사본의 송부 없이 진행된 징계 절차는 특단의 사정이 인정되지 않는 이상 위법하다고 판단하고 있다. 이후 진상 조사 및 의견 진술 기회를 부여하는 등의 징계 심리 과정을 거쳐 징계 의결에 이르게 된다.

교원의 징계 양정을 정할 때에는 행위의 유형과 정도, 징계 의결 요구된 교원의 근무 태도 등 정상을 참작하게 된다. 이때 국공립학교 교원의 경우 징계 양정 기준에 따라 징계 의결하게 되고, 사립학교의 경우에도 법 개정을 통하여 일정한 징계 기준에 따라 징계 의결할 것이 명시되어 있다. 기존에는 사립학교 교원에 대한 징계가 국공립학교 교원에 대한 징계에 비하여 임의적이라는 지적이 많았는데, 이러한 문제를 개선하기 위해서 일정한 징계 기준에 따라 징계 의결할 것을 「사립학교법」 개정을 통하여 명시하였다.

국공립학교 교원의 징계 양정 기준을 예로 들어 보자면, 교육공무원 징계 양정 등에 관한 규칙에서는 징계위원회가 징계 의결할 때 준수해야 하는 기준을 제시하고 있다. 이는 결국 개별 징계의 형평을 꾀하는 것을 목적으로 마련된 것이다. 해당 기준표를 살펴보면 비위 유형별로 비위의 정도 및 과실에 따라 각 징계의 기준을 제시하고 있다. 상당히 상세한 분류라고 할 수 있다. 또 동 규칙에서는 징계를 감경할 수 있는 사유, 그 사유에 해당하더라도 감경할 수 없는 징계 행위 등을 구체적으로 나열하고 있다.

이러한 절차로 진행된 징계 의결이 징계 처분권자를 통하여 집행된다. 이후 징계 대상자는 이에 불복할지 여부를 결정하게 되고, 만약 불복하게 되는 경우 소청 및 행정소송 등의 절차가 진행된다.

교원의 징계와 관련한 규정들은 상당히 촘촘하고 복잡하여 쉽게 파악하기에는 어려움이 있다. 그러나 그런 절차들이 법에 규정되어 있다는 것은 교원에 대한 임의적이고 자의적인 징계를 방지하기 위한 장치를 규정하기 위함이므로 교원에게는 무엇보다 필요한 내용이다.

2. 교원의 징계 사유

교원 징계의 대상이 되는 사안은 매우 다양하다. 대표적으로 '품위유지 의무 위반'으로 인한 징계 사유만 확인해 보더라도 수많은 유형을 포함하고 있다. 따라서 어떠한 사유로 징계가 이루어지는지 살펴볼 필요가 있다.

앞서 법에서 정해진 의무 및 법령의 내용을 위반하거나, 직무상의 의무를 위반 또는 태만하게 하였을 때, 직무 내외를 불문하고 품위 손상에 해당하는 행위를 하였을 때 징계의 대상이 된다는 것을 확인한 바 있다. 여기에서 법에서 정해진 의무라고 하면, 교육공무원의 경우 일반적인 국가공무원의 의무가 모두 적용된다. 가령 선서의 의무, 성실의무, 복종의무, 친절·공정의 의무 등을 예로 들 수 있다. 이러한 내용은 사립학교 교원의 경우에도 적용된다는 점을 기억할 필요가 있다. 사립학교 교원의 복무는 국공립학교 교원의 복무에 관한 규정을 준용하기 때문이다. 따라서 국공립학교 교원이 준수해야 하는 「국가공무원법」상 의무는 사립학교 교원 또한 준수해야 한다.

사립학교 교원에 대한 성실의무, 복종의무, 품위유지의무 등을 위반한 중학교 교사에 대한 징계해고 조치가 정당한지 여부에 관한 판단에서 법원은 다음과 같이 설명하고 있다.[55]

(중략) 원고가 1990.5.18.부터 1991.6.17. 사이에 ①학생으로 하여금 시험 시간 이외의 시험 답안지 기입을 허용함으로써 공정하게 직무를 수행할 시험 감독자로서의 의무를 위반하였고, ②사소한 이유로 구내식당에서 소란을 피워 품위를 손상시켰으며, ③학교의 내부 규정과 관행에 따라 이루어진 수업 시간표의 조정과 시험 감독 시간의 배정에 대하여 거칠게 항의하거나 행패를 부리고, 학교의 내부 규정을 위반하여 근무상황부를 무단 복사하려다가 이를 제지하는 직원들과 시비를 벌여 폭행을 가함으로써 학교 수업과 학사 행정업무에 지장을 초래하는 한편 교원으로서의 품위를 손상시켰을 뿐만 아니라 ④학교장의 정당

한 호출과 지시에 대하여 모욕적인 발언과 폭언을 하면서 불응함으로써 직속상관에 대한 복종의무를 위반하여 학사 행정을 문란케 한 것이므로 원고의 위와 같은 행위는 사립학교법 제55조에 의하여 준용되는 「국가공무원법」 제56조, 제57조, 제63조에 위반되어 「사립학교법」 제61조 제1항 소정의 징계 사유에 해당하고, 판시와 같은 사정들을 종합하면 원고를 징계해고한 것이 징계권의 남용이나 그 범위를 일탈한 것으로 볼 수 없다고 판단하였는 바 기록에 비추어 원심의 판단은 수긍이 되고, 거기에 지적하는 바와 같은 법리의 오해나 채증법칙위배, 심리미진의 위법이 없다.

그런데 징계의 사유로 열거된 각 의무는 의미가 모호하다. 이를 파악하기 위해서는 개별 사안을 좀 더 살펴볼 필요가 있다. 예를 들어 법원은 국가수준 학업성취도 평가의 시험 감독 지시를 거부하고 이를 반대하는 1인 시위를 한 고등학교 교사에 대하여 복종의무 위반이라고 판단하였다.[56]

(중략) 고등학교 교사로 근무하던 원고가 2009학년도 국가수준 학업성취도 평가를 앞두고 소속 학교장으로부터 여러 차례에 걸쳐 위 평가 관련 전달연수를 받았는데, 거기에는 여러 차례에 걸쳐 위 평가를 거부하는 일체의 행위를 하지 말 것과 이를 위반하는 경우 징계 등의 조치를 취하겠다는 지침과 준수사항이 포함되어 있었고, 평가 당일 연구

부장을 통하여 시험 감독관으로 배정되었으니 시험 감독을 하라는 지시를 받았음에도 이를 거부한 채 이행하지 아니하였고, 위 평가가 있은 전날부터 당일에 이르기까지 3일간에 걸쳐 학생들의 등교시간대에 맞추어 학교 정문 앞에서 학업성취도 평가를 반대하는 내용의 피켓을 들고 1인 시위를 한 사실, 원고는 위와 같은 행위와 관련하여 「국가공무원법」 제57조에 정하여진 '복종의 의무'를 위반하였다는 이유로……(이하 생략)

그런데 만약 상사인 관리자가 잘못된 또는 부당한 지시를 하더라도 그에 따라야 하는지 의문이 들 수 있다. 복종의무는 직무상 상관의 명령에 복종하여야 할 의무를 규정한 조항이기는 하나, 위법한 명령에 대한 복종을 이야기하지는 않는다. 법원은 우선, 상관은 '위법한 행위를 하도록 할 직권'이 없고, 명백히 위법 내지 불법한 명령인 경우에는 이를 따라야 할 의무가 없음을 분명히 밝히고 있다. 따라서 위법한 명령이 명백함에도 이를 따르면 오히려 징계 사유가 될 수도 있다는 점을 명심하자.

성실의무 위반 사례에는 어떤 것이 있을까? 법원은 성실의무에 대해서, "공공의 이익을 도모하고 그 불이익을 방지하기 위하여 전인격과 양심을 바쳐서 성실히 직무를 수행하여야 하는 것"이라고 설명하고 있다. 예를 들어서, 안전 점검 과정에서 어떠한 사실을 발견하지 못한다거나, 지시 공문을 숙지하지 못하고 그 지시에 배치되는 업무 처리를 하는 경우 등이 이에 해당할 수 있다.

그런데 성실의무 위반 여부가 단순히 직무의 이행 여부만을 기준으로 하는 것은 아니며 직무의 성격에 따라 다르게 판단될 수 있다. 고위 공무원의 성실의무 위반 여부가 문제된 사안에서, 정책을 수립·시행하는 공무원이 국가적인 사업을 추진하는 경우에 다양한 정책적 요소에 대한 전문적 판단을 위하여 주의를 기울이는 것은 성실의무의 내용이라고 할 수 있으나, 그 결과가 기대에 미치지 못한다고 하여 징계 사유로 삼을 수는 없다고 판단한 사례가 대표적이다. 무조건 직무 이행 여부의 결과로만 판단하지는 않는다는 것을 알 수 있다. 이러한 판단 기준은 교육 활동이라는 직무의 성격에도 적용될 수 있을 것이다.

사실 법령위반이나 직무상 의무와 같은 내용은 대략 예측이 가능하다. 그러나 가장 모호하게 느껴지는 것이 바로 품위유지의무에 관한 내용이다. 도대체 교원의 품위라는 것이 무엇일까?

여기에서 '품위'라는 것은 일상적인 용어로서의 품위가 아니라 '교육자로서의 직업을 수행해 나가기에 손색이 없는 인품'이라고 설명할 수 있다. 품위 손상 행위에 관하여 법원은 다음과 같이 설명한다.[57]

교원은 항상 사표가 될 품성과 자질의 향상에 힘쓰며, 학문의 연찬 및 교육의 원리와 방법을 탐구·연마하여 학생의 교육에 전심전력하여야 하는 점을 고려할 때 교원에게는 일반 직업인보다 더 높은 도덕성이 요구되고, 교원의 품위 손상 행위는 본인은 물론 교원 사회 전체에 대한 국민의 신뢰를 실추시킬 우려가 있으므로 「사립학교법」은 사립학교 교원에 대하여도 직무와 관련된 부분은 물론 사적인 부분에서도 품위를 유지할 의무를 규정하고 있는데, 여기서 품위라 함은 국민에 대한 교육자로서의 직책을 맡아 수행해 나가기에 손색이 없는 인품을 말하고, 어떤 행위가 품위 손상 행위에 해당하는가는 구체적 상황에 따라 건전한 사회통념에 의하여 판단하여야 할 것이다.

교원에게는 일반 직업인보다 더 높은 도덕성이 요구된다는 부분과, 사적인 부분에서도 품위를 유지할 의무가 있다는 부분은 중요한 내용이다. 간혹 사생활에서의 비행은 징계 사유에 해당하지 않는다고 오해하는 경우가 많은데, 절대 그렇지 않다. 「국가공무원법」상 품위유지의무를 규정한 조항 또한 "직무 내외를 불문한다"는 점을 분명히 하고 있기 때문이다. 따라서 교원의 사생활이라 할지라도, 그 행위가 직업 수행에 관련이 있거나, 교원으로서의 사회적 평가를 훼손할 수 있는 우려가 있는 경우 정당한 징계 사유가 될 수 있다. 이 때문에 완전한 사생활의 영역 또는 민사적 문제라고 하더라도 일정한 경우 징계 사유가 되는 것이다. 가령 공무원이 금원을 변제하지 못하여 채권자들에게 피해를 주고 직장까지 찾아오게 한 경우에 품위 손상으로 판단한 사례들을 종종 찾아볼 수 있다. 또한 도박, 사기, 성 관련 사안, 음주운전 등 다양한 행위 유형을 모두 품위유지의무 위반으로 판단할 수 있는 것이다. 어떤 측면에서는 교원의 행동에 제약이 너무 많은 것 아니냐는 생각이 들 수도 있다. 그렇지만 교원의 도덕성과 전문성은 교육 활동과 별개가 될 수 없는 요소이므로, 이 부분을 항상 유념할 수밖에 없다.

핵심 정리

1. 교원의 징계란 교원이 법령을 위반하거나, 직무상 의무를 위반하는 등의 경우에, 국가(지방자치단체) 또는 학교 법인이 사용자로서의 지위에서 과하는 행정상 제재를 말한다.
2. 교원 징계의 종류는 파면, 해임, 강등, 정직의 중징계와 감봉, 견책의 경징계로 구분할 수 있다.
3. 교원의 징계 시효는 기본적으로 3년이 적용되나, ①금품, 향응 수수 등에 해당하는 경우 ②공금 횡령, 유용에 해당하는 경우에는 5년, ③성폭력범죄 행위나, 아동청소년대상 성범죄, 성매매, 성희롱 등의 사안에 있어서는 10년으로 시효가 연장된다.
4. 교원의 징계 절차는 '징계 사유 발생 → 징계의결 요구 → 징계의결 요구 사유의 통지 → 징계의결 → 징계 집행'으로 이루어진다.
5. 교원에게는 일반 직업인보다 더 높은 도덕성이 요구되며, 직무 내외를 불문하고 품위유지의무가 있다.

6. 교원의 사생활이라 할지라도 그 행위가 직업 수행에 관련이 있거나, 교원으로서의 사회적 평가를 훼손할 수 있는 우려가 있는 경우 정당한 징계 사유가 될 수 있다.

📚 교원 소청 이해하기

1. 교원 소청의 대상

교원의 신분을 부당하게 박탈하거나, 과도한 처분이 내려지는 것을 방지하고자 하는 것이 바로 교원소청심사위원회 제도이다. 일반적인 직장인(회사원)의 경우 부당한 징계 또는 해고 등에 관하여 노동법적 접근을 하게 되나, 각급 학교 교원의 징계 처분과 그 밖에 그 의사에 반하는 불리한 처분은 교원 소청 심사의 대상이 된다. 「교원지위법」에서는 소청심사위원회의 설치와 구성의 법적 근거를 규정하고 있다.

> **교원지위법** 제9조(소청 심사의 청구 등) ① 교원이 징계 처분과 그 밖에 그 의사에 반하는 불리한 처분에 대하여 불복할 때에는 그 처분이 있었던 것을 안 날부터 30일 이내에 심사위원회에 소청 심사를 청구할 수 있다. 이 경우에 심사 청구인은 변호사를 대리인으로 선임(選任)할 수 있다.
>
> ② 본인의 의사에 반하여 파면·해임·면직 처분을 하였을 때에는 그 처분에 대한 심사위원회의 최종 결정이 있을 때까지 후임자를 보충 발령하지 못한다. 다만, 제1항의 기간 내에 소청 심사 청구를 하지 아니한 경우에는 그 기간이 지난 후에 후임자를 보충 발령할 수 있다.

교원 소청 심사는 국립학교, 공립학교, 사립학교를 불문하고 유치원에서부터 대학까지 각급 학교의 교원이면 누구나 청구할 수 있다. 교원이 '징계 처분과 그 밖에 그 의사에 반하는 불리한 처분'을 받은 경우 이에 대한 취소나 변경 등을 구할 때 활용하는 것이다.

(1) 교원 소청 심사의 성격
교원 소청 심사의 성격은 다음 세 가지로 요약해 볼 수 있다.

- 소청 심사 청구의 대상이 되는 처분보다 불이익한 결정을 하지 않는다(「교원소청에 관한 규정」 제16조 제4항).
- 별도의 비용이 발생하지 않고, 민사 소송 등의 다른 구제 방법보

다 빨리 이루어진다(「교원지위법」제10조 제1항). 60일 이내 결정, 30일 연장 가능하다.

- 파면 또는 해임이나 면직 처분 시, 소청 심사 결정이 있을 때까지 후임자를 보충 발령하지 못하게 되어 있다(「교원지위법」제9조 제2항).

우선, 소청 심사를 청구할 경우 청구의 대상이 되는 처분보다 더 불이익한 결정이 내려지지 않는다는 것은, 소청 심사를 통하여 내가 불복하고자 하는 처분보다 더 중한 처분으로 변경되는 내용의 결정은 내려지지 않는다는 뜻이다. 예를 들어 '견책' 처분을 받은 교원이 이에 불복하여 소청 심사를 청구하였는데, 소청심사위원회에서 그보다 더 중한 징계 처분인 '감봉' 처분으로 변경할 수는 없다. 교원의 감경 주장을 받아들이지 않는다고 할지라도 이를 기각할 뿐이지 별도로 더 불이익한 결정으로 변경하지는 않는다.

또한 소청 심사는 별도의 비용이 발생하지 않고, 비교적 신속한 구제가 이루어진다. 가령 민사소송을 제기하는 경우 소송 가액에 따라 인지대가 발생하고, 송달료 등의 절차적 비용 지출이 발생한다. 또한 짧게는 몇 개월, 길게는 몇 년의 기간이 소요되기도 한다. 그에 비하여 소청 심사는 별도의 절차적 비용 없이 일정한 기간 내에 구제가 이루어진다는 점이 특징이다.

마지막으로, 파면·해임·면직 처분 등 직접적 신분 박탈에 관한 처분이 있는 경우, 소청 심사 결정이 있을 때까지 후임자를 보충 발령하지 못하게 함으로써, 처분의 확정 이전까지 신분을 안정적으로 보장하고자 하는 취지의 조항을 두고 있다.

(2) 교원 소청 심사의 대상

중학교 교사인 K는 특정 일자의 육아휴직 가능 여부를 교육청에 문의하였다. 교육청은 K교사의 질의를 검토한 결과 원칙상 불가능하다는 취지의 답변을 하였다. K교사는 이와 같은 교육청의 답변에 대하여 자신의 의사에 반하는 불리한 처분이라는 생각이 들어 소청 심사를 청구하였다.

과연 K교사의 청구와 같은 사례가 소청 심사의 대상이 될까? 정답은 '아니오'이다. 만약 K교사가 해당 내용으로 소청 심사 청구서를 제출한다면 '각하' 결정을 받게 될 것이다. 그렇다면 K교사의 사례가 소청 심사의 대상이 되지 않는 이유는 무엇일까?

교원이 소청 심사를 청구할 수 있는 대상은 '징계 처분'과 '그 밖에 그 의사에 반하는 불리한 처분'이다. 징계 처분의 종류는 앞서 살펴보았듯이 파면·해임·강등·정직·감봉·견책(사립학교 교원의 경우 파면·해임·정직·감봉·견책)으로 열거할 수 있다. '기타 불리한 처분'에는 재임용 거부·면직·직위 해제·휴직·강임 등을 예로 들 수 있다. 그 밖에도 직위 해제·휴직 처분·휴직 거부 처분·전보 처분·학과 이동 처분·수업 금지 처분·의원 면직 처분·임용 취소 처분 등의 다양한 처분이 소청 심사의 청구 대상이 된다.

K교사의 사례가 '징계 처분'에 해당하지 않는다는 것은 쉽게 이해할 수 있다. 그런데 왜 '기타 불리한 처분'으로도 볼 수 없는 것일까? 이는 교원 소청 심사의 청구 대상이 되는 가장 기본적인 요건이 '처분성'이기 때문이다. 즉, 교원에게 발생한 불이익이 자신의 권리와 의무에 직접적인 관계가 있을 것을 요구하며, 이와 같은 절차를 통하여 구제받을 실제적 효용 내지 실익이 있어야 한다. 따라서 단순히 '사실적인' 불이익에 해당하는 경우 처분성이 부정되어 소청 심사의 청구 대상이라 볼 수 없다. 실제로 K교사가 휴직원을 작성하여 제출한 후 거부당한 것과 단순히 가부를 문의하여 거절 답변을 받은 것은 성격이 다르다고 본다. 이는 법적으로는 관념의 통지에 해당하는 사실 행위에 불과하다고 설명하기도 한다. 즉, 교육청의 '휴직 불가에 대한 답변' 자체로는 K교사의 지위에 직접적·구체적인 변동을 가져오는 신분·인사상의 불이익이라고 보기 어렵다는 것이다.

일반적으로 기분이 나쁘다거나, 자신의 의사와 다른 결과가 발생하면 모두 '불이익'이라고 생각하기 쉽다. 그러나 소청 심사의 대상 여부를 판단할 때에는 좀 더 엄격한 기준을 적용한다. 그러한 관점에서 생각해 보았을 때 교원에게 내려지는 '경고', '주의' 조치는 소청 심사 청구의 대상이 되는지 고민해 볼 필요가 있다. 경고나 주의 또한 이를 받아들이는 교원의 입장에서는 상당히 불이익하다고 느껴질 수 있다. 그러나 기본적으로 경고나 주의는 소청 심사의 대상이 되지 않는다는 것이 소청심사위원회의 입장이다. 소청심사위원회의 답변에 따르면, 경고·주의는 교원에 대한 지휘·감독 권한을 가진 자가 단순히 주의의 환기나 각성을 촉구하는 행위로 권리의 설정 또는 의무의 부담, 기타 법률 효과의 발생 등을 가져오는 것이라 볼 수 없어 처분성이 존재하지 않는다고 보고 있다. 즉, 경고나 주의 조치로 인하여 실질적으로 신분상 불이익이 발생하지 않으므로 이를 소청 심사로 다툴 실익이 없다고 판단하는 것이다.

2. 교원 소청 심사 절차

소청 심사를 청구하고자 하는 교원은 처분이 있는 것을 안 날부터 30일 이내에 소청 심사 청구서를 소청심사위원회에 방문하여 접수하거나 우편, 팩스 또는 홈페이지에서 온라인으로 제출하여 청구할 수 있다. '처분이 있는 것을 안 날'은 매우 중요하다. 당사자는 소청 심사 청구서에 처분서를 수령한 날짜 또는 처분이 있음을 알게 된 날짜를 정확히 기재해야 하며, 해당 기간이 경과된 이후에 청구하는 경우 '각하' 결정을 받게 될 수 있으니 유의해야 한다.

청구서가 위원회에 접수되면 심사과장은 담당조사관을 지정하고 위원회가 피청구인에게 청구서 부본을 송부하면, 기한 내 답변서를 제출해야 한다. 이후 피청구인의 답변서를 청구인에게 송달하고 추가적인 증거 제출, 증인 신청, 사실 조사, 감정 의뢰 등의 절차가 이루어지며 (유동적) 심사기일이 지정되면 당사자에게 통보하게 된다. 앞서 살펴 보았듯이 소청 심사 및 결정은 60일 이내이며, 이는 30까지 연장이 가 능하다.

3. 교원소청심사위원회의 결정

교원소청심사위원회의 결정은 학교법인 및 처분청에 대하여 기속력 을 가진다. 쉽게 설명하면, 처분청은 교원소청심사위원회의 결정에 따 라야 한다는 것이다. 또한, 교원소청심사위원회의 결정에 대하여 교 원, 사립학교 법인 등의 당사자는 그 결정서를 송달받은 날부터 90일 이내에 행정소송을 제기할 수 있다. 즉, 처분의 취소를 구하는 청구가 기각되었다고 하여도, 청구인인 교원이 이에 불복한다면 행정소송을 제기하여 다시 한번 당부를 다투어 볼 수 있다. 한편, 처분권자가 국공 립학교인 경우 교원소청심사위원회의 결정에 불복하지 못하나, 사립 학교의 경우 행정소송을 제기하여 불복할 수 있다.

교원소청심사위원회의 결정은 취소·변경·무효 확인·기각·각하 등으로 나뉜다. 각하란 형식적 요건을 갖추지 못하여 청구의 내용을 살피지 않는 결정이다. 기각 결정은 본안(내용)을 살펴보았으나 청구인의 주장을 받아들이지 않는 것으로, 내려진 처분에 대한 변동이 없다. 취소 또는 변경 결정은 청구인의 주장을 전부 또는 일부 받아들이는 결정이다. 취소 또는 변경 결정이 있는 경우 처분권자는 결정의 내용에 따라 청구의 대상이 된 처분을 취소 또는 변경해야 한다. 그 밖에도 청구인이 주장하는 처분 무효나 부존재를 확인하는 결정, 특정 기한 일까지 적극적으로 청구 취지에 따르는 의무를 이행하여야 하는 이행명령결정 등이 있다.

4. 소청 사례의 이해

교원 소청 심사의 대상이 되는 처분은 매우 다양하다. 또한 개별 사실관계에 따라 적용되는 법리 내지는 판단 기준도 상이하다. 가령 교원이 직무상의 의무를 위반한 사실 자체는 인정된다 하더라도 징계가 진행되는 과정에서 징계위원회의 구성, 징계 사유의 통지 등의 절차에 하자가 있는 경우 절차적 하자를 이유로 처분이 취소될 수 있다. 또한 적법한 절차로 징계가 진행되었다고 하더라도 징계의 감경 사유 또는 사안의 중대성에 대한 판단이 달라져 처분의 내용이 변경될 수도 있을 것이다. 교원소청심사위원회는 홈페이지를 통하여 개별 사안의 사실관계를 담은 자료집을 공개하고 있다. 해당 자료집을 참고한다면 소청 사례에 관한 전반적인 내용을 이해하는 데 도움이 될 수 있을 것이다.

1. 교원은 자신의 징계 처분과 그 밖에 그 의사에 반하는 불리한 처분에 대하여 불복하는 경우 '교원 소청 심사'를 청구할 수 있다. '그 밖에 그 의사에 반하는 불리한 처분'이란 징계 처분에 준하거나 그와 유사한 성격의 불리한 처분으로 보아야 하고, 교원의 처우나 근무 조건에 관한 규정, 단순히 관념의 통지에 해당하는 사실 행위 등과 같은 것은 원칙적으로 그 대상이 되지 않는다.
2. 교원 소청 심사의 대상이 되는 '징계 처분'은 파면·해임·강등·정직·감봉·견책 등이며, '그 밖에 그 의사에 반하는 불리한 처분'에는 재임용 거부·면직·직위해제·휴직·강임 등이 있다.
3. 교원소청심사 결정은 각하·기각·취소·변경 등이며, 교원소청심사위원회의 결정은 학교법인 및 처분청에 대하여 기속력을 가진다.
4. 교원 징계 처분 절차에 있어 절차적 하자가 인정되는 경우, 교원소청심사위원회는 처분의 취소를 결정할 수 있다.
5. 행정소송에 있어 형사 판결이 그대로 확정된 이상 그 형사 판결의 사실 판단을 채용하기 어렵다고 볼 특별한 사정이 없는 한 이와 배치되는 사실을 인정할 수 없으며, 이와 같은 법리는 교원 소청 심사 단계에서도 적용된다.

사건번호 및 설명
·····················

1   대법원 2007. 9. 20. 선고 2005다25298 판결.

2   전주지방법원 2009. 6. 30. 선고 2009구합307 판결.

3   헌법재판소 1994. 2. 24. 선고 93헌마192 판결.

4   사인(私人)이 자기의 권리를 보호하거나 실현하기 위하여 국가의 힘을 빌리지 않고 실력을 행사하여 강제하는 것.

5   대법원 1996. 2. 15. 선고 95다38677 판결.

6   소가 부적법하여 각하를 면할 수 없는 경우나, 원고의 청구가 이유 있거나 또는 없는 것이 명확해진 경우처럼, 사건을 재판하기에 적합한 때에 변론을 종결하는 것.

7   대법원 2003. 1. 10. 선고 2000도5716 판결.

8   https://sc.scourt.go.kr/sc/krsc/criterion/standard/standard.jsp

9   http://www.law.go.kr/main.html

10 https://glaw.scourt.go.kr/wsjo/intesrch/sjo022.do

11 http://search.ccourt.go.kr/ths/pr/ths_pr0101_L1.do

12 http://www.pac.or.kr

13 실제로는 소크라테스가 한 말은 아니라는 설이 유력하다.

14 국민의 기본권을 제한하는 법률은 목적의 정당성, 방법의 적절성, 법익의 균형성, 제한의 최소성 등을 준수해야 한다는 것이다. 그리고 일반적인 판례와 학설에 따라 이를 위배할 경우는 위헌이다.

15 「헌법」상의 법리로 국가의 보호조치는 법익 보호를 위하여 적합하고, 효과적이며, 수인할 수 있는 것이어야 한다는 것이다.

16 국가인권위원회 16진정0803100, 16진정0854300, 16진정0878600(병합).

17 국가인권위원회 17진정0097000.

18 국가인권위원회 10진정0710700.

19 국가인권위원회 13진정0787500.

20 국가인권위원회 17진정0627100.

21 국가인권위원회 16진정0978000.

22 국가인권위원회 14진정0417600.

23 대법원 2007. 4. 26. 선고 2005다24318 판결.

24 서울고등법원 2003나1764 판결 참조.

25 서울고등법원 2006. 4. 18. 선고 2004나43437 판결 참조.

26 수원지방법원 2018. 10. 23. 선고 2008가합11347 판결 참조.

27 의정부지방법원 2005. 12. 31. 선고 2005가합6478 판결 참조.

28 수원지방법원 2007. 6. 15. 선고 2006가단64241 판결 참조.

29 심재성 화상이란 진피까지도 화상을 입은 경우를 말한다. 이 사안의 경우와 같이 심재성 3도에까지 이른 경우 피부 이식까지 고려해야 한다.

30 수원지방법원 2006. 1. 18. 선고 2004가단86780 판결 참조.

31 서울중앙지방법원 1999. 3. 18. 선고 98가합58318 판결 참조.

32 서울고등법원 2006. 11. 15. 선고 2006나62463 판결 참조.

33 이가 다른 곳으로 이동하여 바로잡는 시술.

34 수원지방법원 평택지원 2007. 3. 9. 선고 2005가단12891 판결 참조.

35 서울행정법원 2014. 6. 20. 선고 2014구합250 판결 참조.

36 대법원 2016. 10. 27. 선고 2016도9302 판결.

37 대법원 2006. 10. 13. 선고 2006다47028 판결 참조.

38 대법원 2007. 6. 15. 선고 2004다48775 판결 참조.

39 대법원 2007. 4. 26. 선고 2005다24318 판결 참조.

40 대법원 2007. 11. 15. 선고 2005다16034 판결 참조.

41 국가인권위원회 학교생활에서의 학생인권 증진을 위한 정책 개선 권고(2017.12.21.).

42 국가인권위원회 17진정0451400.

43 국가인권위원회 16진정0813000.

44 국가인권위원회 17진정0193700.

45 대법원 2010. 4. 22. 선고 2008다38288 판결.

46 헌법재판소 2018. 6. 28. 선고 2017헌마130, 2017헌마405, 989(병합) 전원재판부 결정.

47 춘천지법 2016. 1. 22. 선고 2015고단651 판결.

48 대법원 2003. 1. 10. 선고 2000도5716 판결, 대법원 2008. 7. 24. 선고 2008도4126 판결, 대법원 2009. 9. 24. 선고 2009도6800 판결 등 참조.

49 대법원 2016. 10. 27. 선고 2016도9302 판결.

50 서울북부지방법원 2013. 4. 17. 선고 2012노1555 판결.

51 대법원 2018. 6. 15. 선고 2018도4200 판결.

52 대법원 2008. 7. 10. 선고 2007도9885 판결.

53 대법원 2013. 6. 14. 선고 2013도3829 판결.

54 헌법재판소 2003. 2. 27. 선고 2000헌바26 판결, 판례집 15-1, 176, 187-188 참조.

55 대법원 1993. 8. 24. 선고 93다25042 판결.

56 대법원 2012. 10. 11. 선고 2012두10895 판결.

57 대법원 2000. 6. 9. 선고 98두16613 판결.

참고문헌

• 교육부(2015), 교육판례집Ⅰ, 휴먼컬처아리랑
• 경기도교육청(2015), 교육·학예 소송 판례집, 휴먼컬처아리랑
• 학교폭력과 관련된 사례는 법원의 판례와 『2018학년도 학교폭력 사안처리 활동 사례집 (서울시교육청)』을 참조하였다.